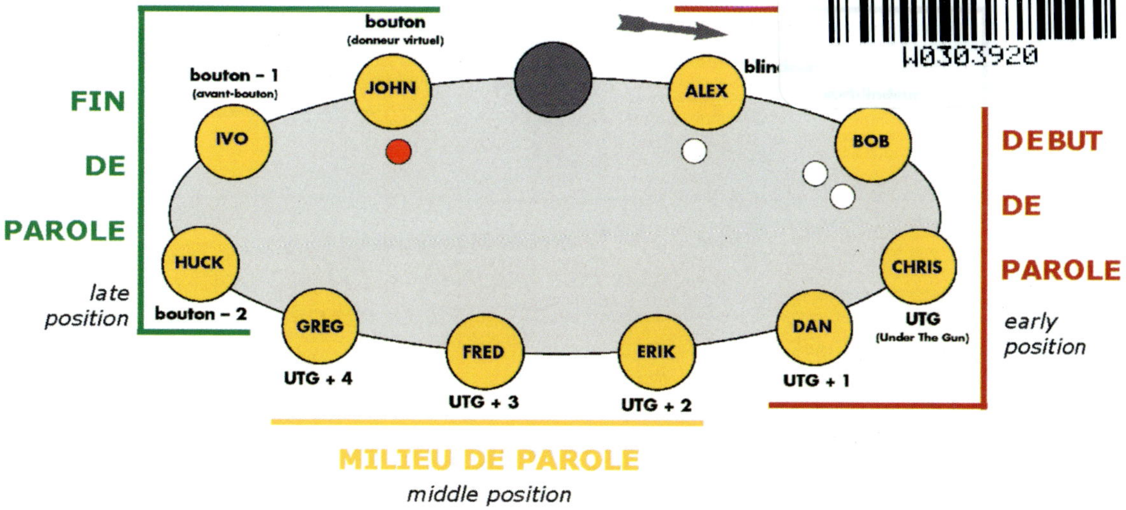

Un coup de Texas hold'em no limit d'un seul coup d'œil

❶ Le donneur distribue deux cartes fermées à chacun, une par une, en commençant par les deux blindeurs assis à sa gauche. Suit un premier tour d'enchères.

❷ Puis, le donneur étale trois cartes ouvertes appelées "flop", qui sont des cartes communes. Suit un deuxième tour d'enchères.

❸ Il donne ensuite une carte ouverte ("turn"). Suit un troisième tour d'enchères.

❹ Il donne enfin une carte ouverte ("river") suivie d'un quatrième tour d'enchères.

Les cinq cartes ouvertes forment le "tableau". Elles appartiennent à tous les joueurs, qui peuvent les marier mentalement avec leurs deux cartes privatives pour former des combinaisons de cinq cartes. Elles peuvent inclure deux, une, voire aucune de leurs cartes privatives.

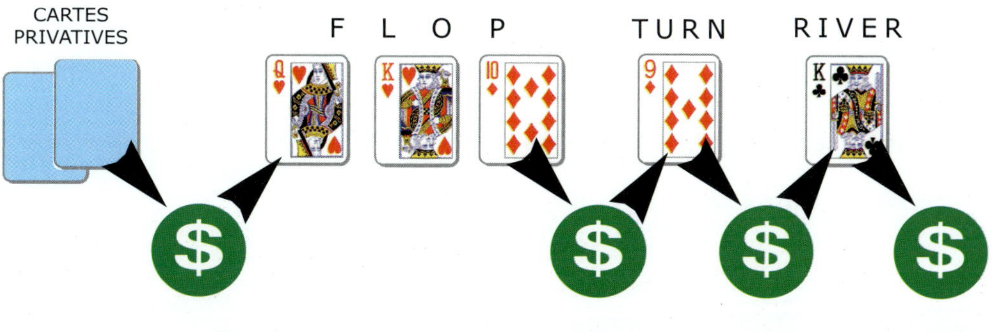

L'homme ne joue pas au poker
Le poker se joue de l'homme.

F. M.

Œuvres de François Montmirel
ayant trait au poker

Le Poker (Hatier, 1984) *
Poker Gagnant 1 : Poker Fermé (FM 1992) *
Poker Gagnant 2 : Poker Ouvert (FM 1993) *
Poker ! Apprenez l'Excellence (Joker Deluxe, 1994)
Poker de Tournoi (avec Tom McEvoy) (Fantaisium 2005)
Poker Cadillac (Fantaisium 2006)
Poker On Line (Micro Application 2006)
Le Poker en 52 leçons (Le Livre de Poche 2007)
Poker : la "Bible" du Joueur (Assouline 2007)
Le Memento du Poker (First Editions 2007)

Traductions et adaptations en français :

Poker Tips USA (de Tony Wuehle; Egra 1993) *
Le Poker (de Bob Ciaffone; Bornemann 1996)
***Le Poker de Tournoi** - 2 tomes* (de Tom McEvoy; Joker Deluxe 1996) *
Poker Pro (de Phil Hellmuth Jr.; Bornemann 2004)
Le Poker des bases à la stratégie (de Lou Krieger; Bornemann 2005)
Le Poker pour les nuls (de Lou Krieger & Richard Harroch; First Editions 2005)
Les lois du poker (de Bob Ciaffone; WPT 2006)
Apprendre le Poker (de Dan Ramsey; First Editions 2007)
Le Texas hold'em pour les Nuls (de Mark Harlan; First Editions 2007)
Mes 50 coups les plus mémorables (de Doyle Brunson; Fantaisium 2008)

* épuisé

L'excès de poker est dangereux. Veuillez apprécier avec modération.

Vous ne voulez pas (ou plus) être un joueur excessif ?
www.adictel.com

Le Poker est un jeu illégal dans certains pays. Le lecteur est prié de se renseigner.
En aucun cas cet ouvrage ne constitue une incitation au jeu d'argent. Il s'agit d'un manuel qui apporte une information technique et didactique.
L'auteur défend une pratique modérée et divertissante du Poker, comme le prouve cet ouvrage.
Il décline toute responsabilité envers les lecteurs qui auraient ignoré cette mise en garde.

Sans le savoir, ces joueurs parlent...
Voir le quiz en fin de volume... et les solutions.

FRANÇOIS MONTMIREL est français, né en 1963. Après une courte carrière en marketing et publicité, il est devenu professionnel de Blackjack puis, pendant 10 ans, fournisseur des clubs de jeux et des illusionnistes français, à travers sa société Joker Deluxe. Depuis son premier manuel de poker publié à l'âge de 21 ans, il n'a cessé d'écrire et de traduire sur le sujet. Fort de ses deux titres internationaux gagnés en 1998 et 2000, il est consultant spécialisé et dispense des cours collectifs aussi bien en ligne qu'en réel à travers l'E. F. P. (Ecole Française de Poker). Il coache des joueurs.

Je tiens à remercier pour leur collaboration à cette expérience marquante :

les modèles, pour leur patience infinie
– je sais, je suis un brin perfectionniste !
(un “trombinoscope” figure en fin d'ouvrage)

l'Ecole Française de Poker et Bruno, pour son idée de typologie

Pascal Perrault et la Poker School de Caponga, Brésil (Cearà)

le cercle Gaillon de Paris

Fougan, pour ses réflexions sur la manipulation

Mehdi de chez Olo, pour les détourages

Seb de Lyon et Arnaud Jullien, pour les photos d'appoint

et Astrid, pour sa patience et sa compréhension,
à qui je dédie ce livre

François Montmirel
auteur du best-seller *Poker Cadillac*

POKER CODE®

comment ils simulent
comment ils manipulent
comment ils se trahissent

Poker Expert 3

Fantaisium

Poker Expert

Poker Code
est le volume n°3
de la collection Poker Expert
dirigée par François Montmirel

– n°1 : *Poker de Tournoi* (F. Montmirel & T. McEvoy)
– n°2 : *Poker Cadillac* (F. Montmirel)
– n°3 : *Poker Code* (F. Montmirel)
– n°4 : *Poker : Passer Pro* (M. Bevand)

"Le succès tient à 70% dans la lecture des joueurs et à 30% dans la lecture des cartes."

Phil Hellmuth, *Read'em & reap*

1er tirage : 8.000 (10/2007)

Création, conception, mise en page : François Montmirel. Couverture : © PotRaiser.
Frontispice : © Ecolefrancaisedepoker.fr
Poker Code® est une marque déposée par François Montmirel. **Tous droits réservés**.
Imprimé en France par Corlet (Condé-sur-Noireau).
En faisant imprimer ses livres en France, Fantaisium impose un léger surcoût à ses lecteurs mais crée une valeur 100% française qui profite aux emplois.
Dépôt légal : novembre 2007. ISBN 978-2-917425-00-8.

Retrouvez François Montmirel sur internet :

http://www.over-pair.com

1er blog français consacré au poker

INTRODUCTION

> Plus vous observez, plus vous en apprenez sur vos adversaires. Vous en apprenez sur leurs problèmes, leurs attentes et leur disposition générale.
>
> Doyle Brunson
> *Mes 50 coups les plus mémorables*

Le site internet du magazine *Card Player* a mené un sondage auprès des internautes concernant l'élément qu'ils considèrent comme le plus décisif pour gagner au poker. Les résultats sont édifiants, en ordre décroissant :

- lecture adverse : 36%
- serrer le jeu : 21%
- psychologie : 17%
- utiliser les cotes : 15%
- utiliser les « tells » : 8%
- bluff : 2%

Il apparaît donc que la lecture adverse, les « tells » et la psychologie représentent ensemble 61% du résultat. Ce ne sont pas d'obscurs théoriciens qui l'affirment mais des pokermen, des gens du terrain qui vivent le poker au quotidien.

Il était temps qu'un livre entier présente les problématiques de la lecture de l'adversaire. *Poker Code* est ce livre. Je n'écris un livre que si j'estime qu'il apporte quelque chose de novateur par rapport à l'existant. Ecrire un livre qui fait doublon avec un autre ne présente pour moi aucun intérêt. Ce n'était déjà pas le cas avec *Poker de Tournoi* ni *Poker Cadillac*. Ça ne l'est pas non plus avec *Poker Code*.

Poker Code a deux volumes. Le premier, que vous tenez entre les mains, traite de la lecture gestuelle. Le deuxième traite de la lecture stratégique et tactique, et paraîtra dans un deuxième temps.

Carence d'explications

Si vous avez l'habitude de lire des comptes rendus de tournois, vous avez sûrement déjà rencontré une expression du genre : *"Untel a dû payer l'enchère parce qu'il avait une lecture sur son adversaire."* Mais le commentaire s'arrête presque toujours là. C'est à la fois trop et pas assez ! Le téléspectateur reste sur sa faim, et cette mystérieuse "lecture" garde toute son opacité, comme trop complexe pour être expliquée à des novices ou, pire, relevant d'esprits supérieurs. Alors qu'il n'en est rien. Comme le montre ce livre, la "lecture" de l'adversaire est d'abord affaire de techniques et de savoir, qui s'apprennent, avant d'être affaire d'intuition ou de génie, qui ne s'apprennent pas.

Doyle Brunson a révolutionné le poker à la fin des années 1970 avec son livre *Super System*, où il affirme haut et fort que s'il savait que son adversaire suivrait sa relance seulement une fois sur dix, il n'hésiterait pas à faire cette relance, *quelle que soit sa main*. Doyle a montré aux joueurs de l'époque cette chose incroyable : jouer l'adversaire et non les cartes, stratégie qui explique les victoires répétées de certains "génies" du poker.

Quand on creuse davantage le sujet de la lecture de l'adversaire, on s'aperçoit qu'il peut être divisé en deux parties : la lecture stratégique et la lecture gestuelle. C'est ce que j'appelle les "faits et gestes" du joueur :

– les *faits* : les actions du joueur, pour les besoins du jeu lui-même

– les *gestes* : les signes extérieurs émis par le joueur

Les faits du joueur

Un joueur a des rites stratégiques parce que certaines tactiques lui conviennent mieux que d'autres. Comme un tennisman qui affectionne le passing-shot croisé, un joueur de poker peut raffoler du check-raise. Un autre, doué au flop, sera tenté de sous-jouer ses bonnes mains préflop.

On ne peut lire que ce qui est écrit. Ces habitudes propres à chaque joueur "écrivent" d'une certaine manière sa façon de jouer. Pour ceux qui savent lire ce "texte" particulier, l'adversaire aura peu de secrets à cacher. Pour les autres, l'adversaire restera mystérieux.

D'où, par conséquent, essayer de tout faire pour décrypter le texte stratégique des adversaires tout en cryptant soi-même son propre texte. Ce qui signifie que vous devez constamment brouiller les pistes, devenir *illisible*.

Les gestes du joueur

Quasiment toutes nos pensées, conscientes ou inconscientes, trouvent une traduction dans notre comportement visible ou audible qui échappe à notre volonté. Tous les comportements signifient quelque chose, et ces manifestations extérieures sont connues sous le nom de "tells". C'est le sens de la communication non-verbale inconsciente. L'agent du FBI Navarro le reconnaît lui-même : *"C'est incroyable le nombre de joueurs de poker, y compris des professionnels, qui ignorent à quel point les tells qu'ils émettent rendent leur jeu transparent."*

Le zoologiste Desmond Morris reconnaît que *"nos expressions agressives, si nuancées qu'elles puissent être, sont à peu près les mêmes que celles de tous les autres primates supérieurs."* Malgré sa supériorité cérébrale, l'homme a gardé des réactions qui relèvent du règne animal.

Plus grosse est la partie, plus précieux sont les tells... et plus précieux sont les tells, plus gros sont les profits. Toujours selon Morris, la plupart des tells relèvent d'une diversion inconsciente. Bien souvent, boire, fumer, grignoter ne vise pas à calmer notre soif ou notre faim mais à faire baisser la tension, à "calmer le jeu". Ces activités correspondent à des rituels qui sont, en réalité, des simulacres.

Mélange

Séparer les faits et les gestes du joueur répond à un impératif pédagogique. Mais dans la vraie vie, un adversaire chez qui on décèle un rite stratégique émet généralement un tell particulier qui va dans le même sens. La lecture faite à la table est donc un mélange de faits et de gestes de l'adversaire, les uns et les autres se corroborant eux-mêmes.

S'ils ne se corroborent pas, ils peuvent se contredire. Cela aussi est conclusif, bien que menant à d'autres conclusions que nous traiterons aussi.

L'observation

Pour tirer parti de la lecture adverse, il faut une observation soigneuse. Mais observer ne suffit pas. Il faut aussi *interpréter.* Une partie à neuf joueurs fait coexister 36 canaux de communication et 72 vecteurs, donc autant d'observations possibles deux à deux. Le joueur qui veut observer a fort à faire. Nous verrons comment simplifier cette observation sans en réduire l'efficacité.

Voilà pourquoi le temps occupé à ne pas participer aux coups, qui est largement majoritaire dans une partie de poker, peut être exploité d'une manière intelligente.

La manipulation

Rien de plus facile, pour un joueur chevronné, que d'essayer de tromper ses adversaires en émettant des signes de force quand il est faible, et vice-versa. Ou de même, des signes de peur quand il est "béton". On encore, des signes d'attente quand il a déjà pris sa décision, etc.

Les auteurs Randy Burgess & Carl Baldassarre posent la question : *"Le joueur est-il susceptible d'émettre de faux tells ?"* Si oui, l'interprétation de l'observation de cet adversaire est inverse du cas où son niveau technique ne lui permet pas d'émettre de faux tells.

Je préfère vous le dire tout de suite : *l'existence des faux tells ne disqualifie en rien la valeur des tells*, comme beaucoup d'esprits chagrins se plaisent à l'affirmer au détour des forums de discussion les plus enflammés. Ces ardents détracteurs seraient-ils des gagnants ? Pour défendre cette opinion, ne seraient-ils pas plutôt des perdants ? Simplement, il va s'agir de valider un tell quand il est perçu, non seulement par le profil de celui qui l'a émis, mais aussi par le croisement avec d'autres tells précédents ou simultanés.

Mais les faux tells ne sont pas toute la manipulation, loin de là. La manipulation n'est pas une fin mais un moyen. Un bon manipulateur est un commando, camouflé et peu armé qui monte au front la fleur au fusil et infiltre les lignes ennemies pour extirper des informations et les ramener au QG. C'est aussi quelqu'un qui va installer un leadership au niveau de la table. Grâce à ce leadership il se fera respecter dans ses relances, donc passera des bluffs qui ne seront pas payés.

Pour ce niveau consacré à la manipulation, j'ai fait appel à un expert du genre, le joueur français Fougan.

Voilà donc plantée la table des matières de ce livre

Dans une *partie liminaire*, nous allons voir dans quel cadre se situe la lecture de l'adversaire. Si vous avez lu mon manuel *Poker Cadillac*, il s'agit de rappels et d'approfondissements autour d'un seul facteur de décision parmi les quatre de base : l'adversaire.

Dans un *Niveau 1*, nous allons faire connaissance avec les différents environnements théoriques de la notion de communication non verbale involontaire. Elle s'étend sur plusieurs disciplines sans les englober toutes, des disciplines aussi diverses que l'analyse transactionnelle, la psychanalyse, l'illusionnisme, etc. Ce niveau sera l'occasion de voir des exemples concrets où le comportement de l'être humain trahit sa pensée ou son inconscient.

Dans un *Niveau 2*, nous approfondirons la notion de tells, ces manifestations extérieures de l'inconscient et du conscient du joueur. Nous verrons quatre-vingt postures classées selon le modèle "OICA" : *Observation, Indécision, Crainte et Agression*, ainsi que des séquences de tells. Ce niveau comporte un nombre important de photos. Presque toutes ont été prises spécialement pour ce livre.

Dans un *Niveau 3*, nous verrons que la manipulation de l'adversaire est aussi une arme qui fonctionne au poker, même si peu de joueurs l'utilisent. Nous y révélons certaines manipulations à peine croyables qui imposent le joueur auprès de ses adversaires en faisant travailler leur émotion ou leur raison.

Un *bonus spécial* est consacré aux tells sur internet. Selon moi, ce livre aurait été incomplet sans ce supplément car le poker en ligne est la pratique principale du poker aujourd'hui. C'est aussi par ce biais que la plupart des joueurs découvrent le poker de nos jours.

Ce livre n'épuise pas le sujet de la psychologie pokérienne

Vous l'avez compris par ce qui précède, ce livre n'épuise en rien le volet psychologique du poker. La part stratégique de la "lecture" n'a pratiquement rien à voir avec la psychologie du joueur. Les tells, eux, sont presqu'exclusivement de la psychologie. Mais pour borner mon travail et ne pas submerger le lecteur, j'ai évité volontairement d'aborder de front la psychologie au poker, qui est un autre sujet.

Des auteurs aussi éminents qu'Edmund Bergler, Carl Jung, Eric Berne dans une certaine mesure, ont exploré le domaine psychologique et apporté des réponses pertinentes. Alan Schoonmaker, David Whalen ont plus précisément traité de poker. Mais il reste encore à écrire un ouvrage plus global sur le poker qui recouvre d'autres sujets comme les travers psychologiques du joueur, les modèles de tables en tant que groupes restreints, les modèles de leaders, les résistances à la victoire, les aides à la résilience du joueur tilté, etc. Autant de sujets passionnants que j'envisage de traiter dans un prochain livre en m'entourant d'experts.

Mes experts

Pour m'aider à apporter un propos plus pertinent sur le sujet de la lecture adverse, je me suis entouré de deux experts :

– *Marc André* est hypnotiseur de profession. Il privilégie les approches classiques de l'hypnose plutôt que les approches plus récentes qui, selon lui, relèvent davantage de charlatans que de véritables experts. Il a beaucoup travaillé sur l'observation et l'étalonnage des adversaires. Marc est capable d'effacer les effets négatifs d'un bad beat en dix minutes, ou encore, dans le même laps de temps, de faire rattraper le manque de sommeil dû à un tournoi éliminatoire qui s'est prolongé tard dans la nuit.

– *Benoît Robet* est consultant. Sa spécialité : dépister les menteurs. Il travaille notamment pour des entreprises de grande distribution qui soupçonnent tel ou tel employé d'augmenter la "démarque inconnue" par des larcins. Benoît est un redoutable "lecteur de tells" au quotidien.

Je signale aussi l'intervention amicale du jeune champion français Thomas "Fougan" Fougeron. Il a compris ce que la manipulation de l'adversaire pouvait apporter. Utiliser la manipulation pour la manipulation n'a d'autre conséquence que de vous aider à vous éliminer plus vite du tournoi. Au contraire, la manipulation fait partie de la boîte à outils du joueur pour progresser davantage en tournoi.

La genèse de *Poker Code*

En 1988, quand j'ai pris ma carte à l'IH3PA *(International Home & Private Poker Players Association)*, j'ai découvert un esprit de renouveau et d'apprentissage plus fort que nulle part ailleurs. C'est le même esprit que j'insuffle dans l'Ecole Français de Poker aujourd'hui.

Je me suis documenté alors sur le poker à partir des publications américaines. Je les commandais à Las Vegas par cartons entiers. Parmi ces livres, deux ont plus largement attiré mon attention.

– *Play Poker, quit work and sleep till noon,* de John Fox (1977), est ce qu'on appellerait aujourd'hui un "anti-manuel du poker", comme on trouve en France un "anti-manuel de la philosophie". C'est-à-dire un livre qui présentait richement les tactiques du poker fermé, mais avec un ton totalement nouveau. Ce livre comporte un troisième et dernier niveau consacré à la communication non verbale au poker. John Fox est à n'en pas douter LE grand pionnier des tells au poker.

– *Book of tells* de Mike Caro (1984) est l'autre ouvrage fondateur en matière de communication non-verbale au poker. Il passe en revue une cinquantaine de situations visuelles à l'aide de photos. Mike a prolongé le travail de John, mais là encore il s'agissait pour bonne partie de poker fermé, ce qui fait fâcheusement dater son travail aujourd'hui. Le plus intéressant à mon sens est la série de 42 concepts de tells qu'a découverts Mike, d'ailleurs entièrement repris dans *Super System 2* (ce livre essentiel de Doyle Brunson fera partie de la collection Poker Expert, chez le même éditeur).

Vous affirmer que j'ai été subjugué par ces deux livres serait en-dessous de la vérité. J'avais comme tout le monde entendu parler du concept de "poker face", j'avais aussi remarqué chez des adversaires des tics comportementaux. D'ailleurs certains auteurs en faisaient déjà état dans des manuels très anciens, y compris en français. Par exemple, J. Talazac écrit, dans son *Manuel secret du parfait joueur*, paru en 1900 :

"Ce n'est pas dans la combinaison que se trouve la science du poker mais dans le tact à l'aide duquel on sait promptement deviner la manière de jouer de ses adversaires, tout en s'efforçant de leur cacher la sienne propre."

En trois lignes innocentes, ce glorieux devancier ne fait ni plus ni moins que donner la définition rigoureuse d'une "lecture" au sens pokérien du terme !

Les livres de Fox et Caro m'ont montré qu'il était possible de *modéliser les tells*. Dès lors, j'ai voulu moi-même aller plus loin. C'est à la fin des années 1980 que j'ai commencé à regarder mes parties de poker sous l'œil de l'observateur assidu.

Quand vous vous occupez non seulement des cartes et des enchères, mais aussi des adversaires et de leur comportement, la session de poker prend une tout autre apparence. Au lieu de se scléroser, elle *s'aère*, en ce sens que vous voyez la même réalité sous un angle supplémentaire. Exactement comme si, au lieu d'observer une scène avec une seule caméra en plan serré, vous en plantiez une deuxième en plan large. Dès lors, il vous est possible de croiser des informations de nature différente concernant des faits identiques, ce qui permet de valider ou de mettre en doute ces mêmes faits.

Prenons un exemple caricatural. Si un joueur me relance au flop A-6-2 quand j'ai moi-même ouvert avec A-10, je peux me dire qu'il possède A-K, A-Q ou A-J et que je suis déjà battu. Mais si je détecte plusieurs signes typiques chez ce joueur, signes de bluff ou de crainte, dès lors je sais que je peux encaisser le coup tout de suite si je le relance. Car j'analyse sa relance comme une tentative d'intimidation qui rebondirait sur ce qu'il croit être un bluff au continuation bet de ma part.

C'est vers 1991 que j'ai commencé l'écriture d'un livre intitulé *Pokertics* (comme les “tics” humains), entièrement consacré aux tells. Vous l'avez deviné, je ne l'ai jamais terminé, même si j'ai beaucoup avancé sur le propos que je voulais y délivrer et sur la table des matières. Mes activités de l'époque m'ont amené à côtoyer régulièrement les illusionnistes, personnages hors du commun qui doivent gérer en permanence la psychologie de leur public tout en prétendant faire une chose qu'ils ne font pas en réalité. Certains d'entre eux ont développé des théories méconnues mais diablement efficaces. J'en fais aussi état dans *Poker Code.*

La notion de “lecture” n'a pas tardé à envahir l'espace stratégique, et dès lors, il était naturel de joindre la lecture stratégique à la lecture gestuelle que suscitent les tells.

J'ai finalement pris la décision de remettre cet ouvrage sur le métier quand j'ai décidé de rééditer sous une forme enrichie *Poker de Tournoi*, en 2005. Tout en réécrivant *Poker de Tournoi*, puis en écrivant *Poker Cadillac*, je glanais le maximum de détails concernant la lecture de l'adversaire. Je voulais créer plus tard *Poker Code*, super-version de *Pokertics*, en trois fois plus pertinent car enrichi de la lecture stratégique et de la manipulation.

Mais devant l'immensité de l'ouvrage, j'ai dû me convaincre de le faire en deux volumes, dont vous tenez le premier entre les mains, consacré aux tells gestuels. Le deuxième volume, consacré à la lecture stratégique, est prévu dans un deuxième temps.

Le titre, *Poker Code*, m'est venu par association d'idées. Quand j'ai traduit le livre de Phil Hellmuth en 2005, *Play poker like the pros (Poker Pro*, Bornemann), j'ai traduit l'expression “opponent reading” par “décryptage de l'adversaire”. Je me refusais à reprendre le vocable de “lecture” qui pouvait prêter à confusion. D'autant que “lecture” est un faux-frère : il signifie “conférence” en français. Puis “décryptage” est devenu “décodage”, qui est son strict synonyme.

Dès lors, *Poker Code* devenait presque évident, d'autant que le *Da Vinci Code* faisait un malheur dans les salles obscures. J'ajoute entre parenthèses que, ayant eu un démêlé avec le titre *Poker de Tournoi*, j'ai finalement résolu de le déposer à l'Institut National de la Propriété Industrielle (INPI) en tant que marque pour régler la question. Etant prudent par nature, j'ai fait de même avec *Poker Code*, qui devrait donc s'écrire *Poker Code*®.

Que faut-il savoir pour comprendre ce livre ?

Poker Code n'est pas un livre d'érudit. C'est un manuel qui comporte plus de 350 photos dont le but est précisément de montrer et de faire comprendre. Je ne pouvais pas imaginer une seconde d'écrire, mettre en page et éditer un livre sur ce sujet hautement visuel sans y inclure l'iconographie nécessaire – quoique certains auteurs américains ne se sont pas gênés pour le faire sans iconographie, ce qui réduit presque à néant la portée de leur travail.

Pour moi, il est impossible d'écrire *"la commissure des lèvres remonte légèrement avec le coin extérieur des yeux, ce qui accentue la saillie des pommettes"* sans le montrer en photo ! J'ai voulu ce livre le plus compréhensible possible, en tout cas pour le joueur de poker de base. Point n'est besoin d'avoir un gros niveau pour le lire sans effort.

Les exemples et concepts reposent tous sur le Texas hold'em no-limit, la variante dominante utilisée par 90% des joueurs actuels. Il existe certes des manifestations spécifiques aux autres variantes, mais vu le peu de lecteurs qu'elles concernent, j'ai préféré ne pas les inclure ici pour éviter d'encombrer l'espace.

F.M.

Il m'arrive de citer un auteur dans mon texte. Le lecteur se reportera à la ***bibliographie****, en fin d'ouvrage, pour découvrir à quel ouvrage le nom de cet auteur fait référence.*

Quelle différence entre ces deux images ? Vous le voyez vous-même, c'est curieux : ces deux joueurs tiennent leurs cartes à l'envers, alors que l'intérêt du poker est justement de les garder secrètes pour l'adversaire.

En haut, le personnage de Maverick retourne furtivement ses cartes au début d'un coup pour donner l'impression qu'il n'y entend rien au poker (ce qui est évidemment faux).

En bas, un détail de la couverture du présent ouvrage. Le joueur a la classe, il a un style éblouissant... seulement voilà : il émet tellement de "tells" autour de lui qu'il se comporte comme s'il avait des cartes visibles de tous !

C'est le sens caché de cette couverture.

L'adversaire donne le diapason du joueur. C'est grâce à l'adversaire qu'on peut soi-même mesurer sa propre force au poker, mais encore faut-il l'étalonner auparavant. L'intérêt de l'adversaire est d'être le moins étalonnable possible, donc le moins lisible. C'est ce à quoi vont s'employer en permanence les adversaires les plus aguerris pour mieux piéger les autres. L'adversaire est bien au centre du poker.

Le facteur

Le facteur

"Adversaire"

"Adversaire"

Qu'est-ce qu'un adversaire ?

> Du coin de l'œil, elle observa l'étranger. Etait-il satisfait ou non satisfait de ses cartes ? Rien ne transparaissait dans le cristal vert lumineux de ses yeux.
>
> Elizabeth Lowell
> *Poker menteuse*

Dans *Poker Cadillac*, j'ai essayé de mettre en avant ce qui est primordial dans le poker stratégique : la décision.

Le processus de prise de décision au Hold'em no-limit dépasse de loin les procédés à la petite semaine dont font état, hélas, beaucoup de sites internet qui entendent devenir de véritables écoles en ligne ou, plus humblement, qui s'enorgueillissent de dispenser une formation gagnante au poker. Bien souvent leurs articles ne dépassent pas le stade du joueur moyen.

Il est important de comprendre que la prise de décision au poker est la clé du jeu, mais que c'est une clé désespérément complexe. Un joueur qui n'arrive pas à trancher dans les moments délicats de sa compétition ne pourra pas la gagner. Pour au moins deux raisons :

– d'abord parce qu'il devra faire ces choix-là de toute façon, et s'il temporise dans la panique, il décidera de travers

– ensuite parce qu'il a en face de lui des joueurs qui en veulent au moins autant que lui, dont certains ne font *jamais* de mauvais choix.

La question des *facteurs-clés de décision* est donc fondatrice d'un poker gagnant. Elle l'est d'autant plus que nous parlons ici de Texas hold'em *no-limit*, ce jeu barbare où vous pouvez gagner dix-neuf coups d'affilée et tout perdre au vingtième coup.

Dans de gros tournois internationaux, si vous voyez votre poulain avec le plus gros tapis (chip-leader), n'allez pas dormir trop longtemps sur vos deux oreilles. Car une heure après, il aura peut-être été éliminé du tournoi. C'est la dure réalité du no-limit.

L'exemple du champion du monde

Phil Hellmuth, le champion du monde 1989, a commencé le Poker à l'université. Un joueur gagnant lui a conseillé de sélectionner ses mains.

Phil a appliqué ce conseil et ses résultats se sont améliorés immédiatement. Pourquoi ? Parce qu'il évitait toutes les mains moyennes au flop qu'on a tant de mal à jeter et tous les tirages au flop qui sont si tentants à jouer. Et quand il gagnait, c'était souvent parce qu'il avait privilégié les gros kickers : il finissait paire d'As kicker Dame, et son adversaire avec paire d'As kicker Valet. A la longue, ces choix draconiens *rapportent.*

C'est justement parce que le Texas hold'em no-limit exige des choix draconiens que ce jeu ne peut se concevoir sans une discipine de fer. Une discipline qui implique à la fois une stabilité de jeu exemplaire... mais aussi, paradoxalement, une variété dans le style. Et si vous croyez que c'est suffisant pour gagner, vous vous trompez... car il vous faudra en plus une clairvoyance vis-à-vis de l'adversaire (tiens, ne serait-ce pas un des sujets de ce livre ?), le coup de génie au bon moment.

Votre adversaire est votre raison de vivre

Sans adversaire, vous n'êtes rien.
C'est donc grâce à lui si vous êtes un joueur de poker vivant.
Vous lui devez la vie !
Souvenez-vous de cette évidence.

Votre adversaire est votre source de victoires ou d'échecs

Il existe deux types d'adversaires :
– ceux que vous battez
– ceux qui vous battent

On pourrait aussi considérer qu'il existe des adversaires de votre force, mais simplifions.

Si le poker était un jeu de casino dit "de contrepartie" comme la roulette, vous joueriez contre un dispositif qui dégage à l'expoitant un taux de gain fixe. Pour la roulette, c'est un numéro qui n'est pas payé sur les trente-sept, donc l'avantage de l'exploitant d'une roulette est de 1/37, soit 2,7%. Si le poker était un jeu comme cela, peu vous importe où se trouve la roulette, qui lance la boule, etc.

Mais le poker n'est pas un jeu de contrepartie. C'est un jeu dit "de commerce", où des êtres humains affrontent d'autres humains. Si vous gagnez, ce n'est pas parce que vous êtes bon dans l'absolu, c'est d'abord parce que vos adversaires sont moins bons que vous. Je le réécris : *si vous gagnez, c'est d'abord parce que vos adversaires sont moins bons que vous.*

CONCEPT

Si vous gagnez au poker, ce n'est pas parce que vous êtes bon dans l'absolu. C'est d'abord parce que vos adversaires sont moins bons que vous.

Qu'est-ce qu'un adversaire que vous battez ?

Un adversaire que vous battez est moins aguerri que vous, il est moins à l'aise dans la plupart des compartiments du jeu :

– il est moins à l'aise dans le calcul des cotes financières
– il pratique moins de tactiques
– il camoufle moins bien ses cartes
– il varie moins son jeu, etc.

Contre un tel adversaire, vous êtes gagnant sur le long terme. Pourquoi ? Parce que tous les joueurs étant égaux face au hasard, la différence se fait sur le reste : la technique, la psychologie, etc.

Qu'est-ce qu'un adversaire qui vous bat ?

C'est évidemment tout le contraire. Je dirais même que contre un tel joueur, c'est vous qui jouez le rôle peu enviable de l'inférieur. Donc :

– il connaît des cotes que vous ne pratiquez pas
– il pratique certaines tactiques qui vous sont inconnues
– il est encore moins lisible que vous
– il varie constamment son jeu, etc.

En plus, il se peut aussi que d'autres avantages, moins techniques, lui soient acquis :

– son budget poker est plus important que le vôtre
– il n'a strictement aucun égo
– il ne souffre pas du décalage horaire (il était déjà là avant)
– il a tout son temps devant lui, etc.

Bref, vous ne jouez pas dans la même cour ! Et à long terme, vous perdrez à coup sûr contre ce type de joueurs.

Choisissez vos adversaires

En cash-games, vous pouvez choisir votre table de façon qu'elle comporte le maximum d'adversaires que vous battez – ou du moins, que vous avez identifiés comme tels.

En tournoi, comme le tirage au sort vous attribue votre place, vous n'avez pas cette possibilité. Pourtant, c'est en tournoi qu'il y a le plus gros à gagner. Comment faire ?

Eh bien, la bonne nouvelle c'est qu'en tournoi aussi, vous pouvez choisir vos adversaires ! Mais là, le mot "adversaire" prend un autre sens. Il signifie "le joueur que vous allez accepter d'affronter".

Pourquoi ? C'est simple :

– vous dégagez un avantage contre les joueurs que vous battez; alors concentrez vos oppositions contre ces joueurs-là

– vous dégagez une perte contre les joueurs qui vous battent; évitez-les comme la peste.

Faites comme le chef d'entreprise !

Devenez gestionnaire de votre centre de profit personnel !

Pour faire de l'argent quand on fabrique des produits, il faut gagner sur les deux tableaux :

– vendre le plus cher possible

– acheter le moins cher possible

Je schématise évidemment, car l'un et l'autre sont difficiles à réaliser dans le monde ultra-concurrentiel qui est le nôtre. Mais nous savons qu'il n'y a pas de mystère, c'est comme ça et pas autrement qu'on fait de l'argent dans le business de la fabrication. C'est la même chose au poker :

– contre les joueurs que vous battez, gagnez à l'attaque (empochez des pots)

– contre les joueurs qui vous battent, gagnez en défense (quittez le coup).

Dans un cas, vous dégagez un profit net, et dans l'autre, vous dégagez une "non-perte". Dans les deux cas, vous améliorez votre score final.

Un de mes premiers maîtres, Tony Wuehle, m'a dit un jour ceci : un agriculteur qui était joueur de poker a perdu deux fermes l'une après l'autre. La première parce qu'il l'avait misée en ayant un tirage à quinte ventral; le tirage n'est pas rentré et il a perdu. La deuxième en ayant un tirage à quinte ouvert; le tirage est rentré et il a perdu. L'erreur n'était pas dans la combinaison, elle était dans le choix de l'adversaire !

2

L'adversaire comme facteur de décision

> A la fin, je savais voir un joueur prêt à se coucher. Plus tard, en commençant à jouer, j'observais les yeux. Puis les lèvres, et même les narines. On finit toujours par se trahir.
>
> Leonard Wise
> *La grande arnaque*

La prise de décision au Texas hold'em no-limit met en jeu de nombreux facteurs, différents selon le stade du tournoi où on se trouve, le type de tournoi, le nombre de participants, etc.

Pour simplifier les choses, j'ai défini dans *Poker Cadillac* quatre facteurs-clé de décision principaux :

– la hauteur de la main
– la position
– le tapis
– les adversaires

Chacun, ensuite, peut extrapoler à partir de ces quatre facteurs et en ajouter d'autres selon les circonstances de jeu. Je n'irai pas au-delà ici car ce n'est pas le sujet de ce livre.

Trois facteurs factuels

La hauteur de la main, la position et le tapis sont définis comme facteurs *factuels*. Dans les trois cas, ces informations sont mesurables, constatables.

Même si leurs interactions, elles, sont du domaine de l'interprétation fine, chacun de ces facteurs-là pris séparément fait partie de la réalité objective.

Une variable d'ajustement

Il en va tout autrement du quatrième facteur, les adversaires, que j'aurai davantage tendance à appeller “variable d'ajustement”.

Pourquoi ?

Parce que nombre de joueurs se passent des adversaires pour jouer. Pour eux, l'adversaire est comme un punching-ball qui rendrait parfois les coups mais qui n'aurait pas grand chose à voir avec le jeu.

Croyez-moi si vous voulez, mais beaucoup de joueurs ont cette conception du poker. Pour eux, le poker consiste à faire des combinaisons, et si je n'arrive pas à faire ma combinaison, j'ai perdu le coup; si j'arrive à la faire, j'ai gagné le coup, même s'il peut arriver de temps en temps que la combinaison adverse me batte.

Les joueurs chevronnés savent que c'est *tout le contraire*. Le Texas hold'em no-limit atteint toute sa force quand un joueur arrive à révéler le style de l'adversaire au point de savoir presqu'à tout moment ce qu'il possède comme main et ce qu'il se prépare à faire.

Des parties déséquilibrées

Dans les parties qui opposent par accident un joueur de classe internationale à des *aficionados* enthousiastes de quartier, le fossé est tellement immense que le champion va arriver à "lire" tous ses adversaires en très peu de temps. Il va les calibrer, les étalonner, enfin les prendre l'un après l'autre pour les éradiquer progressivement.

Nombreux sont les grands joueurs qui se font défier par des amis, des neveux, des relations qui s'imaginent avoir un niveau suffisant pour le battre au moins une fois... rien qu'une fois, dis ! Et à chaque fois le scénario est le même : la débâcle pour les outsiders. Ceux qui s'imaginent que le poker est affaire de chance se trompent parce que le joueur aguerri battra presque toujours le joueur médiocre. C'est évidemment faux dans un jeu comme la roulette.

Dans ce type de parties déséquilibrées, l'adversaire est beaucoup plus qu'une variable d'ajustement, c'est le *facteur-clé de décision principal*.

Des parties équilibrées

Dans les parties plus relevées, avec des forces en équilibre, le facteur de l'adversaire sert de variable d'ajustement quand les autres facteurs n'ont pas suffi à fixer la décision. C'est pourquoi, sur une décision délicate et un enjeu relevé, vous voyez parfois un joueur réfléchir longuement, puis, soudain redresser la tête et *poser une question* à son adversaire. Il le fait en dernier ressort.

Que s'est-il passé chez lui, mentalement ? Il a exploré tout les éléments nécessaires à sa prise de décision, et comme ce qu'il en ressort n'est pas conclusif, il passe à l'étape suivante et essaie de glaner des informations directement auprès de son adversaires, en lui parlant.

Ce qu'il lui dit n'a pas grande importance.

C'est ce que l'autre va lui répondre qui importe, le ton sur lequel il le dit surtout. Ces simples paroles peuvent suffire à faire basculer la décision dans un sens ou dans l'autre, à révéler l'adversaire comme étant sur un bluff ou sur une grosse main.

Voilà en quoi l'adversaire peut servir de variable d'ajustement.

Pas de cartes ?...

C'est amusant : nous sommes déjà bien rentré dans ce livre consacré au poker et nous n'avons pas encore montré une seule carte, pas même cité une seule fois le nom d'une combinaison...

Est-ce vraiment au poker que nous jouons ?

Je vous le confirme : oui, nous jouons bien au poker.

Mais au plus beau des pokers, au plus pur, celui qui ne consiste pas à aligner des cartes pour former des combinaisons, mais à *gagner des coups*, la plupart du temps sans aller jusqu'à l'abattage. Même s'il faut pour cela ne pas regarder ses cartes. Annette Obrestad, la jeune lauréate du premier WSOPE, en septembre 2007, s'est entraînée pendant des centaines d'heures sur internet en masquant ses cartes sur l'écran. Stu Ungar, la "légende maudite" du poker, a gagné ses treize premiers coups de la finale du Championnat du monde 1997 sans même regarder ses cartes, ce qui impressionnait encore plus ses adversaires.

Doyle Brunson, un autre immense champion, raconte qu'il lui est arrivé de gagner un coup sans cartes. N'ayant pas reçu de cartes suite à une erreur de donne, il s'est donné un challenge personnel qui était de gagner le coup sans les cartes. Et il y est arrivé !

3

La typologie des adversaires

> Ses yeux clairs avaient une expression pensive, sans cet état de morgue qu'ils lançaient le plus souvent ; ils avaient cette lueur singulière des gens que frappe soudain un souvenir.
>
> Bernard Lentéric
> *La gagne*

(Ce chapitre comporte plusieurs extraits de Poker Cadillac.)

Le poker, un jeu mutuel

Le poker est un jeu *mutuel*. Les gagnants gagnent ce que perdent les perdants (la différence étant la commission de l'opérateur). A force égale, vos résultats seront meilleurs contre des adversaires moyens que contre de bons adversaires. On le remarque très bien quand on débute sur internet. Au départ, on a du mal à gagner à la table 2-4. Puis, au fil de ses progrès, en s'aperçoit qu'on en sort de plus en plus souvent gagnant.

C'est aussi vrai pour les tournois : plus on progresse et mieux on se classe dans des tournois à prix d'entrée fixe. Ce qui permet, ensuite, de monter en prix et de briguer des dotations de plus en plus fortes, récompense normale de ses progrès acharnés.

Si vous jouez toujours de la même manière quels que soient vos adversaires, soyez sans crainte : *vous allez à votre perte*. Vous êtes contraint de varier votre style de jeu dans deux sens :

– selon vos adversaires
– d'une manière générale, pour être moins lisible à toute la table.

Des démarches instinctives

Beaucoup de joueurs ignorent comment analyser les adversaires, comment les jauger. Je reste à penser que les meilleurs joueurs sont justement ceux qui prennent en compte cette variable sans avoir déterminé de protocole pour cela. Appelons cette démarche *l'instinct*.

Un joueur comme Stu Ungar était indiscutablement de cette trempe. Doyle Brunson et Gus Hansen, peut-être aussi. Je serai bien incapable de vous expliquer ici comment aboutir à un tel résultat. A mon sens, c'est une question de don : on a le don de jauger l'adversaire au Hold'em no limit comme on a le don de savoir dessiner fidèlement ce qu'on voit, de créer une mélodie originale, etc.

Le modèle P.A.L.S. : une approche bestiale

Cette première approche protocolaire vous aidera déjà à y voir plus clair, et peut-être, ensuite, à force d'utiliser la même démarche mentale d'analyse de l'adversaire, à la transformer en deuxième nature, en pulsion.

Pour ce faire, je m'inspire de l'approche bestiale de Phil Hellmuth, telle qu'il l'a présentée dans *Poker Pro*. Il a présenté les joueurs sous forme de cinq catégories, chacune représentée par un animal. Bien que pertinente, j'ai trouvé cette présentation inachevée.

Elle était claire pour moi mais j'ai trouvé qu'on pouvait améliorer sa compréhension. Je l'ai transposée dans un repère à deux dimensions, avec deux axes orthogonaux délimitant quatre secteurs. Le modèle ainsi choisi est celui que j'ai baptisé PALS : Passif/Agressif et Large/Serré.

Les deux axes principaux qui caractérisent les joueurs sont :

- *la puissance de l'ouverture et de la relance*
  - le joueur Passif : il ouvre et relance à faible hauteur, il fait rarement all-in
  - le joueur Agressif : il ouvre haut, il relance haut, il ne craint pas de faire all-in

- *la fréquence de participation*
  - le joueur Large : il entre et colle avec des mains marginales
  - le joueur Serré : il sélectionne avec soin ses mains

A partir de ces deux axes complémentaires, il est possible de construire une "carte des adversaires" en les assimilant à des animaux :

– passif + large	=	Éléphant	(lisible)
– passif + serré	=	Souris	(lisible)
– agressif + large	=	Chacal	(illisible)
– agressif + serré	=	Lion	(illisible)

Le Chacal est sans égal

De tous ces joueurs, le Chacal est celui qui désarme le plus. Il fait une bouchée de l'Eléphant et de la Souris, et éliminera des Lions dans les tournois avant les phases finales.

Pourquoi ? Parce que le Lion aura du mal à canaliser cet adversaire : quand il le bluffera, même si le bluff est parfait, le Chacal pourra ignorer le danger… et l'éviter de ce fait, simplement parce qu'il ne l'a pas vu. Le taux de mortalité des Chacals dans les tournois est énorme mais il en reste toujours un ou deux en finale, ce qui met une ambiance électrique.

Sa grande force : comme il joue souvent avec des cartes moyennes, il arrivera qu'un joueur qui termine avec un bon jeu lui paie son tapis… et perde à l'abattage. Le Chacal incite à le payer, ce qui est dramatique.

Tous les joueurs se partagent-ils dans ces quatre catégories ?

Ces quatre catégories représentent des *dominantes*.

Je ne connais aucun joueur qui soit en permanence Eléphant, Souris, Chacal ou Lion.

Mais c'est indéniable : tous les joueurs se rattachent à une de ces quatre dominantes. Quand ils s'en écartent pour s'adapter à une situation

L'Eléphant

Joueur prévisible. Il aime voir des cartes et avoir des adversaires, donc il se contente très souvent de suivre et ne cherche pas à chasser l'adversaire. Il paie beaucoup avec tirage.

Pour le battre. Jouer dur contre lui, ne pas bluffer, le piéger avec une grosse main.

Résumé. C'est incontestablement le joueur qui perd le plus sur le long terme. Curieusement, s'il est en veine, c'est aussi celui qui gagnera le plus. Il suffit que ses tirages rentrent, le Chacal se chargeant d'engraisser le pot. La plupart des débutants sont des Eléphants.

Le Chacal

Joueur très imprévisible. Souvent exubérant, il est "sur tous les coups" et fait peur à tout le monde. Dans les tournois, il fait le plus de dégâts jusqu'aux phases finales. Il monte les plus gros tapis mais s'il ne s'assagit pas ensuite, il ne peut pas gagner de tournois. Il adore arracher les coups préflop et au flop et déteste montrer ses cartes.

Pour le battre. Il faut accepter de payer certaines de ses relances et le piéger au flop.

Résumé. C'est le joueur qui fait les plus grosses différences pertes/gains. Il aura des journées/mois/années gagnants, comme il aura des journées/mois/années perdants. Quand il contrôle une table, il est capable de la "raser" complètement. C'est d'ailleurs son sport favori.

La Souris

Joueur très prévisible. Il entre tellement peu dans les coups que quand il le fait, tout le monde sait qu'il a une très bonne main. Son pire ennemi est l'Eléphant.

Pour le battre. Voler les blinds ou même le pot. Il suivra rarement une relance.

Résumé. Ce joueur perdra aussi sur le long terme, mais moins que l'Eléphant du fait de son caractère timoré. Le Hold'em no limit n'est vraiment pas un jeu pour lui. Beaucoup de débutants et de femmes sont des Souris.

Le Lion

Joueur imprévisible. Archétype du joueur solide. Il entre assez rarement dans les coups, mais quand il le fait, c'est toujours agressivement. Joueur méfiant et calculateur qui connaît parfaitement ses cotes. Il est autant capable de bluffer que de jouer au "roc". Se fera bluffer assez souvent.

Pour le battre. Il faut être Lion ou Chacal. Il faut le sur-relancer, lui faire des check-raise, prendre le risque de sous-jouer pour l'inciter à bluffer.

Résumé. Il mérite son nom : c'est un seigneur, un roi. Il est de la race des gagnants. Il est sans pitié, indépendant, refuse les compromissions et fonce droit devant lui.

particulière, il y reviennent ensuite, comme attirés par un aimant. Chassez le naturel, il revient au galop !

Pour s'exprimer autrement, disons que ces dominantes expriment le type de jeu où le joueur *se sent bien.*

Etre imprévisible

La clé de tout, dans le comportement de jeu, consiste à être imprévisible. Vous devez en permanence *changer de peau.*

Ne nous méprenons pas : il ne s'agit pas de changer de jeu à tous les coups. Mais si vous êtes Lion, pour ne pas être trop lisible, placez un bluff inhabituel de temps en temps ou payez une relance préflop alors que vous avez habitué vos adversaires au "raise or fold" (relancer ou passer).

Exemples :

– vous venez de gagner un gros coup; vous recevez ensuite 4-4 en position UTG+2; UTG suit : relancez;

– vous possédez A-A au bouton; UTG suit, les autres joueurs paient; suivez vous aussi;

– vous possédez A-7 assortis en milieu de parole : relancez. Etc.

Ces changements de comportement doivent être suivis au flop. Et si le flop vous met en difficulté et qu'un adversaire vous sur-relance, ne cherchez pas plus loin : passez. Mais cette tactique pourra aussi vous amener à gagner des coups inespérés. Vous en hériterez une réputation de Chacal, ce qui est toujours positif.

Le modèle Louy

Je passe souvent des heures avec Bruno Louy, le co-fondateur de l'Ecole Française de Poker, à "refaire le monde" du poker. Un jour, il m'a apporté un modèle qui, je pense, tord le coup à bon nombre de théories fumeuses sur les communications entre joueurs et les niveaux de pensée des joueurs.

Je ne vais pas reproduire ici la totalité de son modèle. Si vous voulez le voir dans son entier, allez sur le site www.ecolefrancaisedepoker.fr.

Bruno a défini quatre catégories de joueurs, et chacun se définit d'après les éléments qui renseignent leur décision. Les niveaux sont :

– *chronologiques* : un joueur passe par tous les niveaux, même s'il peut plafonner à l'un d'entre eux

– *sans limite* : leur durée dépend de la passion du joueur pour le poker mais aussi de ses propres capacités à passer au niveau supérieur

– *progressifs* : plus longs que le niveau précédent, le dernier niveau étant réputé infini
– *cumulatifs* : tout niveau inclut les capacités du niveau précédent

niveau 0	le joueur connaît les règles
niveau 1	le joueur décide d'après ce qu'il voit
niveau 2	le joueur décide d'après le jeu de l'adversaire
niveau 3	le joueur décide d'après la pensée de l'adversaire

Au niveau 1, la décison dépend de ce que voit le joueur.

Au niveau 2, la décision dépend du jeu que le joueur devine chez l'adversaire. Il y a conjecture directe.

Au niveau 3, la décision dépend de ce que l'adversaire deviner que le joueur possède comme jeu, ou de ce que l'adversaire devine que le joueur a comme pensée (boomerang). "Je sais que tu sais que tu sais que..." Il y a conjecture de conjecture.

L'apport de cette typologie me semble important dans la mesure où, jusqu'ici, le "niveau de pensée" de l'adversaire n'était pas clair. Maintenant, on sait à quelles capacités les niveaux correspondent.

Quand nous travaillons sur des leçons à l'Ecole Française de Poker (l'EFP diffuse deux leçons en ligne par semaine à ses étudiants), nous avons à cœur de les *grader*. Dans les 50 premières leçons de l'EFP, que nous appelons les "Holdem master class", voici quels étaient les niveaux :

– niveau 1 - confirmé	11 cours
– niveau 2 - avancé	30 cours
– niveau 3 - expert	9 cours

Nous pensons que cela reflète peu ou prou le niveau moyen des participants aux tournois . N'oublions pas que ceux-ci incluent un certain nombre de joueurs qualifiés sur internet, qui sont souvent loin du niveau des professionnels.

Mixage de typologies

Comme l'a écrit McKenna, le langage du corps doit être affiné en fonction de l'émetteur, c'est-à-dire du joueur observé. Aucun signe suspect ("tell") ne convient vraiment à tout le monde. Mais certains conviennent à des joueurs d'une certaine catégorie.

En rapprochant les deux typologies PALS et Louy, j'en déduis ceci :

– les Souris se déterminent toujours en fonction de leur jeu et de rien d'autre, donc elles sont toutes de niveau 1

– certains Eléphants sont encouragés dans leur tendance quand ils sentent que l'adversaire a un gros jeu, pour essayer de le piéger; admettons donc que 67% des Eléphants sont de niveau 1 mais que 33% d'entre eux sont de niveau 2

– certains Chacals ne jouent pas en fonction de la pensée adverse; j'ai maintes fois vu des Chacals se limiter au jeu adverse sans aller jusqu'à la pensée adverse, dont ils se fichaient éperdument; admettons donc que 67% des Chacals sont de niveau 3 mais que 33% sont de niveau 2

– les Lions sont tous capables de jouer sur des conjectures de conjectures, donc ils sont tous de niveau 3.

J'aboutis alors à une typologie croisée :

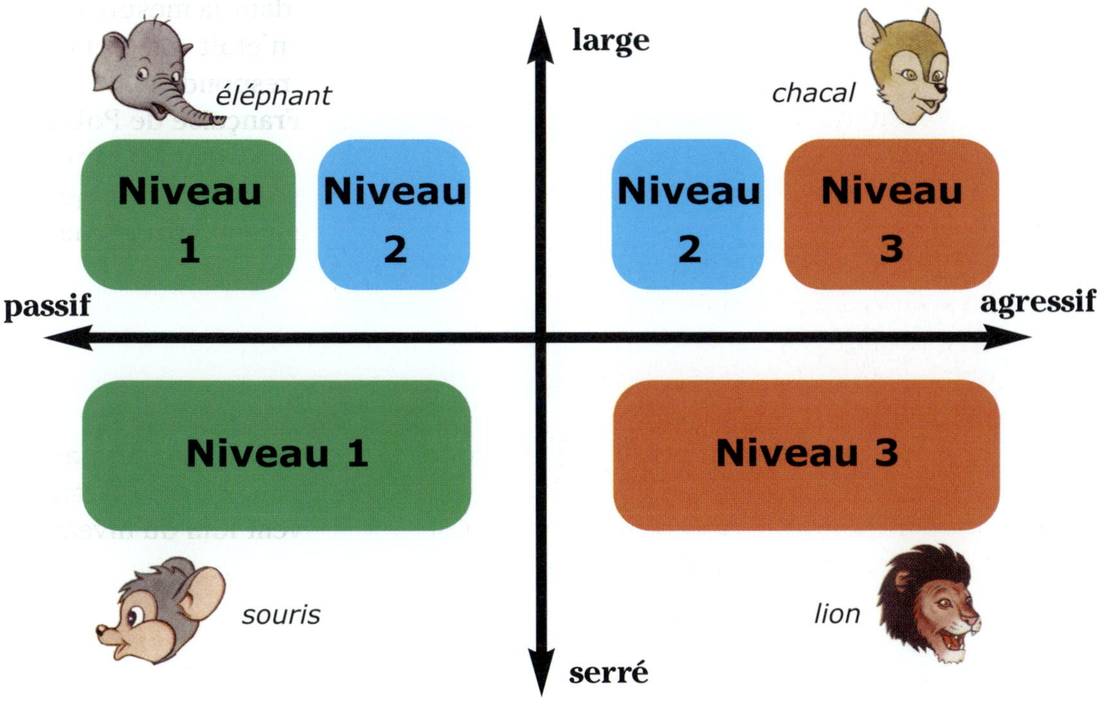

J'affirme que ces raffinements sont corrects, tout en n'oubliant pas que ces typologies sont des tendances de fond. S'il était possible de coucher sur deux pages de papier l'ensemble des personnalités humaines au poker, ça se saurait !

Par ailleurs, un joueur peut se sentir Souris en début de tournoi, puis virer à l'Éléphant plus tard, et devenir Chacal à l'approche de la bulle... puis gagner le tournoi en Lion ! C'est un schéma classique, l'important étant de varier ses styles de jeu. Mais varier pour varier n'a aucun intérêt. Il faut varier dans le but précis de *gagner*, toujours gagner sur l'adversaire. Et là, seule l'expérience parle.

Ce livre ne parle que de l'adversaire, de vous et de l'adversaire. Pour commencer, voyons ce qui nous permet de connaître ce fameux adversaire, d'en dessiner un profil, sans même échanger le moindre mot avec lui. C'est la magie de la communication non-verbale. Ce premier niveau d'approche est l'occasion de voir ce que disent les spécialistes à ce propos.

- NIVEAU 1 -

- NIVEAU 1 -

LA LECTURE

LA LECTURE

PERSONNELLE

PERSONNELLE

GLOBALE

GLOBALE

4

LA COMMUNICATION NON-VERBALE

> Avant de raccrocher, Vera sourit encore, haussa doucement les épaules, acquiesça du regard et fit un petit geste de la main, et de ces quatre mouvements personne ne sut jamais rien.
>
> Jean Echenoz
> *Le méridien de Greenwich*

Charles Darwin, dans son grand classique *L'Expression des émotions chez l'homme et les animaux* (1890), voulant vérifier si “les mêmes expressions et les mêmes gestes dominent chez toutes les races de l'humanité”, a envoyé un questionnaire à ses correspondants disséminés sur toute la surface du globe. Plus tard, il a écrit : *“Il résulte des renseignements qui m'ont été fournis qu'un même état d'âme est exprimé dans tous les pays avec une remarquable uniformité.”*

Cette constatation a été validée par le chercheur Allan Pease. Les signaux de base du langage corporel sont les mêmes dans le monde entier. On a soumis à vingt-et-une personnes de cultures différentes six photos exprimant chacune une émotion : la joie, la colère, la peur, la tristesse, le dégoût, la surprise. Les résultats ont été les suivants :

Emotion	**Nombre d'identifications justes (sur 21)**
joie	21
colère	18
peur	19
tristesse	21
dégoût	21
surprise	20

Ces résultats remarquables prouvent que l'expression de la physionomie humaine dépasse les clivages géographiques et culturels.

La communication non verbale, comme son nom l'indique, recouvre toute la communication qui ne passe pas par la parole. Historiquement parlant, la communication non verbale précède la communication verbale. Mais le verbal s'est *ajouté* au non verbal. Il est venu le compléter, l'affiner, lui donner des précisions. Dès lors, on comprend que c'est le mot parlé qui vient à l'appui du geste et non l'inverse. (Calero)

Nos ancêtres n'utilisaient que le non verbal. Entre deux millions et cinq cents mille ans avant notre ère, le verbal est apparu et leur cerveau a triplé de volume. (Pease) Tout comme il avait énormément grossi lors du passage à la bipédie, qui a libéré les mains et les fonctions afférentes. C'est ce que signifie l'expression “la fonction crée l'organe”. Si l'être humain est de moins en moins poilu au cours des millénaires, c'est parce qu'il a su se protéger seul contre le froid et rendre inutiles ses poils d'origine.

Le non verbal est un territoire étendu.

Georges Poli, dans *La notation des gestes*, rappelle qu'il y a 200 ports de têtes différents, 100 postures du corps, 130 de bras, 18 d'avant-bras, 64 de poings, 200 de cuisses, 18 de jambes, 58 de pieds, 180 de pouces, 61 de phalanges, 20 de phalangettes, 20 de phalangines, etc. (Caradec) On a peine à imaginer toutes les combinaisons possibles… Ce qu'on peut dire, c'est qu'elles sont presque infinies, même si un bon nombre ne sont pas compatibles entre elles pour des raisons purement mécaniques.

Une équipe de chercheurs britanniques dirigée par Christopher Brannigan et David Humphries est parvenue à isoler et cataloguer 135 gestes distincts et reconnaissables par les intéressés, parmi lesquels 80 concernent les expressions du visage et les mouvements de tête. (Calero)

Communication non-verbale involontaire et volontaire

Il y a le conscient et l'inconscient. De même, il y a la communication non verbale *volontaire* et la communication non verbale *involontaire*.

La communication non-verbale volontaire est constituée des signes culturels qui font que deux êtres humains échangent un message sans parler.

Ce pan de la communication non verbale a été largement étudié par des comportementalistes. Et tous, comme Darwin, sont arrivés à la conclusion qu'il y avait peu de différences entre les cultures. Certaines demeurent cependant :

– Se tapoter le nez peut avoir six significations selon Desmond

Morris : menace ; “on est complices” ; “méfie-toi”, ou “il a du nez” ! (en Italie) ; “il fourre son nez partout !” (Royaume-Uni)

– Evitez de faire du stop en Grèce en levant le pouce, c’est vraiment impoli.

– En France, quand quelqu’un glisse l’ongle de son pouce sous son incisive supérieure, il veut dire “rien du tout”. En Lithuanie, cela signifie “j’y mettrai ma tête à couper”.

– En France, le “rond” formé avec le pouce et l’index signifie à peu près “tout va bien”. Mais au Brésil, là encore, c’est une insulte !

Ce Français et cette Brésilienne esquissent le même geste... mais il signifie le contraire pour l’un et l’autre !

Certaines cultures utilisent beaucoup la gestuelle : l’Italie, l’Espagne, la France par exemple, au point que certains gestes suffisent à économiser des phrases entières. D’autres pays, comme l’Angleterre ou l’Allemagne, sont essentiellement à communication verbale. Les professionnels de la communication internationaux (diplomates, politiques, négociateurs commerciaux, professionnels du tourisme...) ont accès à des données explicatives sur les gestes à utiliser avec certaines nationalités et à éviter avec telles autres. Ne perdons cependant pas de vue qu’il existe un “tronc commun” gestuel regoupant au bas mot 90% des signes.

“Le visage est universel, et il parle”

Un excellent livre signé de Patrick Rambaud et du comédien Bernard Haller, *Le Visage parle* (Balland 1988), a détaillé sous forme de photographies la palette des expressions faciales possibles. Ils recensent ainsi, *en les mettant en scène* :

– 7 expressions de base positives
– 7 expressions de base négatives
– 9 expressions de base mixtes
– 12 expressions secondes positives
– 26 expressions secondes négatives
– 19 expressions renfort
14 expressions liantes
– 22 expressions complémentaires

... soit, au total, 116 expressions du visage différentes parfaitement identifiées, chacune exprimant un sentiment précis : curiosité, menace, impatience, assurance, douleur, humilité, lubricité, sourire jaune...

Voici à titre d'exemples les expressions de base positives (ci-dessous) et négatives (ci-contre) :

Les sept positives

1. Affirmation

2. Attendrissement

3. Curiosité

4. Enthousiasme

5. Franchise

6. Joie

7. Rire

Les sept négatives

8. Colère

9. Dégoût

10. Frayeur

11. Mauvaise humeur

12. Menace

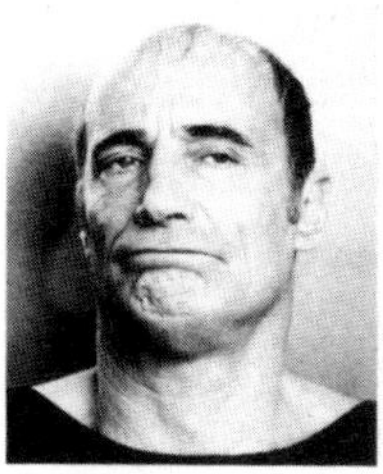

13. Négation

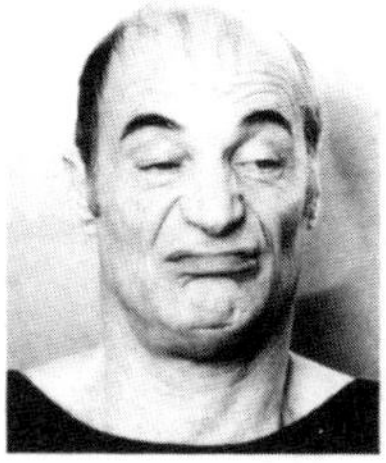

14. Refus

Les 116 expressions servent d'alphabet pour former des "phrases" visuelles, gérées par une grammaire des plus rigides. C'est ce qui constitue la suite du livre... Par exemple :

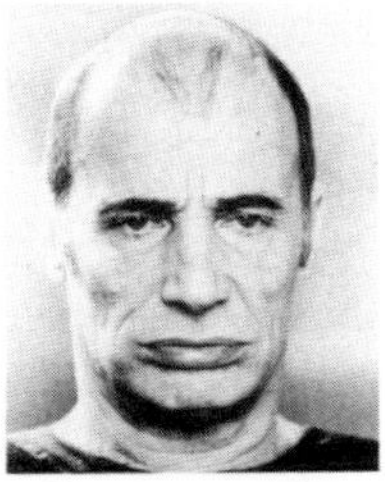

Vous êtes pressée ?

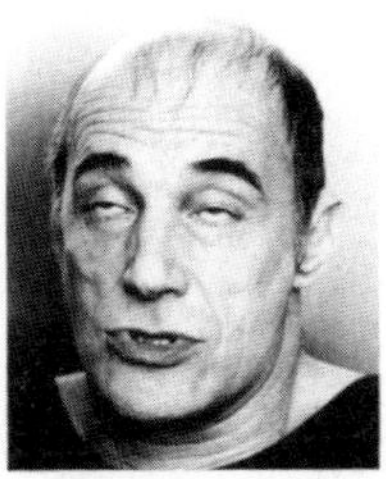

Moi aussi.

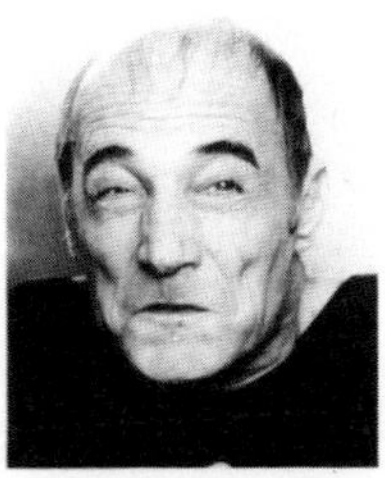

Soyons pressés ensemble.

Les acteurs du visuel

Quand le cinéma parlant a été généralisé, à partir de 1927, des centaines d'acteurs se sont trouvés dans l'embarras car leur voix n'était pas adaptée à leur physique. On cite souvent le cas de Mary Pickford (1892-1979), grande actrice comique canadienne, qui avait une voix inadaptée et dont la carrière s'en est trouvée brisée du jour au lendemain.

Il s'agissait pour les acteurs du muet de *surjouer* leur personnage, en accentuant les mimiques pour que le spectateur comprenne quel était leur état d'esprit malgré l'absence de mots. Voilà pourquoi ils ont énormément travaillé leurs expressions et remis au jour le travail de la pantomime, tel qu'on la trouve aussi, par exemple, dans le théâtre de Nô.

Quand on regarde aujourd'hui les films muets, ces personnages qui font des grimaces et des mouvements dans tous les sens suffisent à nous faire rire. Mais si on devait réduire la caricature, on arriverait à une communication non-verbale normale. Ils ne font que “grossir le trait” pour qu'aucun spectateur ne passe à côté de l'intrigue.

Max Linder (1883-1925), acteur français passé maître dans le muet, en est un exemple. Il a incarné des personnages de dandies plongés dans des situations abracadabrantes. Il a ainsi exploité l'art du *décalage* entre son personnage et les situations dans lesquelles il l'impliquait.

Harpo Marx (1888-1964), lui, est resté muet même quand le cinéma est devenu parlant, ce qui a conféré à son personnage une dimension expressive exceptionnelle, sans équivalent dans le cinéma.

Marcel Marceau (1923-2007) a porté haut les couleurs du mime sur les planches et au cinéma. L'art d'être expressif sans rien dire est probablement celui qui forme le mieux à être comédien car il apprend à transmettre des émotions tout en en dosant leur force. Il apprend aussi à

Max Linder

Marcel Marceau

Mary Pickford

Harpo Marx

mouvoir son corps, à contrôler son image physique au sein d'une véritable chorégraphie où les objets eux-mêmes, pourtant absents, deviennent réalité. Et où les mots, ces empêcheurs de mimer en rond, sont interdits.

La communication non-verbale involontaire

Je pense que vous vous en doutez, c'est surtout la communication non verbale involontaire qui nous intéresse ici. Pourquoi "involontaire" ? Parce qu'au lieu de passer par notre conscience, cette communication est exécutée directement, inconsciemment. On pourrait donc écrire "inconsciente".

Cette fois, contrairement à la communication non verbale volontaire, les barrières culturelles n'existent plus, ou presque plus. C'est l'être humain dans toute son universalité qui s'exprime, qui "parle" à travers son corps, ses gestes, parfois sa voix.

Résultat : A très peu d'exceptions près, les gens ne déguisent pas leur comportement non verbal. Nous verrons que la table de poker fait exception, justement parce qu'elle met en scène des individualités qui se mettent en danger si elles savent ce qu'il y a dans la tête des autres.

C'est la même chose dans beaucoup de domaines. Ce que le verbal cache, le corps le cache beaucoup moins facilement. S'il fait trop chaud, vous allez transpirer et vous n'y pourrez rien, même avec la meilleure des volontés. Si vous avez peur, vous aurez la classique « sueur froide », et là encore vous n'y pourrez rien. Dans un cas, la raison est physiologique, dans l'autre elle est psychologique.

Causes	Types	Manifestations corporelles
chaleur	physiologiques	transpiration
peur	psychologiques	sueur "froide"

Faisons dès lors la dissociation très nette entre deux types de causes :

– les causes physiologiques, qui relèvent d'un impératif du corps
– les causes psychologiques, qui relèvent d'un état psychique.

Si vous vous grattez la tête, c'est peut-être parce que votre cuir chevelu vous démange (cause physiologique) ou parce que vous réfléchissez (cause psychologique). L'observateur doit valider l'état psychologique de la cause avant de tirer des conclusion hâtives.

Le corps "dit" à l'extérieur ce qu'il ressent, et il le dit souvent malgré lui. Les Anglo-saxons ont donné un nom à cet acte involontaire : "tell" (du verbe "to tell", qui signifie "dire"). "Visage impassible", "geste mesuré", "front emperlé pendant l'attente", "regard soumis", "lippe dédaigneuse"... Ce geste non verbal psychologique a quatre attributs essentiels :

1. Permanence : Chaque pensée, sensation ou émotion se traduit presque toujours par une gestuelle inconsciente, soit-elle minimale. *"Par ses mouvements, l'organisme est expressif dans sa totalité : l'attitude du corps, la démarche, les gestes des bras, la poignée de main ont, pour qui sait les interpréter, une signification psychologique incontestable."* (Corman)

2. Sincérité : Le langage corporel est le reflet extérieur de l'état émotionnel de l'individu. Il se révèle être le plus sincère, du fait justement qu'il n'est pas censuré par la conscience. *"Le langage de l'expression mimique a l'avantage d'être plus véridique que le langage parlé, du fait qu'il émane de la spontanéité vitale inconsciente."* (Corman) Tous les comportements signifient quelque chose. C'est le sens de la communication non-verbale. Nos pensées, intentions, états d'esprit trouvent presque toujours une traduction non verbale qui échappe à notre volonté. (McKenna)

3. Universalité : Comme le montre Bernard Haller dans les photos précédentes, les émotions se traduisent à peu près partout dans le monde de la même manière. Pendant 25 ans, Joe Navarro a été agent spécial auprès du FBI, dans la division du contre-renseignement : *"Peu importe que vous jouiez au poker ou que vous interrogiez un terroriste. Les comportements non-verbaux ne changent pas."*

4. Inconscience : L'homme n'a que rarement conscience que ses mouvements et ses gestes puissent signifier autre chose que ce que dit sa voix.

Quelle est maintenant l'interaction qui s'installe entre votre verbal et le non-verbal qui l'accompagne ? Croyez-moi si vous voulez, mais seulement 35% seulement d'une conversation entre deux individus sont consacrés au temps de parole lui-même, comme l'a démontré Bidwhistell. Le reste est peuplé de silences, eux-mêmes meublés de gestes.

D'ailleurs, dans un message verbal, voici les parts qui reviennent respectivement au discours lui-même, au ton sur lequel on le prononce et au non-verbal, c'est-à-dire la gestuelle qui accompagne le discours :

- discours : 7%
- ton : 38%
- non-verbal : 55%

Comme quoi ce qu'on dit est loin d'être le plus important. Le plus important, c'est *comment* on le dit.

Cela vous paraît incroyable ? C'est aussi ce qu'a dû penser Albert Mehrabian, un des précurseurs de l'étude de la communication non verbale, quand il a découvert cela. (Pease) Dans les années 1970 et 1980, le même Pease a analysé des milliers de négociations commerciales, et constaté que le non-verbal occupait 60% à 80% dans l'impact des entretiens d'affaires.

Il y a plus fort encore. En 1960 eut lieu un débat télévisé entre Richard Nixon et John Kennedy pour l'investiture à la présidence de la république des Etats-Unis. La preuve que l'image est plus impactante que le son ? La majorité des gens qui ont écouté à la radio ont trouvé Nixon plus convaincant alors que la majorité des gens qui ont regardé la télévision ont estimé que c'était Kennedy le plus convaincant. (Pease)

Le système limbique explique cet état de fait

Penchons-nous sur notre cerveau. On l'a vu précédemment, le cerveau humain s'est construit progressivement, au fil des millénaires, à partir d'un cerveau primitif. Mais l'être humain que nous sommes aujourd'hui est toujours un animal.

Pour mieux comprendre, penchons-nous sur le système limbique de notre cerveau. C'est un groupe de structures parmi les plus anciennes du cerveau, qui joue un grand rôle dans le comportement. Notamment, dans les émotions basiques que nous ressentons, comme la peur, l'agressivité, le plaisir.

Le système limbique influe sur le système endocrinien et le système nerveux autonome (sympathique / para-sympathique, voir ci-dessous). Il comporte certains éléments, situés autour du thalamus, comme la circonvolution cingulaire, le fornix, l'hypothalamus, l'hippocampe, l'amygdale (impliquée dans l'agressivité et la peur).

Je ne ferai pas injure à mon lecteur en précisant que ce système limbique se retrouve aussi chez les poissons, les amphibiens, les reptiles et autres mammifères de tout poil. A titre d'information, c'est à Broca (1878) que nous devons l'appellation "limbique" pour désigner le cortex cérébral du bord (*limbus* signifie "bord" en latin).

Pour aller vite, le système limbique fait la liaison entre les émotions et leur manifestation (sueur, tremblement, etc.). Si vous vous intéressez à la littérature, l'écrivaine belge Amélie Nothomb a écrit un best-seller intitulé *Stupeur et tremblements*. Le titre à lui seul nous renvoie à notre système limbique, à nos émotions ancestrales les plus brutes. Dès son titre, ce livre est profondément bestial.

Navarro a remarqué que les trois fonctions survivantes du cerveau limbique pouvaient s'identifier en anglais comme "les trois F" :

– FREEZE :	hypercontrôle, modération, calme
– FLIGHT :	distance, comportement bloqué, grimace
– FIGHT :	jeu agressif, intimidation, irrespect

Si une menace se profile, on commence par l'ignorer, puis on essaie de la dissuader, enfin on passe à l'attaque-défense.

Alors, j'attaque oui ou non ?

Desmond Morris est un zoologue qui, en plus d'avoir étudié les animaux, s'est penché aussi sur l'homme en tant qu'animal. Si l'être humain, bien que surpeuplant la terre, n'en vient pas plus souvent aux mains, c'est parce qu'il a su organiser une société où un certain équilibre règne entre la survie et la liberté de chacun. La règle sociétale nous est inculquée dès notre plus jeune âge, et nous acceptons tous l'autorité.

"La vie entière du groupe [de grands singes] se fait autour du mâle dominateur. De même, dans les groupes coopératifs, tous les membres du groupe veulent être des égaux entre eux mais acceptent qu'il y ait un chef qui endosse une part de leur responsabilité et empêche les conflits sporadiques." La société humaine est bien un groupe coopératif. Les rebelles sont rares finalement, et quand il y a conflit social, cela tourne rarement au soulèvement et à la destruction des structures de fond.

Si les conflits physiques d'homme à homme sont si peu nombreux, c'est parce que nous sommes *socialisés*. On nous a appris la valeur de la vie. Mais qu'on ne s'y trompe pas : l'être humain garde toujours un fond d'agressivité animale, qui réapparaît d'ailleurs à certaines occasions : rixes, pillages, guerres, mouvements sociaux… Notre faculté à agir dans la vie dépend de la façon dont nous contrôlons notre système nerveux.

Desmond Morris décrit le processus d'agressivité d'une manière fascinante. Le système nerveux autonome comprend deux sous-systèmes opposés qui se compensent l'un l'autre : le sympathique et la para-sympathique. Le sympathique prépare le corps à l'action violente. Le parasympathique préserve les réserves du corps.

Quand le premier dit "*Fonce*", le deuxième dit "*Va-s-y doucement, il y a danger de mort.*" En temps normal, l'un et l'autre s'équilibrent. Mais quand arrive une situation d'agression, le sympathique prend le dessus. L'adrénaline se répand dans le circuit sanguin, le cœur bat plus vite, le sang afflue vers les muscles et le cerveau, en provenance de la peau et des viscères. Cela explique pourquoi nous sommes plus "blanc" en cas de préparation à l'attaque. La pression sanguine s'accélère, les globules rouges sont produits en plus grande quantité, le sang s'épaissit, ce qui en réduit le temps de coagulation. De cette manière, si une blessure survient, la perte de sang sera diminuée. Le sang reçoit aussi davantage de sucres, ce qui augmente la puissance des muscles mieux irrigués. La digestion est interrompue, de même que l'émission de salive, ce qui explique là encore qu'en cas d'attaque imminente, nous ayons la "bouche sèche".

La respiration s'accélère, le souffle est à la fois plus rapide et plus profond, ce qui, allié à l'augmentation du nombre de globules rouges, augmente l'absorption de plus grandes quantités d'oxygène. Les poils se hérissent, ce qui contribue à aérer la peau, et le sujet transpire.

Le rectum et la vessie se ferment – en clair, si nous devions déféquer ou uriner à cet instant, ce serait quasiment impossible.

En réalité, le corps du sujet mobilise toute son énergie disponible pour l'attaque. La fatigue disparaît instantanément, le sang est pompé avec vigueur partout où il va s'avérer crucial : le cerveau et les muscles surtout.

La machine complexe du corps est formidablement bien adaptée à l'attaque mais elle s'épuise. Après une attaque victorieuse, le sujet est souvent fatigué, d'abord parce qu'il a fourni un gros effort musculaire, mais aussi parce que son corps s'est mobilisé tout entier et a brûlé beaucoup d'énergie.

Pourtant, dans le cerveau du sujet, deux élans se contredisent :

– L'un pousse en avant. C'est l'envie d'en découdre, d'attaquer ou de se défendre.

– L'autre retient l'attaque. C'est la peur envahissante et paralysante.

Un conflit intérieur s'installe dans le cerveau de l'individu. Il ne sera libéré que par l'attaque ou la fuite, ou éventuellement la tergiversation ou la soumission. (Morris)

L'homme est un animal

C'est bien parce que l'homme est un animal qu'il émet des signes à l'insu de sa conscience. A la table de poker, l'agressivité est cruciale – une agressivité rarement affichée mais bien présente. Pourtant, le poker reste un jeu de gentlemen. Ce jeu relève de notre animalité, ce qui a fait dire à certain auteur que *"le poker est la chose la plus violente qu'on puisse faire assis"*.

Les interactions sont multiples et permanentes. Nous influençons autrui, autrui nous influence aussi. C'est ce qui rend une partie de poker passionnante.

Avant de savoir pourquoi une personne adopte soudain une attitude tranchée à votre endroit, posez-vous la question de savoir si cette attitude n'est pas une *réaction* à votre propre attitude.

Vous influencez autrui en permanence. Si quelqu'un est désagréable avec vous, posez-vous d'abord la question de savoir si cet état n'est pas le résultat de votre propre attitude envers lui.

5 Ce qu'est une personne et comment elle le révèle

> Ne sachant quoi faire de mes mains, je les croise maladroitement sur mon petit sac blanc.
>
> Marie Darrieussecq
> *Naissance de fantômes*

Nous sommes plongés les uns à côté des autres dans un monde qui n'existe d'une manière globale que par nos individualités. Les interactions avec nos congénères et les organisations de gestion et de production forment le tissu social. Les intérêts et les structures étatiques se chargent du reste.

Desmond Morris, dans son émission télévisée *L'homme cet animal*, s'amuse à regarder une nuée d'êtres humains qui vont dans tous les sens aux abords d'une grande gare, aux heures de pointe. Il s'en amuse car lui qui est un zoologue de renom, il ne connaît aucune communauté de mammifères qui puisse subir de telles concentrations sans conflit majeur.

L'homme a inventé le bien commun, les espaces où chacun de nous peut aller sans avoir à craindre l'ire du propriétaire. Un Parisien peut aller à Lyon, personne ne lui dira à l'entrée de la ville qu'il doit faire demi-tour parce qu'il n'est pas chez lui. Un Français peut se promener les mains dans les poches à Londres, aucun "bobby" ne lui mettra des menottes parce qu'il n'est pas chez lui. Il existe des limites à cette liberté, que sont les frontières des pays avec lesquelles les conventions sont plus tendues.

Quand quelqu'un bouscule une autre personne sans le faire exprès dans la rue, il s'expresse de s'en excuser. Nous avons tellement bien été élevés dans le respect de la personne humaine que nous avons des espaces intimes à géométrie variable. Allan Pease les rappelle :

– la zone intime (toucher-45 cm)
– la zone personnelle (45-120 cm)
– la zone sociale (120-300 cm)
– la zone publique (> 300 cm)

En matière de poker, Le joueur voisin se trouve forcément dans la zone dite “intime” (entre toucher et 45 cm). Son rayon correspond à peu près à la longueur de l’avant-bras. Mais le joueur qui se trouve à l’autre bout de la table est dans la zone “sociale” et nos rapports avec lui vont forcément être différents.

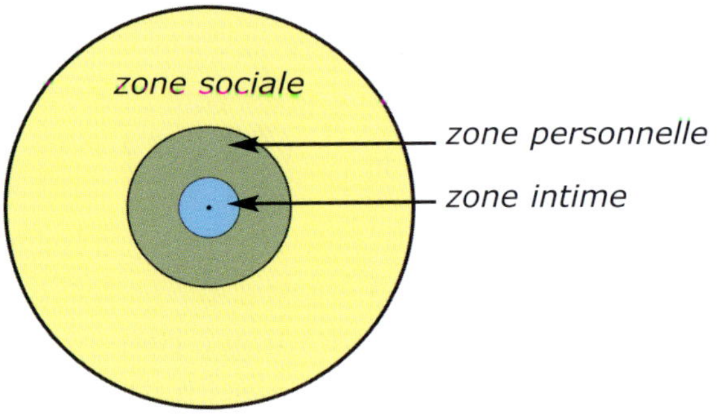

Les très bons joueurs de poker ont appris à communiquer d’une manière différente avec des joueurs de la table en fonction de la zone où ils se trouvent, c’est-à-dire près d’eux ou éloignés d’eux. C’est un point important de la manipulation au poker (voir Niveau 3).

Ce qu’est une personne

Une personne est complexe et je n’ai pas la prétention de la définir d’une façoon universelle. Mais voyons le sujet à travers le prisme du poker. Une personne est un mélange de vécu et d’attentes. L’un et les autres peuvent prendre diverses appellations selon le propos :

vécu	**attentes**
souvenirs	espoirs
gloires	objectifs
hontes	ambitions
psychoses (inconscientes)	plan de vie
névroses (conscientes)	projets
RESILIENCE ARMURE FILTRE	CAPACITE DE PROJECTION LIMITEE PAR LES INTERDITS

La personne humaine s'organise constamment en fonction du temps qui passe. Si nous vivons le moment présent, c'est parce qu'il nous rapproche de l'objectif suivant, sorte de bouée qui se trouve sur notre chemin quand nous cinglons vers notre avenir.

Le vécu

Notre vécu peut se vivre comme un fardeau de plus en plus lourd au fur et à mesure que nous avançons dans la vie – et le fait est que certains d'entre nous sont mieux servis que d'autres en ce domaine.

Mais curieusement, certains à qui il est arrivé de gros pépins prennent la vie d'un meilleur côté que d'autres qui ont été moins bousculés. Nous sommes toujours admiratifs de la façon dont ils relèvent la tête devant l'adversité. C'est ce qu'on appelle la capacité de *résilience*.

La résilience est cette qualité qu'ont certains métaux de reprendre leur forme initiale après avoir subi une différence brutale de température. De même, un être humain qui subit un traumatisme va devoir "encaisser le choc" bon gré mal gré, mais rien ne dit alors qu'il recouvrera sa personnalité première. Comme ces veuves qui ne rient plus ou ces combattants survivants de Verdun qui perdent la parole, quelque chose est "cassé" en eux, irrémédiablement.

Le monde est ainsi fait que nous ne sommes pas égaux devant la résilience.

Mais notre vécu peut aussi se vivre sous la forme d'une "armure en devenir". Comme ces coquillages qui rajoutent des couches de calcaire à leur coquille pour la durcir au fil du temps, ou comme les plantes de pied dont la peau s'épaissit au fil du temps, nous devenons de moins en moins impressionnables. Nous vivons une "courbe d'expérience" : ce que nous faisons, nous le faisons de mieux en mieux, nous connaissons mieux nos goûts et ceux des autres, nous évitons mieux les pièges de la vie, nous nous défendons mieux – nous "prenons de la bouteille" pour parler familièrement.

Notre vécu est donc biface :

– sur une face, une série de difficultés qui s'amoncellent et nous pourrissent la vie, mais que l'on peut dominer grâce à notre résilience

– sur l'autre face, une expérience grandissante qui facilite la vie.

Reste la question de la mémoire. La mémoire est un filtre, et quand on parle de mémoire à une personne, elle se souvient en premier lieu des pires coups qu'elle a subis, des blessures qu'elle a endurées. Elle se souviendra aussi de quelques moments de joie intense.

De la même manière, les joueurs de poker ont ceci en commun : ils se souviennent de beaucoup plus de mauvais coups que de bons. Pourtant, dans la réalité, ils vivent des bons et des mauvais coups, et leur nombre s'équilibre à près.

Certains cultivent une fâcheuse tendance à affirmer haut et fort qu'ils sont "noirs", "noirauds", qu'ils ont la "scoumoune". Pire, ils affirment que d'autres (qu'ils peuvent même nommer) sont des "cutards", ont le "c... bordé de nouilles". Or, la vérité est là, la même pour tout le monde : nous sommes tous égaux devant le hasard. Ce qui fait la différence entre un joueur de poker et un autre joueur de poker sur le long terme, ce n'est pas la chance mais les autres éléments qui font le résultats : la stratégie, les tactiques, la psychologie, etc.

On trouve ici un cas évident d'interprétation de la réalité. La réalité est unique mais nous l'interprétons chacun selon notre prisme, celui de nore personnalité qui s'est forgée avec les années. Une des notions de base de la PNL est que "la carte n'est pas le territoire" : le territoire est unique mais la carte n'en est qu'une représentation comme une autre.

Les attentes

Du côté des attentes, nous connaissons tous une expression populaire : "*L'espoir fait vivre*". On la dit souvent par dérision envers ceux qui gardent l'espoir quand tout est perdu. En matière de poker, souvenons-nous de Jack Straus, champion du monde 1982, qui gagne le titre suprême après avoir "touché le fond" dans le tournoi. Comme il est de coutume, on dira qu'il a donné un coup de pied au fond et qu'il en est remonté encore plus vite.

La traduction pokérienne de cette idée est : "*J'ai juste besoin d'un jeton et d'une chaise*". Car en hold'em no limit :

– un joueur peut gagner le tournoi tant qu'il n'est pas éliminé

– un joueur doué et chevronné est d'autant plus opportuniste et clairvoyant qu'il a peu de jetons

La projection psychologique vers l'idéal personnel est une des clés de la Programmation Neuro-Linguistique (voir plus loin). Un joueur de tennis n'aligne pas les *aces* les uns après les autres *par hasard*. Il y arrive parce qu'il l'a *voulu*. Si vous croyez qu'on peut gagner un tournoi de poker par inadvertance, désolé de vous décevoir mais ce n'est pas comme cela que ça se passe. Pour gagner, il faut le vouloir. Le vouloir ardemment, viscéralement. La règle vaut pour tous les sports de compétition, et elle vaut aussi pour le poker.

Nos attentes sont fonctions en partie de notre vécu. Notre vécu borne nos attentes en les rendant plus raisonnables. Plus nous vieillissons, plus nous connaissons nos limites, mais plus aussi nous bornons notre parcours. C'est pourquoi ceux qui réalisent des utopies sont souvent des gens jeunes. Comme on dit aux Etats-Unis, *"il a réussi parce qu'il ne savait pas que c'était impossible"*.

Pourquoi croyez-vous que de jeunes joueurs qualifiés sur internet arrivent chaque année à se frayer un chemin jusqu'à la table finale du championnat du monde WSOP ? Il est vrai qu'au départ, ce type de joueurs fournit le gros des hordes qui s'attaquent au titre suprême. Mais il n'empêche. S'ils y arrivent, c'est parce qu'ils s'imaginent capables d'y arriver. Quelqu'un de plus âgé, que les affres de la vie a ralenti dans ses élans, serait sûrement moins enthousiaste à atteindre cette fameuse table finale, plus mesuré. Donc moins ardent à la bataille, plus calculateur... et finalement, la probabilité qu'il se retrouve en finale est plus basse pour lui.

Joe Navarro l'explique d'ailleurs : *"Le meilleur prédicteur du futur est le passé"*. Comme dans la météo. On n'a pas encore trouvé d'outil plus fiable pour prédire le temps de demain que le temps d'hier. C'est la même chose pour les personnes.

Reste encore que ce vécu peut handicaper. La capacité de projection dans le futur, on vient de le voir, peut être freinée par un vécu lourd à porter et des effets de type "chat échaudé craint l'eau froide". Plus l'être humain vieillit, plus il a de responsabilités et plus il est la proie de ces effets d'auto-censure.

Vers une lecture à froid

L'une des premières actions de lecture à laquelle procède le joueur consiste à essayer de cadrer son adversaire quand il est en-dehors de l'action de jeu.

C'est plus facile à dire qu'à faire. Pourtant, moi-même j'apprécie le contact avec mes futurs adversaires avant le départ du tournoi. Comme le conseille aussi Erick Lindgren, un grand champion, il s'agit de prendre des informations partout où elles se trouvent, et surtout aux moments où elles sont délaissées par les autres joueurs.

C'est-à-dire quand le joueur n'est pas encore un joueur : avant le tournoi même. Qu'est-ce qui est important pour nous ? Le passé du joueur et ses espoirs. Nous venons de le voir en détail.

"Lecture à froid" se traduit par *"cold reading"*, qui est l'expression employée par les mentalistes. Un mentaliste est à l'esprit ce qu'un illusionniste est à l'œil. C'est artiste, donc, n'est en aucun cas un voyant. Mais il peut exécuter des performances de voyance dans le cadre d'un divertissement, deviner des signes du zodiaque, "prévoir" l'objet qu'un spectateur va choisir, etc. La lecture à froid désigne l'aptitude du voyant ou du mentaliste à interpréter l'apparence physique du client ainsi que ses réactions aux questions et aux assertions hasardeuses. (Pease)

Les secrets des magiciens

Le monde des mentalistes a partie liée au monde des magiciens. Beaucoup d'illusionnistes pratiquent également le mentalisme, quand d'autres sont uniquement illusionnistes, cartomanes ou mentalistes. Par exemple, certains tours de cartes ou de pièces de monnaie incorporent des principes de mentalisme.

J'ai eu la chance de voir travailler de près les magiciens, dont les mentalistes, pendant dix ans. Cette corporation fermée a ses chercheurs, elle est sans cesse en mouvement. Elle a aussi ses génies, de toutes nationalités, qui trouvent de nouveaux principes et les appliquent dans leurs performances, les échangent, les publient, les vendent entre eux.

Je voudrais vous donner un exemple. Si, au milieu d'un tour où je fais disparaître et apparaître de petits foulards, le spectateur me voit en mettre un dans mon poing fermé, et si j'entr'ouvre légèrement mon poing pour qu'il vérifie que le foulard s'y trouve bien, il va toujours me dire que le foulard s'y trouve. Même s'il n'y est pas ! (d'ailleurs, il n'y est pas, pour une raison qui est un secret professionnel)

Comment est-ce possible ? Parce que je travaille sur un rythme qui m'est propre, et le spectateur ne peut pas me faire perdre mon temps en détails. Il m'a vu glisser le foulard dans le poing, et le fait qu'il ne voie pas le foulard dans mon poing au moment où je le lui montre n'a aucune importance pour lui. Il m'a vu l'y mettre et cela lui suffit. D'ailleurs il trouve une bonne raison à cela : s'il ne le voit pas, c'est parce qu'il a mal regardé ou parce que le foulard est trop écrasé au fond de mon poing.

Le conditionnement du spectateur fait qu'il ne va jamais demander à ouvrir le poing. C'est même plus fort encore. Comme le spectateur m'a bien vu mettre le foulard dans le poing, il est acquis à 100% à ce que mon poing contienne le foulard. Donc quand il jette son coup d'œil, il a *déjà répondu* à la question posée, et le fait qu'il ne voie rien relève d'une hallucination. Pourquoi ? Parce qu'il sait que le foulard est dans le poing.

Donc ce coup d'œil qui confirme au public que le foulard est bien là, est en fait un simulacre de coup d'œil. Le fait est là : la mise en condition du spectateur est telle que ce coup d'œil n'a qu'une valeur symbolique. Pourtant, dans le cadre de mon tour, ce coup d'œil est essentiel car il apporte la caution d'un spectateur, qui n'est pas un complice au regard du public, caution qui prouve que le foulard est bien là, et va rendre la suite du tour encore plus incroyable.

Etonnant, n'est-ce pas ? C'est évidemment de la manipulation... à la fois mentale (pour le spectateur) et physique (pour le foulard).

Mais j'irai encore plus loin. Pour augmenter les chances de ne pas devoir ouvrir le poing sur la demande du spectateur, je vais déblayer en amont. Je vais choisir un spectateur qui ne devrait pas me poser de problème au moment psychologique. Donc je ne vais pas prendre une "grande gueule", mais plutôt une femme, ou quelqu'un dont l'accoutrement assez quelconque me donne à penser qu'il n'est pas du genre "rebelle". Il me faut quelqu'un qui va collaborer, non quelqu'un qui va essayer de faire capoter le tour ou qui va contrarier mon travail. Quelques paroles échangées au moment du choix vont me suffire pour le valider.

Mieux encore : si je peux, avant le spectacle, obtenir des informations sur telle ou telle personne, je ne vais pas me gêner. C'est par exemple ce que je peux demander à mon hôte. S'il connaît certains spectateurs (beaucoup de spectacles de mentalisme se font en petit comité), je vais lui demander lesquels sont les plus enthousiastes d'être là tout en ayant "bon esprit". Je vais même poser d'autres questions plus précises, comme savoir si la personne est mariée, si elle a des enfants, si elle a un animal domestique, etc. Evidemment, ces informations ne sont en aucun cas obtenues dans le cadre d'un interrogatoire, mais dans le cadre d'une conversation "banale", à bâtons rompus. Souvent, l'hôte me donne des informations sur lui-même, sans se douter que je vais les accumuler pour les recycler dans mon spectacle... car quand un mentaliste vous demandez des informations sur quelqu'un, ne vous y trompez pas : c'est d'abord sur vous qu'il veut en avoir.

Cette collecte d'informations préalable n'est pas tout à fait du cold reading car elles sont obtenues par le biais d'une tierce personne. C'est donc plutôt du *hot reading*, comme le sont aussi les informations en amont, par internet par exemple, sur des personnes que l'on va duper ensuite. Le cold reading concerne les techniques à froid, donc par soi-même en direct auprès des intéressés, au moment de la performance.

Comment rendre un carnet invisible

Je suis mal placé pour parler des finesses professionnelles de ces personnages hors du commun que sont les mentalistes, et d'ailleurs ce n'est pas le sujet ici. Mais j'ai beaucoup démontré de tours différents et j'ai pu m'étonner de certains principes. Par exemple de la puissance de la *misdirection*.

J'ai dans la poche un petit carnet dans lequel sont inscrits des pense-bête concernant un dictionnaire de synonymes qui va servir au tour. Je donne le dictionnaire (non truqué) au spectateur et je lui demande de choisir une page, puis un mot dans cette page. Quelques éléments furtifs me permettent de savoir dans quel groupe de mots se trouve ce mot. Tout naturellement, je sors le carnet de ma poche pour écrire quelques idées qui me viennent par-ci par-là. Le geste est tellement naturel qu'aucun spectateur ne sait que j'ai ouvert le carnet exactement à la page où se trouve le groupe de mots comportant le mot choisi.

Sans aucune question supplémentaire, je vais grâce à mon pense-bête connaître ce mot et l'indiquer à voix haute, sans la moindre possibilité d'erreur. Dans un dictionnaire qui en contient plus de dix mille ! Quand on me demande si je l'ai appris par cœur, j'acquiesce plutôt que d'affirmer que j'ai des pouvoir surnaturels, car entre deux mensonges je préfère le moindre.

Maintenant, question : comment se fait-il qu'aucun spectateur ne pense que mon carnet est truqué ? Simplement parce qu'il est anodin, il arrive "dans la foulée" dans le tour. Si je précisais qu'il est "normal" au moment où je le sors de ma poche, je suggèrerais qu'il est peut être truqué et ce serait m'exposer à une demande d'inspection. Le considérer dès le départ comme un objet banal le rend banal aux yeux des spectateurs. De ce fait, ils sont eux mêmes conditionnés par l'opérateur.

Ce tour est l'œuvre d'un mentaliste français nommé Jims Pely. J'ai dû le faire deux cents fois à peu près en démonstration. Pas une seule fois un spectateur ne m'a demandé de voir le carnet de plus près.

La liste Barnum

Angelo Stagnaro rappelle l'expression "effet Barnum", du nom de ce grand homme de cirque, qui a aussi été un farouche traqueur de charlatans. Sous cette appellation, il désigne les diffréntes astuces qui permettent de poser le plus grand nombre de jalons sur le spectateur sans qu'il s'en aperçoive. C'est un guide de manipulation, en quelque sorte.

Il rappelle les 28 éléments qui permettent d'obtenir l'effet Barnum, quand on est soi-même mentaliste :

1. Utilisez le baratin
2. Aidez-vous vous-même
3. Ayez de l'assurance
4. Soyez créatif
5. Soyez humble
6. Soyez gonflé
7. Utilisez un accessoire
8. Abordez tous les sujets importants
9. Gardez vos yeux et vos oreilles ouverts
10. Allez à la pêche aux informations
11. Découverte et reformulation
12. Créez une ambiance
13. Suivez le flux... les courants sont vos meilleurs alliés
14. Un examen minutieux
15. Intimidation / Proximité physique
16. Donnez un tour personnel à votre prédiction
17. Sachez écouter
18. Théâtralisez l'instant
19. Soyez énigmatique
20. Tentez votre chance
21. La flatterie ne manque jamais son but
22. Faites parler les statistiques officielles à votre avantage
23. Restez positif
24. Fermez les yeux
25. Soyez léger et plein d'humour
26. Je veux vous tenir la main
27. Soyez mystérieux
28. Parlez vite / Parlez sans cesse / Ne dites rien

Cette liste mérite des éclaircissements mais je crains d'entrer trop dans des détails qui sont ceux des professionnels. Le plus important, je crois, est de remarquer à quel point l'approche mentale des performances artistiques est poussée loin. Si vous faites le rapprochement avec la PNL (voir plus loin), vous verrez qu'elles ont beaucoup de choses en commun.

En attendant, cette liste peut être utile aux joueurs qui entendent gérer les rapports de force avec leurs adversaires – logiquement, tous les joueurs sont concernés.

Le cold reading et les tells

Les tells sont très présents dans le cold-reading, mais dans le cadre d'une confrontation non conflictuelle entre un mentaliste et spectateur. Dans le cadre du poker, c'est évidemment tout le contraire, car les deux adversaires cherchent à remporter la bataille au détriment de l'autre. En spectacle, il est rare qu'un tel conflit se produise entre un artiste et son spectateur. Si cela arrive, l'artiste doit imaginer une façon d'en finir avec cette performance et de passer à une autre.

Angelo Stagnaro recense 133 postures et tells actifs/réactifs qui, chacun, demandent une réaction verbale de l'opérateur. Par exemple, devant une personne qui regarde "au-delà" des autres, il dira quelque chose comme : *"Quelquefois, vous avez du mal à exprimer votre colère envers les autres."*

L'intelligence du mentaliste est mobilisée sans cesse car il doit analyser les tells émis en les croisant. Certains sont même des gestes générés consciemment par le spectateur pour le tromper, mais le mentaliste s'en aperçoit s'il fait apparaître par ailleurs des tells contradictoires. Voilà pourquoi le bon mentaliste est généralement une personne intuitive qui n'est pas de la première jeunesse. Une certaine expérience de la vie s'impose pour réussir dans cette voie.

Et le poker ?

Revenons à nos tournois et voyons comment le cold reading peut s'y appliquer. Mettons de côté les tells de types "postures" qui sont étudiés plus loin.

Ici, je vous propose de voir comment vous pouvez, *avant de jouer*, avoir un profil primaire du joueur. Vous avez deux façons de vous informer : en observant et en demandant (généralement à lui).

Question à vous poser	Façon d'avoir la réponse
Est-il familier du poker ?	S'il est à l'aise ou non
Est-il plutôt joueur en ligne ?	Sa façon de gérer ses jetons et ses cartes vous en dira plus ensuite
Joue-t-il depuis longtemps ?	S'il est très jeune, la réponse est non ; sinon, demandez-le lui
A-t-il gagné des tournois ?	Demandez-le lui
Est-il content de la place qu'il a tirée au sort ?	S'il s'en fiche, il n'a pas un super-niveau
Connaît-il les tells ?	Voir plus loin dans ce livre
A-t-il été qualifié sur internet ?	Demandez-le lui
Joue-t-il souvent ?	Demandez-le lui
Est-il « poker fashion » ?	Regardez son accoutrement
A-t-il un complexe d'infériorité ?	Oui s'il demande des autographes aux joueurs connus de l'endroit
Vit-il sur un grand pied ?	Discutez avec lui sur le style de voitures qu'il préfère et sur l'endroit où il habite
Qu'espère-t-il de ce tournoi ?	Discutez pour savoir si c'est un gagnant ou non
Est-il au mieux de sa forme ?	Signes physiques extérieurs
Essaie-t-il de vous mener en bateau avec ses réponses ?	La validation de ses réponses va venir avec sa façon de jouer dans le tournoi

Cette liste d'informations n'est pas limitative. Libre à vous de mettre sur pied une liste qui soit plus complète, adaptée à vos capacités de mémorisation et aux signes qui sont les plus parlants pour vous.

Inutile de collecter des informations dont vous ne ferez rien ! Si vous estimez que seules cinq informations sont importantes pour vous, que votre liste se limite à cinq items.

La question de l'âge

Le critère de l'âge est parfois décisif au poker. Un jeune de 21 ans avec casquette de baseball a forcément moins d'expérience et une base de données interne moins fournie qu'un joueur de 40 ans qui a 20 ans de poker derrière lui. Le plus âgé des deux a plus de réponses aux diverses situations de jeu que l'autre. La façon dont l'un et l'autre se servent de leur expérience est une autre question, qu'il va falloir préciser grâce à la calibration. (Bloch)

L'âge est clairement un indicateur de l'expérience. Or, l'expérience est un élément essentiel dans le poker, car la réponse appropriée à une situation donnée n'est vraiment acquise que quand on l'a déjà vécue. Mais il y a expérience et façon de l'utiliser.

On trouve en effet de jeunes joueurs qui exploitent mille fois mieux leur peu d'expérience que de vieux briscards qui n'ont jamais vraiment pensé à le faire. Donc ne déduisez pas des "casquettes de baseball" et des capuches que ce sont des incapables, loin de là. D'ailleurs sous-estimer un adversaire est une erreur typique, et je suis sûr que vous ne voulez pas quiter le tournoi en commettant une erreur typique. Je me trompe ?

La morphopsychologie

Le docteur Louis Corman a inventé la morphopsychologie en 1937. Je tiens à dire tout de suite que, même si je lui trouve beaucoup de côté séduisants, cette science n'en est pas moins discutable et encore plus dans le domaine du poker. Elle a d'ailleurs ses détracteurs.

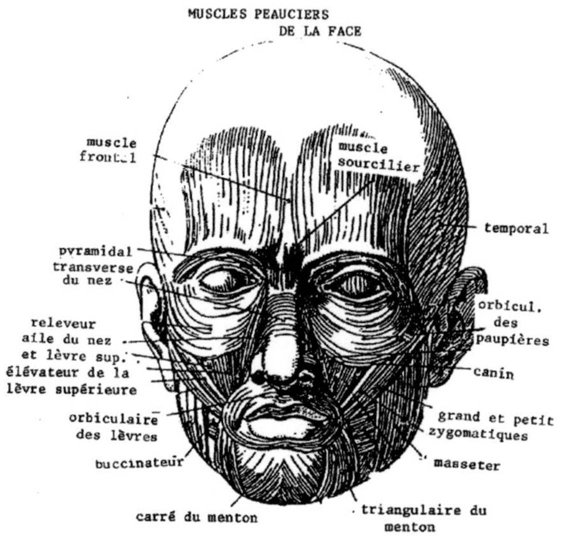

Notre visage ne compte pas moins de 42 muscles qui, combinés entre eux, peuvent générer des milliers de physionomies et de micro-expressions différentes (schéma extrait d'ABC des expressions *du visage, du Dr. Corman).*

La morphopsychologie prétend décoder le profil psychologique d'un individu d'après la forme de son visage. Pour illustrer ces caractères, j'ai cherché dans l'œuvre de l'auteur français qui reste l'un des plus doués dans le domaine de la description de ses personnages: Honoré de Balzac. On trouve bien chez Balzac les quatre caractères morphopsychologiques de base. J'y ai associé quatre personnages que j'ai voulus exemplaires :

– **Rétractés atones** (notaire Chesnel dans *Le Cabinet des Antiques)* : visage anguleux avec des chairs flasques. Ce sont des anxieux qui se dérobent à ce qui les angoissent par la solitude ou, au contraire, la compagnie d'une personne élue. Caractère susceptible, inquiet, timide, pessimiste.

– **Dilatés atones** (Baron de Nucingen dans *Splendeurs & misères des courtisanes)* : visage flasque, yeux globuleux, impression de lourdeur et d'enfance. Patience, acceptation tendresse, Mais manque d'ambition, de volonté, facilité.

– **Dilatés toniques** (Gaudissart dans *L'Illustre Gaudissart)* : visage ouvert sur l'extérieur, visage expressif. Voix sonore, rire bruyant, regard franc, yeux brillants. Affectifs, intelligence pratique. Mais sans-gêne, défaut de sensibilité, une certaine superficialité.

– **Rétractés toniques** (Rastignac dans *L'Interdiction)* : visage souvent anguleux mais respirant la puissance, la force. Passionnés, ils se concentrent vers un seul but et ne craignent pas les obstacles. Ce sont des leaders, des rigides, parfois des fanatiques. (Pour les connaisseurs de l'œuvre de Balzac : ce n'est pas le jeune Rastignac du *Père Goriot* mais celui, plus tard, qui a 15.000 livres de rentes ainsi qu'une maîtresse.)

La morphopsychologie ne se limite évidemment pas à ces quatre caractères. Elle se complète de “mimiques partielles” qui viennent donner des nuances. Car comme on s'en doute, et comme c'est aussi le cas en poker dans le modèle des profils bestiaux issus du modèle PALS, très peu de gens appartiennent à 100% à une catégorie définie.

Pourquoi je suis sceptique

L'idée d'avoir une personnalité qui soit fonction du physique me pose problème. Mais en même temps, dans la mesure où chaque être

humain se regarde chaque matin dans sa glace et en tire certaines conséquences qui ne regardent que lui, on peut imaginer que cela ait un impact à la longue sur sa personnalité. On peut aussi comprendre que le bagarreur fasse fonctionner souvent les muscles qui indiquent les signes de l'agressivité, ce qui à la longue va lui "façonner" une physionomie de bagarreur. Et le reste à l'avenant.

Là où j'émets des doutes, c'est quand je me tourne vers les joueurs de poker. Pour ce qui les concerne, nous disposons de quelques physiques typiques :

- Erik Seidel : Rétracté Atone
- Greg Raymer : Dilaté Atone
- Mike Matusow : Dilaté Tonique
- Patrik Antonius : Rétracté Tonique

Mais en-dehors des porte-drapeaux de catégories, la plupart des autres joueurs ne sont pas physiquement classables, et ils représentent la majorité d'entre eux.

Pourtant, l'idée est séduisante. Car on ne peut pas nier que Patrik Antonius soit un sacré branque, que Greg Raymer attaque assez peu finalement, qu'Erik Seidel ne soit pas connu pour ses talents d'attaquant fanatique ni que Mike Matusow soit une bombe à toutes les tables où il s'assoit.

Je voudrais tellement que ce soit vrai pour, au moins, cette frange de joueurs qui répondent aux physiques-types ! Hélas, j'ai maintes fois affronté des Dilatés Atones qui "poussaient les jetons" comme des fous et des Rétractés Toniques timorés.

A chacun de se faire sa propre opinion. Après tout, cette classification peut réussir à certains joueurs qui savent y ajouter leur dose d'intuition et d'observation.

Et si le modèle PALS devenait plus pertinent ?

Pour terminer avec cette première présentation, je voudrais faire un parallèle entre la typologie de Corman et celle d'Hellmuth, le PALS.

J'ai intentionnellement orienté le mapping ci-dessus pour qu'il évoque un certain parallèle avec celui des profils bestiaux, que nous avons vu dans le niveau zéro, ci-avant. Car :

– “anxieux”, “caractère inquiet, timide” : n’est-ce pas la **Souris** ? *(Rétracté Atone)*

– “impression de lourdeur et d’enfance”, “manque d’ambition, de volonté, facilité” : n’est-ce pas **l’Eléphant** ? *(Dilaté Atone)*

– “voix sonore, rire bruyant”, “sans-gêne, défaut de sensibilité” : n’est-ce pas le **Chacal** ? *(Dilaté Tonique)*

– “la puissance, la force”, “des leaders, des rigides” : n’est-ce pas le **Lion** ? *(Rétracté Tonique)*

Comme quoi deux typologies créées à partir d’élements totalement différents peuvent se rejoindre. Je vous laisse juge de cette découverte inattendue.

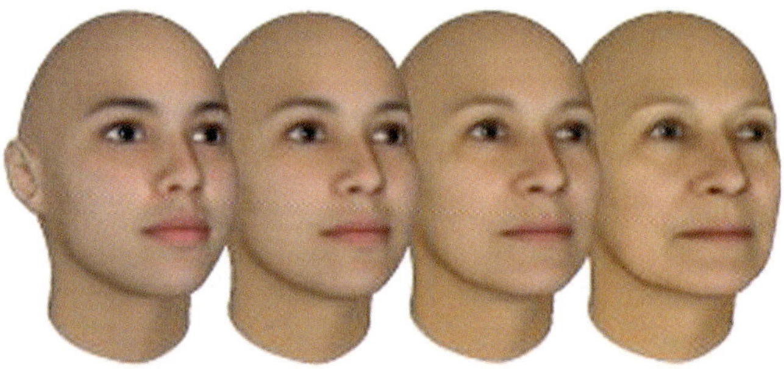

La morphopsychologie change avec l’âge et le vécu la personne.

Ci-dessous : l’évolution du chanteur Michel Jackson, entre 14 et 44 ans.

6 Ce que ressent une personne et comment elle le révèle

> Danny ignora le cognac et se concentra sur le regard de Gordean pour y lire des signes de crainte.
>
> James Ellroy
> *Le grand nulle part*

Vous aimez les expériences ? J'en suis persuadé. Je vous propose de faire l'expérience du pendule. Oh ! rien de paranormal. Le pendule qui va nous servir ici n'a aucun rapport avec ceux qu'utilisent certains charlatans. Nous allons l'utiliser comme *tiers de confiance*.

Cette expérience peut ne pas fonctionner avec vous. Si c'est le cas, proposez-la à des membres de votre entourage et il y aura forcément quelqu'un pour qui cette expérience fonctionnera. Je la dois à Marc André, un hypnotiseur professionnel qui a été notamment instructeur dans les stages d'entraînement de la Caponga Poker School II et III (Brésil), en juillet et en août 2007.

L'expérience du pendule en 7 étapes

1. Fabriquez votre pendule. Pour ce faire, prenez un anneau, une bague par exemple, de l'ordre d'une dizaine de grammes, et un fil souple, qui peut être aussi un collier de fines mailles d'argent. Enfilez la bague sur le fil, de façon que la longueur du fil soit de l'ordre de 25 cm environ.

2. Placez-vous dans une pièce silencieuse où vous êtes à l'aise. Pensez à quelque chose *d'évidemment vrai*. Par exemple, si vous voyez un pot de fleur rouge, concentrez-vous en pensant : “Ce pot de fleur est rouge, ce pot de fleur est rouge, etc.”

3. Tout en vous concentrant sur cette évidence, tenez le pendule au bout du bras, l'avant-bras plié mais non crispé. Au départ, le pendule doit être totalement immobile.

4. Normalement, votre pendule va entamer un mouvement léger, qui peut devenir assez ample. Observez bien ce mouvement. C'est celui qui signale une pensée *vraie*.

5. Arrêtez le pendule et observez maintenant un objet tout en vous concentrant sur une pensée totalement *fantaisiste*. Par exemple, vous voyez un pain et vous vous concentrez en pensant : "C'est un pain de glace, c'est un pain de glace." Ou encore, si vous avez trois enfants, concentrez-vous sur "J'ai un seul enfant, j'ai un seul enfant."

6. Là encore, tout en vous concentrant, tenez le pendule au bout du bras, l'avant-bras plié mais non crispé. Au départ, le pendule doit être totalement immobile.

7. Normalement, votre pendule va entamer un mouvement léger, qui peut devenir assez ample. Observez bien ce mouvement. C'est celui qui signale une pensée fantaisiste.

Si tout s'est bien déroulé, le deuxième mouvement du pendule doit être *différent* du premier. Par exemple, le premier est une rotation horaire alors que le deuxième est une translation. En gros, le pendule peut faire trois mouvements cycliques :

- une translation
- une rotation horaire
- une rotation anti-horaire

Marc André me montre l'expérience du pendule, au Brésil

Il est inconcevable que le pendule fasse le même mouvement pour deux pensées contraires.

Vous n'y arrivez pas ?

Si vous n'arrivez pas à faire balancer votre pendule, pas de panique. Vous avez peut-être un corps particulièrement figé, ce qui est rare mais cela existe. Ou encore, vous n'arrivez pas à vous concentrer suffisamment parce que vous n'êtes pas très en forme ou parce que vous avez des soucis qui entravent votre capacité de concentration.

Peu importe. Refaites cette expérience, elle est tout à fait étonnante. Si, même dans des moments d'intense concentration, vous n'y arrivez toujours pas, cette expérience n'est pas faite pour vous. Laissez tomber. Enfin, sachez que si vous n'avez pas envie du tout de faire bouger le pendule, vous ne le ferez probablement pas bouger. Pour que cette expérience fonctionne, il faut avoir envie de faire bouger le pendule.

Pourquoi le pendule bouge-t-il ?

Nos pensées fortes ont un impact sur notre corps, comme nous l'avons vu dans le cas de l'agressivité mis en évidence par Desmond Morris. En l'occurrence, l'impact est plus minime car nous ne subissons pas de pression extérieure. La pensée n'est pas contrainte, elle est volontaire. Quand notre conscience parle, cela a un impact sur nos muscles, et même minime, l'impact est bien là. Les micro-mouvements que cette pensée produit suffisent à faire vaciller le pendule, comme l'a démontré le grand chercheur Eckman.

Mais ce n'est pas cela le plus important dans cette expérience. Le plus important, c'est que le pendule, du fait de sa sensibilité, arrive à "étalonner", à "coder" la pensée positive et la pensée contrariée.

Complétez l'expérience pour vous étalonner

Refaites maintenant l'expérience avec un témoin, en bandant vos yeux cette fois, pour que vous ne soyez pas influencé par la vision des mouvements du pendule. Expliquez au témoin que si le pendule fait tel mouvement, il s'agit d'une pensée positive, et s'il fait tel mouvement, il s'agit d'une pensée contrariée. Une fois encore, concentrez-vous sur une pensée positive ou contrariée.

Au bout de quelques instants, votre témoin va affirmer sur quel type de pensée vous êtes concentré. Si votre concentration est bonne, vous verrez qu'il ne fera aucune erreur au vu des mouvements du pendule.

Cela prouve que vous pouvez étalonner votre pensée. C'est bien la définition d'un tell : une sensation *Sx* implique un geste *Gx*, et une sensation *Sy* implique un geste *Gy*.

Au poker, à chaque fois que je reçois une grosse paire, je ne peux pas m'empêcher de regarder mes jetons ; à chaque fois que je suis relancé suite à un bluff, je ne peux pas m'empêcher de me reculer de la table, etc. La notion d'étalonnage est essentielle dans l'observation des tells car elle témoigne des permanences de chaque être humain.

Le pendule comme aide à la concentration

Le pendule n'est pas un accessoire pour s'amuser. Utilisez-le pour faire des exercices de concentration.

Se concentrer sans accessoire n'est pas facile. Cela demande une certaine habitude, un certain "métier" qui s'acquiert avec de l'entraînement. L'avantage du pendule est qu'en tant qu'objet, il vous fournit l'appui physique pour vous concentrer.

Faites de temps en temps une séance de concentration avec votre pendule. Il est utile pour deux choses :

– pour mesurer avec précision votre état de concentration à un moment donné; en effet, si vous n'arrivez pas à faire régir votre pendule, vous n'êtes pas assez concentré et vous devez faire des exercices sportifs, de respiration, d'auto-hypnose, de yoga, de sophrologie, que sais-je (des dizaines de techn,iques existent mais je ne vais pas les détailler ici)

– pour augmenter votre concentration; en étant intimement persuadé que vous pouvez faire balancer encore plus le pendule, vous pouvez acquérir une meilleure concentration; ne vous privez pas le faire.

Gardez un pendule dans vos bagages à chaque déplacement sur un tournoi. Au besoin, mettez-le au fond de votre poche. Cela ne prend pas de place et c'est utile. Sur place, concentrez-vous grâce au pendule avant le tournoi et même pendant les pauses si vous en ressentez le besoin.

Si vous devenez "accro" à votre pendule, pas de panique. Cela ne vous fait aucun mal ni absorber aucune substance nocive, le pendule est plus sobre qu'un chameau !

L'expression trahit

Quantités de sentiments de la vie de tous les jours connaissent une manifestation extérieure : qui n'a jamais été "glacé d'horreur", "tremblant de peur", "brûlant d'amour", "vert de honte", "rouge de colère" ?

A chaque fois qu'il y a enjeu (réussite à un examen, amour-propre, somme importante...), l'émotion ressentie par l'individu peut "se lire sur son visage". On ne peut trouver meilleure expression pour exprimer ce phénomène. On peut aussi avoir les “épaules tombantes”, le “pas alerte”, le “teint cireux”, “l'œil torve”, le “geste vif”, le “poil terne”... La liste est longue... mais combien vraie !

Il est possible de rectifier l'apparence. Les femmes s'y entendent, qui utilisent beaucoup le maquillage. Certains fonds de teint éclaircissent un visage maladif et pâle, certaines laques à cheveux font des miracles pour rendre la chevelure plus tonique...

En jouant sur les couleurs des vêtements, elles peuvent aussi cacher une certaine atonie.

Le cas curieux de la *belladone* est cité par Allan Pease. Les courtisanes italiennes, pour paraître plus désirables, mettaient autrefois dans leurs yeux des gouttes de belladone, une teinture contenant de l'atropine. Cela leur élargissait les pupilles. *“Bella donna”* signifie “belle femme” en italien...

Les yeux de la PNL

La Programmation Neuro-Linguistique a mis en évidence le type de pensées que peut avoir telle personne quand on est en face d'elle, d'après la *direction de ses yeux.*

Attention : la personne doit être en état d'action ou de réaction et ses yeux ne sont pas dirigés pour *regarder* mais accompagnent une pensée. On obtient ce résultat quand on pose une question au sujet... ou, dans le cadre d'un cou de poker, quand on fait un “move” vers lui, comme par exemple une relance forte.

Sensibilité et émotivité

On ne doit pas confondre sensibilité et émotivité. Sensibilité est un terme psychologique très général qui signifie la réceptivité aux impressions et qui commande, par l'arc réflexe, des réponses actives ; on a vu que cette sensibilité se présente sous diverses modalités selon la structure d'ensemble de l'organisme : sensibilité d'expansion des dilatés, sensibilité de défense des rétractés, sensibilité spécialisée dans les organes des sens.

Très différemment, l'émotivité est une sensibilité anormale parce qu'apportant un trouble dans le comportement du sujet. On a donc tort, en caractérologie, de confondre ces deux termes.

Si j'assiste à un accident avec des blessés, je peux faire appel à mes capacités de secouriste et intervenir ; l'action remplace l'émotion. Mais si je fuis (extraversion) ou si je suis paralysé (intraversion), c'est l'émotivité qui gagne. (Corman)

Pour créer un lien entre la direction des yeux d'une personne et son type de pensée, nous allons croiser deux éléments de base :

– les deux hémisphères du cerveau
– le type de pensée qu'a la personne

Nos deux demi-cerveaux

Le cerveau humain est divisé en deux demi-cerveaux. Le plus généralement, les deux hémisphères sont impliqués dans toute activité mentale. Mais chacun est spécialisé :

– *L'hémisphère droit* : il traite davantage les tâches relevant de la création, de l'imagination. Il traite les informations de façon globale et en parallèle. Par exemple, il est plus rapide à reconnaître un visage que l'autre hémisphère. C'est aussi le cerveau des *projets*.

– *L'hémisphère gauche* : il traite davantage les tâches relevant du rationnel, du calcul, du langage. Il traite les informations de façon locale et séquentielle. Le système auditif est davantage développé dans cet hémisphère-là. C'est aussi le cerveau des *souvenirs*.

Les informations circulent en permanence entre les deux hémisphères, via le corps calleux.

Plus un individu a un corps calleux développé et plus les informations circulent entre les deux hémisphères, plus il peut traiter d'informations en même temps.

Le modèle VAK

Nous autres êtres humains sommes divers, et certains sont plus sensibles à des informations d'un certain type que d'autres, et vice-versa. La PNL (Programmation Neuro-Linguistique) relie cette sensibilité à nos cinq sens, ou plutôt aux deux sens les plus utilisés (la vue et l'ouïe) et à un troisième qui est un groupement des autres sens et des émotions, encore appelé kinesthésique.

D'après les théoriciens de la PNL, il existe trois sortes d'individus :
– les V, plus sensibles au Visuel
– les A, plus sensibles à l'Auditif
– les K, plus sensibles au Kinesthésique

Croisement

En croisant ces deux différenciations (verticale : cerveau droit ou gauche, et horizontale, modèle VAK), on obtient six directions dans les lesquelles peuvent aller les yeux du sujet.

Quand un adversaire reçoit une attaque et réagit en gardant ses yeux visibles (donc non recouverts par des lunettes, par une casquette ni par un visage penché vers l'avant), regardez bien où vont ses yeux... et croisez l'information obtenue par d'autres tells de renfort.

Le diagramme ci-dessous récapitule les types d'informations que révèle la direction des yeux.

Vous remarquerez que le cerveau droit est placé à gauche et vice-versa, parce que nous nous plaçons du point de vue de la personne observée, non de notre point de vue d'observateur.

Attention : les exemples donnés ne sont que des exemples indicatifs. Ce peut être tout autre chose. D'ailleurs ce que vous savez de l'adversaire peut considérablement influer sur l'analyse des résultats.

cerveau droit

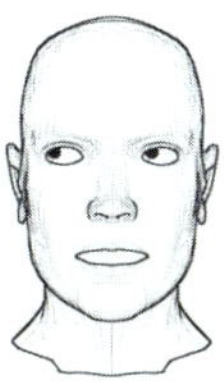

Yeux en haut à droite
le sujet invente ou anticipe une image, cherche une solution visuelle – *exemple : le joueur imagine votre réaction*

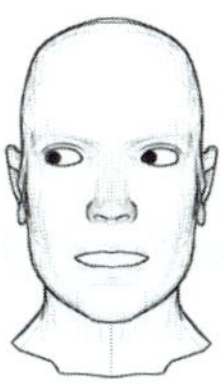

Yeux au milieu à droite
le sujet invente ou anticipe un son – *exemple : celui qu'il émettra quand il aura gagné le coup*

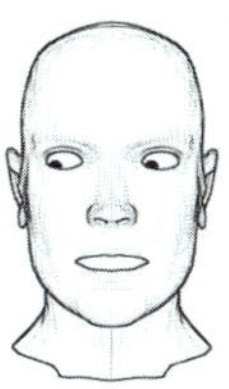

Yeux en bas à droite
le sujet éprouve une sensation – *exemple : la sensation désagréable de se voir battu sur ce coup*

cerveau gauche

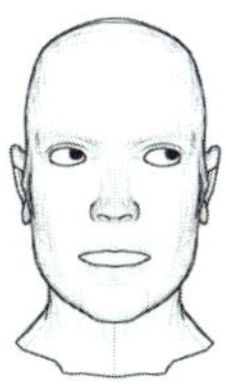

Yeux en haut à gauche
le sujet se souvient d'une image qu'il a déjà vue – *exemple : un coup semblable a eu lieu contre un autre joueur qui ne bluffait pas*

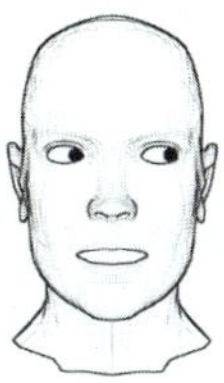

Yeux au milieu à gauche
le sujet se souvient d'un son qu'il a déjà entendu – *exemple : le son que font les jetons quand on les ramène vers soi*

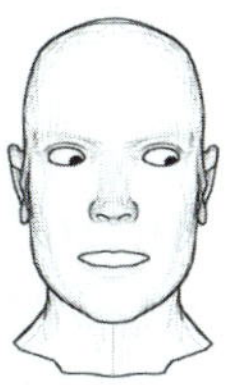

Yeux en bas à gauche
le sujet se parle à lui-même

Le célèbre écolier du photographe Doisneau (1956) regarde en haut et à sa gauche. Il n'invente rien, il essaie de se rappeler.

Reste qu'il y a une double permanence face à un joueur qui vient de relancer :

– si ce joueur est persuadé qu'il va gagner le coup, soit parce qu'il a un jeu max, soit parce qu'il est persuadé que vous allez jeter vos cartes, il est forcément dans la réalité; il n'imagine pas; donc il ne regardera pas vers sa droite

– inversement, si ce joueur est peu sûr de lui, soit parce qu'il bluffe sans sûreté soit parce qu'il a un jeu moyen, il ne peut *qu'imaginer* une victoire; donc il sera davantage tenté de regarder vers sa droite.

Important : le regard observé peut être assez furtif. Mais s'il s'agit juste d'un "coup d'œil" court, n'en tenez pas compte car il n'est pas conclusif.

Les profils de Jung

En 1921, Carl Jung a publié *Psychological Types*. Il y définit trois couples de catégories au sein desquelles l'un des éléments est utilisé de préférence à l'autre. En 1940, un quatrième couple a été ajouté par Katherine Myers et sa fille Isabel Briggs Myers ("indicateur Briggs-Myers"). Ce qui définit huit profils dominants de joueurs au regard de leur type de communication :

– l'**extraverti**	s'oppose à	**l'introverti**
– le **sensible**	s'oppose à	**l'intuitif**
– le **logique**	s'oppose au	**sentimental**
– le **proactif**	s'oppose au	**réactif**

Ces catégories d'individus se définissent de la manière dont ils ressentent leur environnement et réagissent par rapport à lui (grille ci-après).

	Tendance de base	Tendance inverse
Distance avec l'environnement	l'extraverti puise son énergie dans ses échanges avec l'extérieur **Poker** : jouer qui parle, qui échange, qui communique	l'introverti recharge ses accus en prenant le temps d'être seul **Poker** : "poker face" refermé sur lui-même, hyper-concentré
Utilisation des cinq sens	le sensible recueille des informations via ses cinq sens **Poker** : joueur sans cesse en éveil, la tête souvent en mouvement	l'intuitif compte plus sur son instinct et son intuition **Poker** : joueur autonome, qui semble s'occuper de son jeu uniquement
Objectivité	le logique prend des décisions en se basant sur une opinion objective **Poker** : joueur qui va chercher le recul, la distance par rapport à la table	le sentimental s'appuie sur des valeurs subjectives **Poker** : joueur qui prend ses décisions propres sans rien demander à personne
Adaptation à l'environnement	le proactif tente d'adapter son environnement à lui-même **Poker** : joueur autoritaire qui veut façonner la table et les adversaires comme il l'entend	le réactif essaie de comprendre le monde extérieur et de s'y adapter **Poker** : joueur "caméléon" qui s'adapte la table, aux adversaires et au jeu

Cette grille vous donne une piste supplémentaire si vous recherchez une façon simplifiée de catégoriser vos adversaires.

Le joueur à la fois introverti, intuitif, sentimental et réactif est de ces joueurs qui s'adaptent à tout et qui sont rigoureusement autonomes dans leur jeu. Parmi les champions, on note dans cette catégorie des joueurs comme Doyle Brunson, Phil Ivey, Greg Raymer ou Chris Ferguson.

En revanche, le joueur qui est à la fois extraverti, sensible, logique et proactif est visible et audible à la table, démonstratif, semble sans cesse en prise avec la table, sans cesse "dans le jus" de la table. Dans cette catégorie, on va trouver les joueurs démonstratifs que sont Phil

Hellmuth, Mike Matusow ou encore Annie Duke. Il existe aussi des joueurs hybrides :

- Ram Vaswani est introverti proactif, comme Gus Hansen
- Daniel Negreanu est extraverti réactif, comme Humberto Brenes
- Bill Chen est introverti et logique, comme David Sklansky
- Pascal Perrault est introverti et sensible, comme Jennifer Harman

SCHÉMA SIMPLIFIÉ CONSCIENT / INCONSCIENT

CONSCIENT		**INCONSCIENT**
communication non-verbale	communication verbale	communication non-verbale
gestes culturels langue des signes	langue parlée	tells

7 Ce qu'échange une personne et les conséquences

> *J'étais rouge de dépit. Cette aventure, et bien d'autres, m'apprirent que, malgré certaines dispositions, je ne suis pas fait pour le mensonge.*
>
> Raymond Radiguet
> *Le diable au corps*

La PNL au secours de l'humain

La Programmation Neuro-Linguistique vous permet de comprendre comment vous fonctionnez : vos pensées, vos sensations, la façon dont vous percevez l'environnement… et elle vous aide à changer. On est souvent dans une relation d'influence, non dans une relation d'égal à égal. La PNL apporte des réponses et des méthodes nouvelles, non instinctives, mais réfute toute idée de manipulation d'autrui. La PNL ne changera pas le monde. Nous avons tous fait un jour ou l'autre de la PNL sans le savoir, comme M. Jourdain faisait de la prose sans le savoir.

La PNL a été créée dans les années 1970 par deux Américains, Richard Bandler, psychiatre, et John Grinder, linguiste. Avec leurs méthodes d'analyse rigoureuse et programmatique, ils ont quasiment fait entrer la psychologie dans le domaine des sciences exactes. Et si la psychologie leur doit une seule chose, ce sera cela.

Aujourd'hui, la PNL est tantôt portée aux nues, tantôt décriée. Plusieurs branches se sont créées et certains intervenants se disent spécialistes en PNL alors qu'ils ne disposent d'aucun diplôme ni d'aucune reconnaissance.

La PNL permet de développer de nombreuses stratégies nouvelles pour atteindre un objectif ambitieux : l'excellence dans tous nos comportements. Le propos de la PNL est, entre autres, de nous fournir toute une série d'indications précieuses sur la réussite des relations d'influence. (Lassus) On l'utilise autant dans un cadre thérapeutique, donc dans la communication entre un thérapeute et son patient, que dans le cadre de la vie courante.

Pourquoi “programmation” ? Parce que la PNL considère que pour obtenir l’efficacité de nos démarches de communication, nous devons suivre des *programmes*, que les PNListes appellent *stratégies*.

L’adaptation

Nous avons vu dans les pages qui précèdent les pistes qui relèvent de la directions des yeux de l’interlocuteur. Dans le modèle VAK (Visuel/Auditif/Kinesthésique), certains sujets sont plus sensibles au Visuels, d’autres à l’Auditif, d’autres enfin au Kinesthésique. Pour mieux faire passer une communication, il suffit de nous “mettre au diapason” : au visuel, par exemple, nous utiliserons des expressions du genre “vous voyez ce que je veux dire”, “image”, “visible”, “regard”, “œil”, etc.

Un des grands principes de la PNL est que, pour changer la communication autour de nous, nous devons d’abord accepter le cas échéant de changer nous-même. Changer personnellement peut vous demander beaucoup moins d’énergie que de persuader autrui à vous conformer à vos idéaux. En PNL, si vous rencontrez un obstacle, essayez de le contourner ou de le dissoudre, pas de l’affronter de face.

Les 5 étapes de la démarche de la PNL, selon René de Lassus

Etape 1 :

Calibrer l’interlocuteur tout en se synchronisant avec lui, pour contrôler la communication.

Etape 2 :

Cadrer et fixer des objectifs. Donc ne pas dévier et fixer des “ancrages”, stimuli extérieurs qui ont un impact sur nous (par exemple, j’aime le pain, aussi quand je vois du pain et en sens son odeur, je me sens plus en forme). Le super-communicant va fixer l’objectif que l’interlocuteur doit atteindre. Un objectif réaliste, positif et précis.

Etape 3 :

Rechercher des ressources auprès de l’interlocuteur (souvenir, expérience, imagination, capacité à observer, capacité à demander).

Quand l’interlocuteur réagit, sa couleur de peau peut changer légèrement, il peut émettre un signe, un mouvement du corps, changer de rythme respiratoire… A chacun d’essayer d’interpréter.

Etape 4 : l'intervention

Technique de visualisation créatrice. Capacité que nous avons de créer dans notre esprit quelque chose qui ne s'y trouve pas encore, en train de réaliser la réussite d'un acte nouveau.

Associations et dissociations : si quelque chose qui se produit déclenche chez quelqu'un un effet négatif et non souhaité, il est en proie à une association qu'il vaut mieux rompre, en proposant à l'interlocuteur une stratégie.

Finalement, il s'agit d'activer, réactiver, créer des états de ressources.

Etape 5 : le pont vers le futur

Il s'agit d'associer le changement atteint au futur de l'interlocuteur

La PNL et les tells

Très vite, les deux fondateurs de la PNL ont constaté que les "super communicants", ces thérapeutes qui obtenaient tant de résultats, se montraient attentifs aux mouvements des yeux de leur interlocuteur (cf. chapitre précédent), aux mouvements du visage et du corps, à la position générale du corps, au tonus musculaire, à la couleur de la peau à cet instant, au rythme et à la localisation respiratoire.

Pourtant, la PNL n'a pas construit à proprement parler une typologie des tells typiques. En revanche, elle a mis sur pied les méthodes d'étalonnage et la typologie VAK qui permet de comprendre que les individus sont classés en trois catégories.

Pour ma part, du fait du classement déjà existant PALS, je trouve que cette nouvelle typologie n'est pas pertinente à une table de poker. En tout cas, pas telle quelle. Mais je garde l'idée de base de la PNL, à savoir que si je veux améliorer ma vie et en obtenir davantage, je dois accepter de changer certaines habitudes. Car si vous continuez à faire ce que vous avez toujours fait, vous obtiendrez ce que vous avez toujours obtenu, ni plus ni moins. Il faut s'amender pour arriver à autre chose.

L'avenir n'est pas toujours le fruit du passé

On l'a vu précédemment, et Navarro l'a bien expliqué : le passé reste le meilleur prédicteur de l'avenir. Pour autant, la PNL apprend à programmer votre esprit. De ce fait, votre avenir ne se crée pas nécessairement sur la base de votre passé. Elle fait mieux : par des techniques particulières, elle transforme un mauvais souvenir qui vous empoisonne la vie en un bon souvenir, ou tente de réduire considérablement sa place dans votre mémoire.

Une des grandes découvertes de la PNL est de savoir nous autosuggérer et d'avoir un impact réel sur nos maux et nos travers pour les réduire à néant. Un souvenir positif, par exemple, constitue une ressource que nous n'exploitons pas d'habitude, et c'est bien dommage car il peut nous aider à éliminer des soucis actuels.

Voici un exemple, pour se débarrasser d'un mal de dos : (Burton)

1. Evaluez votre mal de dos sur une échelle de 1 à 5.
2. Créez une image du mal de dos.
3. Notez les sous-modalités du mal de dos (localisation, couleur, taille, etc.)
4. Modifiez un par un chaque attribut du mal de dos.
5. Imaginez-vous devant un écran de cinéma. Vous ôtez votre mal de dos et vous en projetez l'image sur l'écran.
6. Diminuez la taille de l'image jusqu'à ce qu'elle ait la taille et la forme d'un ballon.
7. Regardez le ballon s'envoler dans le ciel. Plus il monte et plus votre mal de dos s'estompe.
8. Lorsqu'il atteint les nuages, l'intensité de l'a douleur n'est plus que de 1 sur une échelle de 5.
9. Lorsque vous perdez de vue le ballon, votre mal de dos diminue pour ne plus être qu'un lointain souvenir.

Le combat contre le stress

Parmi les travaux de la PNL, celui sur le stress est l'un des plus florissants. Chez l'être humain, le stress induit trois réponses possibles :

– le combat
– la fuite
– la tergiversation

Une des grandes causes du stress est non pas notre environnement direct mais notre rigidité face à lui. Trop souvent nous raisonnons négativement en termes de problèmes à surmonter. Regardez le nombre de personnes qui passent un temps fou à penser aux aspects négatifs de leur vie : ils détestent leur travail, se démènent pour ne pas fumer ni être gros.

Vous pouvez obtenir des résultats positifs en vous concentrant sur ce que vous voulez au lieu de faire l'inverse. (Burton)

Attention, n'en faites pas trop. En 1957, un des inspirateurs de la PNL, Miller, a découvert une chose à la fois simple et importante qui mesure notre niveau d'incompétence à tous : nos possibilités d'attention consciente sont limitées à plus ou moins sept choses à la fois.

Et encore : dans ce domaine, il a été prouvé que les femmes sont autrement plus performantes que les hommes. Elles peuvent par nature faire plusieurs choses à la fois, grâce au corps calleux de leur cerveau, plus important que chez les hommes, permettant aux informations de circuler mieux dans leur cerveau.

LA RÈGLE DES 7

Nos possibilités d'attention consciente sont limitées à plus ou moins **sept choses à la fois.**

Par exemple, quand nous traversons une rue, nous devons aussi regarder à droite à gauche, devant, derrière, et si nous parlons à un ami qui nous accompagne tout en refermant notre veste et en gardant un œil sur le petit bonhomme vert, nous sommes au maximum de nos possibilités.

L'analyse transctionnelle (AT) et les rapports paradoxaux

Eric Berne était un joueur de poker avide. C'est James A. McKenna, un des grands pontes actuels de la thérapie de groupe, qui l'affirme. Il a suivi les cours de celui qui allait créer son analyse transactionnelle dans les années 1950 à 1970 et écrire ses livres, *Que dites-vous après avoir dit bonjour ?* et *Des jeux et des hommes.* McKenna est lui-même un des rares à avoir écrit un livre novateur sur les tells au poker.

L'AT est une théorie de la personnalité et de la communication qui s'inspire notamment de la psychanalyse. Elle décrit la personnalité en termes “d'États du Moi” (Parent, Adulte, Enfant), en mettant l'accent sur les phénomènes intrapsychiques et inter-relationnels (“Transactions”).

C'est clairement une théorie de la communication entre humains, qui tient compte des influences entre les sujets, mais aussi de leur motivations, de leurs intérêts propres. Par certains côtés, la théorie des jeux trouve dans l'AT un écho à dimension psychologique.

En-dehors du fait que tout le monde, selon moi, devrait avoir lu au moins un livre de Berne pour mieux comprendre nos rapports avec les autres, on trouve dans l'Analyse Transactionnelle deux éléments exploitables dans le poker : les positions de vie et les jeux psychologiques.

Les positions de vie

Du fait de nos certitudes sur nous et sur les autres, nous vivons en harmonie et pas. Des conflits peuvent survenir plus facilement selon que l'harmonie est trouvée ou non. Si je suis OK ou non, et si vous êtes OK ou non, on peut trouver quatre positions de vie différentes :

	Je suis OK	**Je ne suis pas OK**
Vous êtes OK	Relation idéale	Infériorité
Vous n'êtes pas OK	Supériorité	Renoncement

Entre deux joueurs, on trouve ici des intéractions d'image et d'actions qui en disent long.

La *relation idéale* est sans commentaire.

La *relation d'infériorité/supériorité* est intéressante car elle induit que l'un se sent inférieur et que l'autre est conscient que son adversaire se sent inférieur. L'exploitation en termes psychologiques est colossale et décisive.

J'ai trouvé une situation de ce type dans le première session brésilienne du CPC, en novembre 2006, où une des croupières a voulu participer au tournoi en tête à tête. Débutante, elle avait tout ce qu'il fallait pour se préserver mais rien pour attaquer. Croyez-moi si vous voulez, mais elle a gagné plus de la moitié de ses matches.

Pourquoi ? Parce qu'elle ne sentait pas en infériorité alors que ses adversaires, eux, croyaient qu'elle se sentait en infériorité.

Résultat : elle a exploité ses As-Roi sans relancer, ce qui l'a fait piéger tous ses adversaires.

La *relation du renoncement* est également exploitable, ne serait-ce que parce qu'à une table de poker, à moins de se lever et de se déclarer forfait (ce qui ne s'est encore jamais vu), il est impossible de renoncer ! Deux joueurs qui se haïssent, par exemple, devront combattre quoi qu'il arrive.

Cette case n'a donc pas lieu d'être dans le cadre d'une partie de poker, même si elle induit un jeu qui exige de plus grands efforts d'adaptation de la part des joueurs.

Les jeux psychologiques

C'est, je crois, ce qui est le plus vivant et parlant dans l'AT. D'autant qu'il s'agit de beaucoup de non-dit. Les jeux psychologiques s'installent dans des relations qui sont généralement bien établies, comme par exemple entre mari et femme. Le jeu psychologique, c'est le secondaire qui devient primaire, le sous-jacent qui devient primordial, etc.

Je ne résiste pas au plaisir de vous faire goûter le cas du jeu *"Cette fois je te tiens, salaud"*. Albert, joueur de poker, reçoit un jeu imbattable. Dès lors, il s'intéresse plus au fait que Bernard soit à sa merci plutôt qu'à gagner la partie ou même à gagner le pot. Albert pourra alors dire "cette fois, c'est moi qui t'ai eu".

On retrouve ce genre de comportements puérils dans les sketches du comique anglais Rowan Atkinson, dont le personnage fétiche de Mister Bean est, en gros, un enfant dans un corps d'adulte. Le ressort comique de ses sketches repose presque toujours sur un *transfert de l'action elle-même* vers une revanche personnelle que le personnage a à prendre sur un autre personnage, lequel ne comprend rien de ce qui se passe.

Par exemple, quand Mister Bean doit passer un examen, il est davantage intéressé par ses crayons tout neufs dont il veut faire étalage aux autres candidats (qui s'en fichent éperdument) que par rendre une bonne copie.

De tels jeux psychologiques s'installent aux tables de poker. Je ne vais pas les énumérer car cela dépasse les bornes de ce livre, mais j'en citerai deux :

– *"Je n'ai pas le droit de te battre"* : le débutant joue contre un grand joueur qu'il admire par-dessus tout – cela peut aller jusqu'au sacrifie d'un jeu gagnant

– *"C'est à mon tour de gagner cette fois"* : le joueur qui n'a pas gagné dernièrement veut faire valoir un droit sur son adversaire, sorte de compensation ; pour faire passer son adversaire pour un salaud ou un égoïste, il peut même aller jusqu'à faire exprès de perdre.

La dynamique des groupes restreints

J. Luft et H. Ingham (1955) ont mis en avant un modèle graphique appelé "fenêtre Johari".

Ce modèle tend à faciliter la prise de conscience, par chacun des joueurs, de son degré de *lucidité* par rapport à autrui. C'est un tableau à double entrée à travers lequel cheminent les communications entre chaque ego et les autres. (Anzieu)

	Ce que je sais sur moi-même	Ce que j'ignore sur moi-même
Ce qu'il sait de moi (+aguerri)	1 - AIRE D'ACTIVITE LIBRE = exhibition	2 - AIRE AVEUGLE = tells émis reçus
Ce qu'il ignore de moi (+débutant)	3 - AIRE EVITEE OU SECRETE = dissimulation	4 - AIRE D'ACTIVITE INCONNUE = tells émis non reçus

A chacun de réduire ou d'agrandir telle ou telle aire et d'accentuer ainsi son propre profil. Il va de soi qu'en matière de connaissance de l'adversaire, c'est l'aire de la *dissimulation* qu'il faudra augmenter le plus possible, et l'aire *aveugle* qu'il faudra essayer de réduire au mieux.

Les poseurs professionnels : derrière les poses, le message

Certaines professions prédestinent à se montrer. C'est le contenu même du métier de mannequin, par exemple.

D'autres ne sont pas, par nature, des professions de poseurs. Mais elles le deviennent du fait de l'importance grandissante que prennent les médias dans ce qui est maintenant la "galaxie McLuhan". McLuhan est ce sociologue canadien ayant popularisé l'idée que la société de l'image balayait celle de l'écrit.

Parmi elles, les hommes politiques et les acteurs de cinéma. Il ne s'agit pas de personnes publiques au sens de l'action locale, comme pourraient l'être des avocats ou des comédiens de théâtre, qui sont les uns comme les autres des gens qui se mettent en scène, mais sans le relais médiatique comparable à ceux que j'ai cités. Ici, il s'agit d'inclure l'idée de *communication de masse.*

Il serait vain de développer de grandes théories à ce sujet, certains l'ont très bien fait et ce n'est pas le sujet de ce livre. Aussi vais-je me limiter à commenter quelques photos.

L'écrivain-cinéaste François Weyergans.

Cet homme de lettres respecté l'est aussi pour son caractère déterminé. Sur cette photo de journaliste, l'homme exprime cette réalité avec ses bras croisés, son vague début de sourire et son buste légèrement penché en avant.

Les personnes qui apparaissent relativement peu dans les grands médias, comme les écrivains et les artistes, doivent affirmer une posture visuelle qui sert d'image promotionnelle.

Le personnage public qui gère intelligemment son image se doit aussi d'avoir toujours un accoutrement semblable : la chemise blanche de BHL, le chapeau noir d'Amélie Nothomb, les gants de Karl Lagerfeld sont autant de "labels" qui nous disent que la personne reste égale à elle-même et n'est pas une girouette.

L'acteur Nicolas Cage.

Cette publicité porte à la fois sur les montres de marque Mont Blanc et sur le don caritatif à l'association "Heal the bay". L'emploi de cet acteur est presque toujours celui d'un homme d'action, traqué, rarement celui d'un homme vil. La posture typique de la "main en cornet", ajoutée au sourire engageant et au buste en avant, signifie clairement "j'ai quelque chose de sympa à vous dire". Quel homme ne voudrait pas être copain avec l'homme de cette photo ? Quelle femme refuserait d'avoir une conversation avec lui ?

Quand le porte-drapeau de la marqué dégage une telle sympathie, la marque elle-même devient sympathique.

L'acteur George Clooney.

Il s'agit d'une publicité pour le café en capsules Nespresso, campagne déclinée en presse, audio-visuel et affiches.
La tête légèrement penchée et le regard légèrement "par en-dessous" expriment : "J'ai un secret à vous dire."
La mise en avant du produit est évidente. L'index posé dessus est comme l'index qui désigne quelque chose d'important. Une fois de plus le buste est en avant, en forme d'invitation. Les mains sont en "pinces de crabe", sans doute pour accentuer le côté "engagement total" de l'acteur. Cet acteur est l'un des plus populaires au monde. Il incarne à la fois l'amant, le père, le mari, le héros valeureux.
Par ailleurs, ses qualités d'artiste lui permettent d'adopter la bonne posture visuelle.

L'homme politique Filip Dewinter.

Ce leader d'extrême droite flamand cherche à convaincre son auditoire, à le galvaniser.
Tous les hommes politiques passent leur temps à convaincre, à séduire.
Ses mains sont à la fois dans la position de l'explication ("un problème après l'autre") et dans celle de l'invitation chaleureuse (ouvertes paumes vers le haut).
Posture très classique en politique, elle n'a rien à voir cependant avec les bras plus ouverts qui sont l'apanage du prêtre pendant l'omélie.

La leader socialiste Ségolène Royal.
Cette photo, prise pendant la campagne présidentielle de 2007, illustre bien l'un des surnoms de cette femme politique, la "madonne". Cette mère de famille, dont les discours manient à la fois la carotte et le bâton, est aussi celle qui écarte le plus volontiers ses bras vers son public, paumes en l'air, pour exprimer la bonté et le rassemblement. Dans ces instants, elle est droite comme un I, la coiffure et le vêtement sont symétriques, elle est telle une statue. Il émane d'elle quelque chose de sacré. Cela s'appelle le charisme.

La leader socialiste Ségolène Royal.
Photo prise après la défaite à l'élection présidentielle de 2007, au siège du Parti Socialiste. Cette femme qui a largement dépassé la cinquantaine est rayonnante et exhale une jeunesse, une puissance et une féminité sans borne. Attaquée de toute part par ses collègues lui imputant la défaite, elle relève la tête, au sens premier de l'expression.
La main dans les cheveux est l'un des gestes les plus féminins qu'une femme puisse faire. Les paupières baissées (comme toute femme ressentant un grand plaisir), son buste tendu, son cou découvert et sa position en appui : tous ces gestes disent qu'elle cherche à séduire.
Elle exploite à fond les avantages de cette gestuelle féminine, avantages que n'ont pas ses collègues de l'autre sexe.

Nicolas Sarkozy et Bernard Kouchner.
Photo prise au moment où, une fois élu président, l'ex-leader de l'UMP décide d'ouvrir son gouvernment.
Mais cela ne signifie en rien qu'il cède du terrain. Cette photo le prouve. En se mettant à droite de son interlocuteur, il est le premier vu sur la photo (l'œil balaie toujours les photos à partir de la gauche). Mais surtout, cela lui permet de présenter une main entière à l'objectif. Son interlocuteur, lui, doit se plier à son pouvoir pour regarder les photographes, ce qui le met mal à l'aise et lui confère une image de vassal.

Nicolas Sarkozy et François Hollande.
Photo prise au moment où, peu après l'élection, le nouveau président reçoit les diverses formations politiques. Sa posture est encore plus marquée que dans la photo précédente. Hollande cherche manifestement à se dégager, c'est le perdant. Alors que le président est très à l'aise en étant du bon côté et en présentant sa main entière à l'objectif.

8

LA TABLE DE POKER COMME THÉÂTRE D'OBSERVATION

Tout superbe, avec son air d'avoir l'air con par pure inadvertance. Raie sur le côté, l'œil atone, la mèche non allumée (parce que mouillée), le sourire comme en ont les chiens, parfois, les caniches surtout.

San-Antonio
Baise-ball à La Baule

Si vous imaginez observer chacun de vos adversaires à votre table de neuf joueurs, vous allez devoir observer huit joueurs séparément.

Chacun de ces joueurs a une personnalité de fond. Mais comme nous devons nous-même adapter notre jeu à celui des adversaires, l'adversaire A va l'adapter à l'adversaire B, et ainsi de suite.

Voyons maintenant quels sont les canaux de communication qui existent selon le nombre de joueurs assis à la table :

Nombre de joueurs	Canaux de communication par joueur	Canaux de communication totaux
2	1	1
3	2	3
4	3	6
5	4	10
6	5	15
7	6	21
8	7	28
9	8	36
10	9	45

Les "canaux de communication par joueur" représentent le nombre de joueurs que chacun doit observer à la table.

Les "canaux de communication totaux" représentent les "tuyaux" qui relient mentalement tous les joueurs deux à deux :

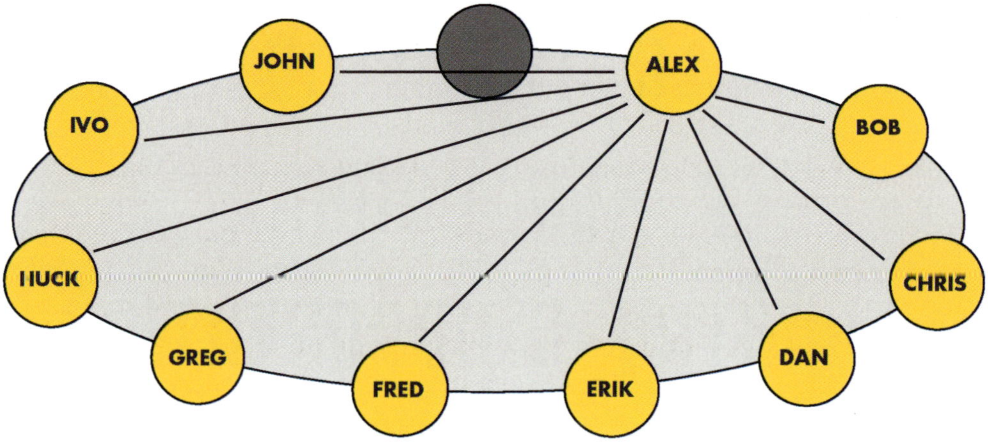

Les 9 canaux de communication pour un joueur donné.

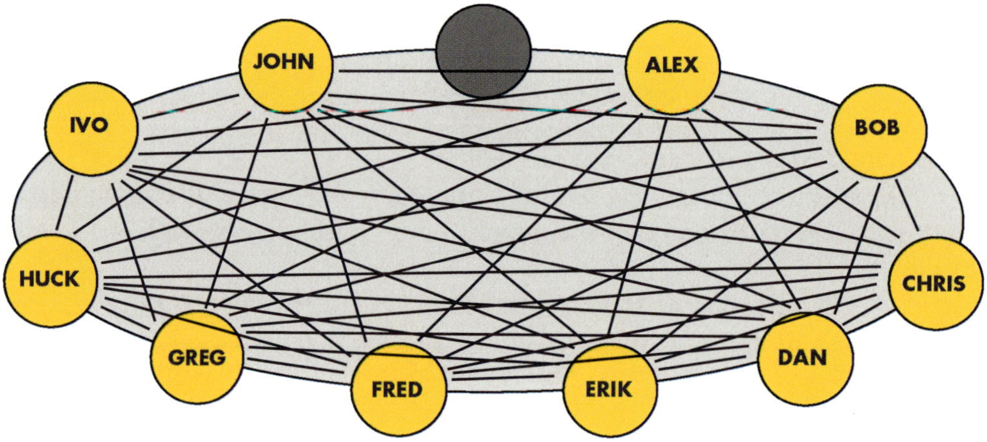

Les 45 canaux de communication pour les 10 joueurs d'une table.

Vous voyez qu'à dix joueurs, il existe 45 canaux différents à surveiller. Pourquoi ? Parce qu'il est utile pour vous de connaître le rapport qu'il y a entre vous-même (Alex) et Bob, mais il est utile aussi de connaître le rapport Bob et Chris. De cette manière, s'il advient une situation où vous vous trouvez à trois sur un coup, vous anticiperez les actions de vos deux adversaires entre eux. Il est par ailleurs toujours utile de connaître l'état de la communication entre ces deux joueurs : l'un est peut-être écrasé psychologiquement par l'autre… Vous devez en tenir compte avant de prendre la décision.

Retour sur une évidence : l'effet de nuisance du no-limit

N'oubliez jamais qu'en poker no-limit, vous pouvez gagner dix-neuf coups et tout perdre sur le vingtième.

La capacité de nuisance potentielle d'un coup isolé peut être gigantesque. Elle peut même être totale dans la mesure où tout votre tapis peut y passer, donc effacer votre survie même dans le tournoi.

Au poker no-limit, perdre 5% des cas ne signifie pas perdre 5% de son argent. La plupart du temps, cela signifie perdre beaucoup plus, jusqu'à 100%. Donc perdre 1% des coups que nous jouons peut suffire à nous éliminer d'un tournoi. On peut imaginer qu'un joueur gagne tous les coups dans lesquels il participe, puis perd un seul coup, le dernier, table finale. S'il a participé en tout à 300 coups, il en aura gagné 299 et perdu une seul.

Voilà pourquoi il n'est pas superflu de surveiller le type de communication qui s'est établi entre deux joueurs. Car c'est peut-être le manque de surveillance, donc d'information sur ces deux joueurs qui vous fera perdre le tournoi.

Voyons maintenant comment réduire votre tâche.

Quarante-cinq canaux à surveiller ?

Il y aurait donc quarante-cinq canaux à surveiller à une table de dix joueurs ? Ou trente-six canaux à une table de neuf joueurs ? Mais c'est un travail de titan !

Justement, faisons en sorte de le réduire intelligemment. Car comme vous vous en doutez, certains de ces canaux sont plus utiles à exploiter que d'autres.

Première réduction : Eliminons les joueurs que nous évitons comme la peste, c'est-à-dire les illisibles, les imprévisibles, les Chacals. Aucun intérêt de les surveiller vu qu'on n'en obtient rien. Si nous sommes dix à la table et s'il y en deux, nous ne sommes plus que huit, ce qui fait tomber les canaux à surveiller de quarante-cinq à vingt-huit.

Deuxième réduction : Les tapis très réduits. Car nous allons payer de toute façon leur all-in. Le all-in d'un petit tapis ne dit rien sur le fait qu'il bluffe ou non mais dit tout sur le fait qu'il cherche à survivre vaille que vaille.

Si, là encore, les très petits tapis sont deux à votre table, votre effectif observable tombe à six et le nombre de canaux utiles passe à... quinze.

Donc récapitulons :
- éliminez les Chacals
- éliminez les tapis réduits

Restent les tapis de bonne taille, c'est-à-dire ceux qui peuvent vous blesser durement, et les joueurs à peu près lisibles. N'ayez jamais la fatuité de vouloir observer davantage de joueurs.

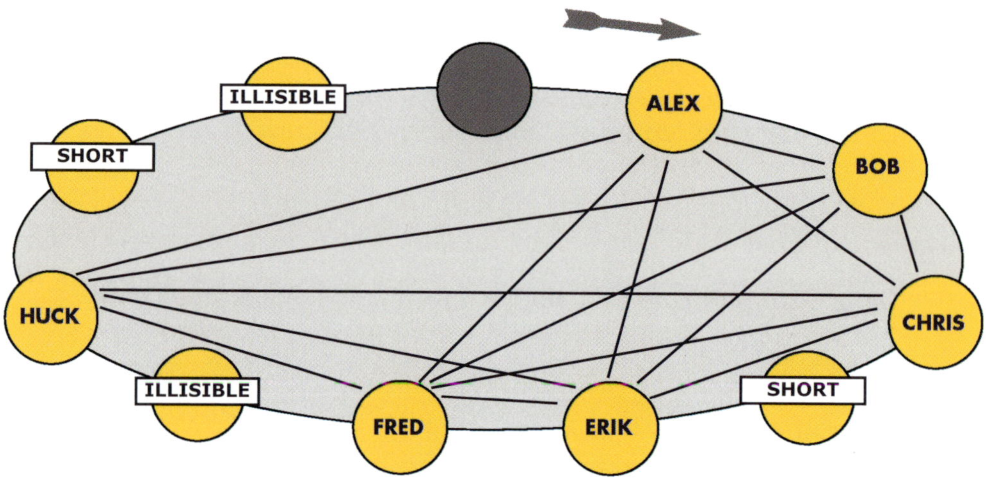

Les 15 canaux de communication pour une table réduite à 6 joueurs "observables".

Pour calculer rapidement le nombre de canaux C
- soit X le nombre de joueurs "observables"
- C = N x (N – 1) / 2

Donc si la table comporte 7 joueurs "observables", le nombre de canaux est de :

7 x 6 / 2 = 21

Au cinéma

Les films nous offrent des situation pokériennes intéressantes. Sans vouloir faire un survol complet de films qui parlent du poker (j'y serais encore à la 548e page), voici quelques éléments qui devraient vous plaire.

Dans *Le Kid de Cincinnati* (Norman, Jewison 1965), le plus grand film consacré au poker, il y a peu sur les tells. Mais dans *Maverick* (Richard Donner 1994), on en trouve une évocation :

Annabelle : Comment pouvez-vous savoir que je bluffe ? Je ne fais aucun de mes tells. Je n'ai pas mélangé les cartes, je n'ai pas tiré sur mes cheveux, je n'ai même pas tapoté mes dents.

Maverick : Vous avez retenu votre respiration. Si vous aviez été emballée, vous auriez commencé à respirer plus fort.

Annabelle : Je ne l'ai pas fait. (Se tournant vers le Commodore :)

Annabelle : Est-ce que je l'ai fait ?

Le Commodore hoche la tête. Elle se tourne vers Angel :

Annabelle : Est-ce que je l'ai fait ? (Angel hoche la tête. Elle se tourne vers le donneur :)

Annabelle : Est-ce que je l'ai fait ? (Le donneur hoche la tête.)

Annabelle : Eh bien, je dirai juste que je jouais avec l'argent de quelqu'un d'autre.

Maverick : Ce ne sera pas trop difficile.

Annabelle se lève. Cooper se penche vers elle et murmure à son oreille :

Cooper : Vous avez retenu votre respiration, madame.

Dans *Casino Royale* (Martin Campbell 2006), le dialogue entre James Bond et sa collègue Vesper Lynd dans le train qui file vers le Montenegro ne manque pas de sel. Il relève directement des techniques de "*pumping*", c'est-à-dire de moyens détournés pour obtenir des renseignements sur quelqu'un, comme on l'a vu dans la partie consacrée au "cold reading" :

Bond : Vous vous dites que ce n'est pas un bon plan, n'est-ce pas ?

Vesper : Parce qu'il y a un plan ? J'avais l'impression qu'on allait risquer des millions de dollars et des centaines de vies dans un jeu de hasard. Que devinez-vous d'autre, monsieur Bond ?

Bond : Sur vous, mademoiselle Lynd ? Que votre beauté pose problème. Vous craignez qu'on ne vous prenne pas au sérieux.

Vesper : C'est vrai de toutes les filles séduisantes qui ont un peu de cervelle.

Bond : Oui, mais celle-là veut surcompenser en s'habillant de façon un peu trop masculine. Elle est plus agressive que ses collègues féminines, ce qui la rend quelque peu piquante, à vrai dire. Et elle a paradoxalement moins de chances d'arriver à se faire accepter et promouvoir par ses supérieurs masculins... qui prennent son manque d'assurance pour de l'arrogance. Je crois que normalement, j'aurais parié fille unique, mais euh... comme vous n'avez pas relevé ma remarque sur vos parents, je pense miser sur orpheline.

Vesper : A moi. D'après votre costume, vous êtes allé à Oxford ou équivalent. Vous croyez que les êtres humains portent ce genre de choses, mais vous le faites avec un tel dédain... je dirais que vous venez d'un milieu modeste et que vos camarades ne vous l'ont jamais pardonné. Vous devez donc vos études aux bonnes grâces d'une personne étrangère, d'où ce comportement aigri. Et comme vous avez tout de suite pensé que j'avais perdu mes parents, je dirais que c'est vous, l'orphelin... Oh, vous l'êtes ! Hh ! Je suis faite pour le poker… et ça tombe vraiment sous le sens. Le MI.6 recrute des hommes mal dans leur peau qui ne voient pas d'objection à sacrifier les autres afin de protéger le pays et la Reine… Vous savez, comme des ex des services spéciaux au sourire facile et aux montres hors de prix. Rolex ?

Bond : Omega.

Vesper : Magnifique ! Comme je viens de vous rencontrer, je n'irais pas jusqu'à vous traiter de salaud au cœur de pierre…

Bond : Non. Bien entendu.

Vesper : Mais je peux imaginer sans peine que les femmes représentent plus pour vous des plaisirs à la chaîne que des objets de conquête. Alors, aussi charismatique que vous soyez, Monsieur Bond, je compte bien veiller de près sur l'argent du gouvernement plutôt que sur votre exceptionnel petit cul.

Bond : Vous avez remarqué.

Puisque nous sommes dans le *Casino Royale,* restons-y un instant. Et jetons un coup d'œil sur cette photo promotionnelle tirée du film :

En-dehors des deux personnages centraux sur lesquels l'image ne dit rien, nous avons l'œil sur trois joueurs à gauche et trois joueurs à droite. Or, voici ce qui apparaît :

– La joueuse à l'extrême gauche : coude droit en appui sur le bord de table, avant-bras gauche posé en parallèle. Elle observe ce qui se passe avec une légère tension.

– Le joueur suivant est le redoutable Chiffre. Il tient des jetons dans la main droite et s'apprête à les poser. Son coude gauche est posé en appui et retient le côté gauche de sa tête, position miroir de la joueuse assise à sa droite. Là encore, légère tension du joueur.

– Le troisième joueur a, lui aussi, le coude gauche en appui, son menton repose sur son poing fermé et, signe classique de tension (encore !), son index est légèrement désolidarisé du poing pour venir en "moustache" sous le nez.

– La joueuse assisse à droite a elle aussi son avant-bras gauche posé en parallèle sur le rebord de la table, en position miroir de l'autre jouese. Mais chose étonnante, qui vient sans doute de l'effet de *synchronisme*, sa main est à peu près dans la même position que le joueur dont nous venons de parler.

– James bond a opté pour une "posture Navaro" modifiée : coudes en appui se rejoignant devant le menton, un poing dans l'autre. C'est typiquement une posture d'attente mais ici, comme le joueur ne "bloque" pas sa bouche derrière ses poings, on peut penser qu'il est assez détendu.

– Enfin, le joueur à l'extrême droite, dont on aperçoit à peine le visage, a les mains de part et d'autre de ses jetons. C'est apparemment le seul qui ne s'intéresse pas à la scène, en tout cas sur cette photo. Il est au bouton, donc il a la meilleure place. Mais cela lui est égal car, comme vous l'avez déjà remarqué, il ne reste que Le Chiffre et Bond dans le coup, les autres ayant déjà jeté leurs cartes...

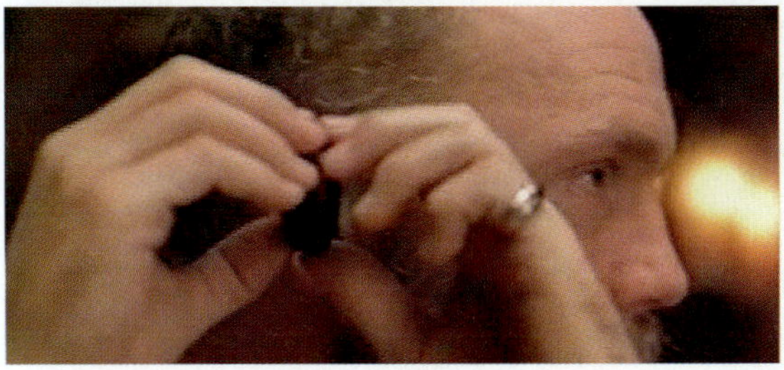

Les Joueurs *(John Dahl 1998) est l'autre grand film du poker. Le redoutable Teddy KGB (John Malkovitch), quand il bluffe, porte son biscuit biface "Oreo" à son oreille pour le séparer en deux. Le héros (Matt Damon) s'en rend finalement compte et prend une revanche éclatante à la fin du film.*

"Engrenages" ou quand le tell justifie l'arnaque

Dans son film *Engrenages* (1987), David Mamet met en scène une série d'arnaques qui embrouillent une psychologue à qui, de toute évidence, on n'a jamais enseigné les finesses des "grecs".

Voici l'affaire : Margaret, bonne fille, va tenter de "récupérer" un de ses patients criblé de dettes de poker en allant négocier avec les créanciers de celui-ci. Ce n'est plus du courage, c'est de l'inconscience... Comme l'écrit si bien Eugène Villiod, on "rince les poires" par tous les temps, et ici la poire est plutot juteuse. Imaginez une seconde une frêle colombe lâchée dans la cage aux lions et vous aurez une pâle idée des chances que la pauvre Margaret a de se tirer de l'aventure dans laquelle elle se lance... surtout quand le génial et terrible Ricky Jay (grand illusionniste américain) est de la partie, toute barbe dehors ! Voyons la scène de près, image par image, et comment s'y prennent les caïds pour extorquer 6.000 dollars à cette altruiste, la pigeonne de service. Et en plus, de son plein gré !

1. Margaret (Lindsay Crouse) s'est rendue dans le tripot où se tient la partie habituelle de son client. Elle demande à voir Mike (Joe Mantegna), à qui le client doit 800 dollars, pour le persuader d'effacer la dette. Mike refuse mais fait une contre-proposition :
"Je vais vous faire passer pour une amie. Dès que j'aurai un gros jeu, je me lèverai pour aller aux toilettes. Si le gros barbu tourne sa bague en mon absence, cela veut dire qu'il bluffe... et à moi le paquet ! Et je passe l'éponge sur les 800 dollars de votre ami."
Margaret accepte le marché.

2. Margaret s'est assise à gauche de Mike, face au "gros barbu" (rôle tenu par le gargantuesque Ricky Jay). Mike lui rappelle brièvement les directives, notamment le "tell" de la bague.

3. Un gros coup s'annonce. Après tirage, Mike touche un brelan d'As. Un joueur ouvre à 800 dollars, le barbu se contente de suivre, et Mike relance de 2.500. L'ouvreur passe, mais le barbu sur-relance de 6.000 dollars...

4. Comme prévu, Mike pose ses cartes, se lève et va aux toilettes sous prétexte de réfléchir s'il va tenir ou non la relance. Pendant ce temps, Margaret observe l'adversaire. Il ne tarde pas à tourner sa bague.

5. De retour des toilettes, Mike apprend de Margaret que l'adversaire a tourné sa bague, tic qui signifierait qu'il n'a qu'un petit jeu facile à battre. *"Demandez à voir",* lui dit-elle.

6. Mike demande à voir mais mise sur parole. L'adversaire refuse un tel enjeu : il veut voir l'argent. Mike laisse entendre qu'il est un peu "gêné" en ce moment. Margaret propose de lui servir de caution et s'engage à payer les 6.000 dollars à sa place. *"Elle est réglo"*, assurent les autres joueurs pour calmer le barbu qui s'énerve... mais qui accepte le marché.

7. Mike abat son brelan. Le barbu, lui, abat une couleur à trèfle. Il gagne ! Et s'écrie, goguenard :
"Tu me dois 6.000 dollars. Merci beaucoup !"
Mike demande à Margaret si elle est bien sûre de l'avoir vu tourner sa bague. Elle doute, elle culpabilise, et finit par faire le chèque.

Ici l'emprise des sens est maximale : la victoire de Mike était si assurée que, pour compenser ce retournement de situation, le personnage de Margaret – c'est humain – n'a que ce chèque à faire pour acheter le repos de sa conscience... La fin de la scène est délirante, mais moins encore que les rebondissements du film !
Il faut le voir, c'est un "must" du genre. Selon moi, c'est le film le plus "faisandé" du cinéma mondial consacré au jeu, toutes époques confondues.

Déjà publié dans Imagik

Plus récemment, *Les Maîtres du jeu* (Damian Nieman 2004) mélange la magie des cartes et le poker dans un scénario assez vaseux. L'un des joueurs (Stuart Townsend) y arbore une "posture Navarro" modifiée, sans blocage des poings, position idéale pour observer :

Dans *Lucky You* (Curtis Hanson 2007), mélo qui se déroule pendant les World Series of Poker 2003, deux scènes font appels aux tells :

A gauche, le vrai joueur et faux acteur (Sam Fahra), à droite le vrai acteur et faux joueur (Robert Duvall). Leurs mains parlent, mais leurs corps aussi. Sam est de toute évidence dans son élément naturel, et celui qui sait observer le voit du premier coup d'œil.

Montrer ses cartes à quelqu'un qu'on connaît en début de coup est toujours révélateur d'une bonne main. Et c'est doublement dangereux car l'autre personne peut en plus émettre un tell. Un tell qu'on ne contrôle évidemment pas.

9

EXERCEZ-VOUS A L'ÉTALONNAGE

> Des play-boys à la barbe de quatre jours regardent si on les regarde, et nous les regardons regarder si on les regarde, et ils nous regardent les regarder regarder si on les regarde, et c'est un ballet sans fin qui rappelle le "palais des glaces".
>
> Frédéric Beigbeder
> *99F*

L'observation intelligente de l'autre aboutit à l'étalonnage. L'étalonnage consiste à connaître ses codes : quand il fait cela inconsciemment, ça signifie cela, et à chaque fois qu'il fera ceci, ça signifiera ceci.

Une grammaire

Calero et Haller rappellent à juste titre qu'il existe une *grammaire* de la communication non-verbale. Au début, il est difficile de considérer les gestes objectivement, mais il faut s'y entraîner tous les jours, comme pour l'apprentissage d'une langue.

C'est d'ailleurs une chose que nous faisons tous les jours avec les même personnes, notamment celles avec lesquelles on vit et celles avec lesquelles on travaille. A force de les côtoyer, nous savons d'après leurs gestes quand elles sont contrariées, émues ou impressionnées.

La différence, ici, c'est que nous allons faire cette démarche de façon volontaire. Du point du vue du "langage" non verbal, tous les êtres humains parlent la même langue, mais il existe des particularismes qui peuvent nous induire en erreur sur le sens de ce que leur inconscient a signifié.

La méthode de base pour calibrer : ODEA (Observation - Détection - Evaluation - Archivage)

L'observation

Il s'agit de regarder, non de voir (focus). Et d'emmagasiner ce que l'on voit. Accepter d'observer sans détecter un seul indice valable pendant de longues périodes (patience). Observer sans montrer non plus qu'on observe (discrétion). Et observer tout en remarquant qui d'autre observe, et qui d'autre nous observe prioritairement (surveillance la concurrence).

La détection

Laisser de côté les signes sans intérêt, mais archiver ceux qui sont typiques à des moments forts (quand l'adversaire découvre ses cartes, quand il est relancé, quand le flop arrive, etc.)

L'évaluation

Que signifie le signe que j'ai vu ? Le rapprocher d'autres signes semblables déjà vus chez ce joueur. Le valider avec d'autres signes d'une autre nature.

L'archivage

C'est le rangement mental, le processus de mémorisation. Il se double de repères pour avoir un accès plus facile à ces informations. Car à quoi cela sert-il d'empiler des renseignements si on ne les utilise pas ensuite ? Autrement dit, vous devez être capable, si un joueur émet un tell que vous avez déjà relevé, de savoir ce qu'il signifie *pour ce joueur-là.*

L'action

Le passage à l'action dépasse bien sûr l'observation en tant que telle, mais c'est l'étape logique qui suit. Car le but unique de la surveillance des adversaires est d'agir d'une manière *différente* du cas où nous n'aurions pas observé. Donc, par exemple :

– relancer au lieu de passer
– payer au lieu de relancer
– quitter le coup au lieu de payer, etc.

J'insiste sur le fait que décider de jeter ses cartes au lieu de suivre ou de relancer est bien une action. Joe Navarro donne quatre conseils pour améliorer la qualité de son observation :

1. Faites de l'observation une deuxième nature.

2. Créez votre routine d'observation et n'en dérogez pas.

3. Pratiquez des jeux d'observation connexes.

4. Etendez votre gamme d'observation (multipliez les choses à observer).

Le principe sacro-saint de la confirmation des hypothèses

Les tells étant subjectifs et n'étant jamais sûrs à 100%, quand vous détectez un tell, cherchez toujours à le confirmer, à le valider. Nous ne devons pas nous laisser influencer par un seul signe ni prendre notre décision sans avoir connaissance des gestes effectués avant et après.

L'une des erreurs les plus fréquentes consiste à interpréter un geste sans tenir compte des autres signes ni du contexte. C'est d'ailleurs la meilleure des parades contre les adversaires des tells et qui prétendent qu'un tell ne dira jamais comment joue un joueur. Un tell, non, mais plusieurs, si.

> **LE PARTITIONNEMENT**
>
> La notion de "partitionnement" (clustering) nous indique qu'une attitude est caractérisée par divers signaux corporels, façons de parler, tics... et que ces éléments font partie d'un *tout cohérent*. Ce ne sont pas des événements isolés les uns des autres.

Si un tell vous dit par exemple que le joueur est en train de bluffer, y a-t-il d'autres signes qui vont dans ce sens ? Le rangement de ses jetons ? Sa façon de respirer ? Sa façon, de jouer auparavant ? Etc.

Si d'autres signes entrent en contradiction avec le tell principal, c'est généralement parce qu'il y a *simulacre*. Dans ce cas-là, appliquez la règle : ne vous fiez qu'au tell sincère, oubliez le tel isolé qui essaie de vous "enfumer".

Cet algorithme vous rappelle les éléments à prendre en compte :

OBSERVATION
Un tell de bluff, de faiblesse, de force, etc.

– **PRÉCAUTION 1** — Valider avec au moins un autre tell de renfort

– **PRÉCAUTION 2** — Est-ce cohérent avec l'observation en amont ?

Dans tout tell il faut traquer le tell caché

Cette pensée de McKenna donne beaucoup à réfléchir, même à des "vieux routiers" des tells. Certes, il peut s'agir de faux tells, et dans ce cas il suffit d'appliquer la chasse habituelle aux tells de renfort pour valider ou infirmer le tell d'origine. Il peut s'agir de tells *physiologiques*, qui, comme on l'a vu, sont justifiés par des urgences corporelles.

Mais cette pensée peut aussi s'appliquer à *l'étalonnage* du joueur. On le sait, un tell peut signifier chez un joueur l'inverse de ce qu'il signifie chez un autre. Là encore, des tells de renfort permettent de valider ou non cette hypothèse. Mais il est vrai qu'un étalonnage précis peut aider à connaître le "vrai" derrière un tell qui s'avère trompeur.

Exemple : un joueur se met toujours à renifler quand il relance, et ce que j'observe ensuite me montre qu'il ne bluffe pas. Puis arrive un moment où il ne renifle pas. Je me dis que quelque chose se passe, et qu'il est bien possible alors qu'il bluffe. Je cherche donc d'autres tells de bluff mais je n'en trouve pas. Ennuyeux... La solution : s'il a "oublié" de renifler à cet instant, c'est parce qu'il était occupé à observer lui-même un adversaire.

10

LA LECTURE GLOBALE DANS LE POKER

LES GESTES DU JOUEUR

> Mais que ne peut-on expliquer par gestes ? Quel luxe superfétatoire que l'emploi des cordes vocales !
>
> Raymond Queneau
> *Pierrot mon ami*

Symbiose des faits et gestes

Comme l'écrit McKenna, le langage du corps tel que l'a défini Caro est fiable, mais il doit être affiné selon le style du joueur. Aucun tell ne convient à tous mais tous les tells conviennent au joueur d'une certaine personnalité. C'est bien le sens de l'approche des chercheurs en manipulation (voir Niveau 3).

Par ailleurs – et c'est toujours McKenna qui l'écrit, avec sa double casquette de psychothérapeute réputé et de joueur de poker –, il est préférable d'ignorer les mots et de croire dans les actions. Les mots sont moins sincères que les actions. D'ailleurs l'étude de la manipulation au poker nous montre que les mots y ont une part non négligeable.

Une lecture appropriée de l'adversaire ne peut donc pas se limiter aux tells seuls. Les grands joueurs regardent à peu près tout ce qui se passe à la table, et beaucoup ont une capacité innée à lire le langage du corps. Ne cherchez pas à rayer les tells de votre arsenal de poker mais donnez-leur la place qui leur revient.

Les tells ne sont en aucun des facteurs directs de prise de décision. Mais ce sont des *aides* à la prise de décision. Ils servent à corroborer ou à infirmer telle situation ou décision en cours.

L'autre niveau de lecture concerne ce que fait le joueur par rapport au jeu, aux plans stratégique et tactique, ce que j'appelle les “faits” du joueur, par opposition à ses “gestes”, qui sont traités par *Poker Code*.

Pourtant, ce type de lecture entre en parfaite symbiose avec la lecture gestuelle que sont les tells. Car quand vous éliminez peu à peu des hypothèses tactiques pour deviner les cartes adverses, glaner des tells est précieux pour confirmer vos conjectures.

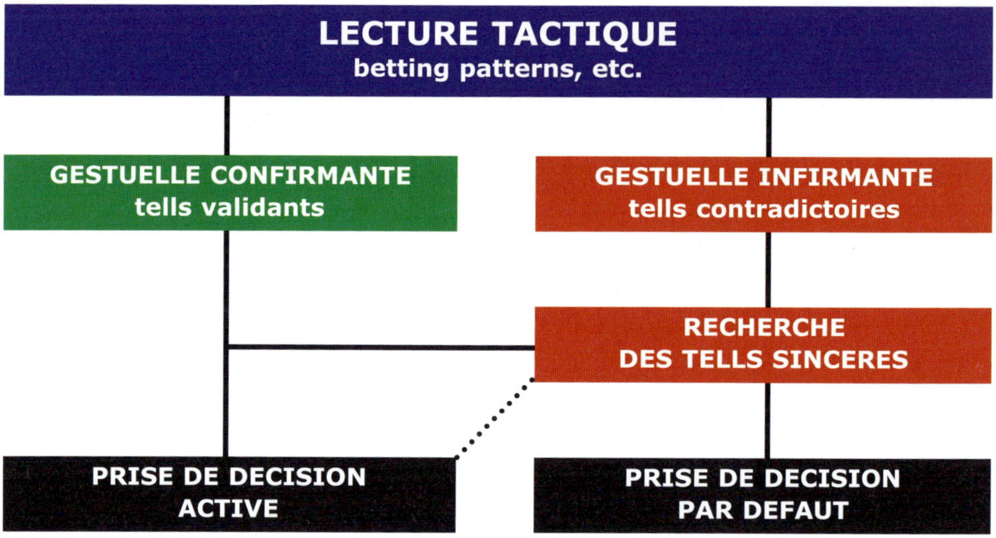

L'algorithme ci-dessus rappelle l'ordre exact des actions à mener :

– d'abord la lecture des "moves", des actions tactiques du joueur, avec mise en œuvre des outils habituels d'observation et d'évaluation, dont le "reverse engineering" ou "rétro-analyse" est un élément moteur

– ensuite la validation, *si besoin,* par une gestuelle

– cette gestuelle peut être infirmante, et dans ce cas, il faut toujours se fier aux *tells sincères*, ceux que le sujet n'a pas pu déguiser

– si les tells sincères confirment l'analyse tactique, il faut choisir la décision active décidée par l'observation tactique; la justesse de cette action va dépendre de votre expérience et de la sûreté de votre analyse

– si les tells sincères infirment l'analyse tactique, vous devez conclure par vous-même que le joueur a voulu vous piéger ou qu'il a commis une erreur en cours du coup; ensuite, prendre la décision qui s'impose, soit par défaut, soit (moins souvent) active.

Deux cas spéciaux qui ne seront pas exceptionnels

– un tell est tellement flagrant et sûr chez cet adversaire que l'analyse tactique passe au second plan, ce que j'appelle un *tell décisif*

– inversement, un joueur n'émettra aucun tell, ce qui limitera votre lecture à une simple lecture tactique; inutile d'aller *inventer un tell qui n'existe pas !*

Ces deux cas-là sont plus courants qu'on pourrait le penser a priori.

Relativisez toujours les tells

Dans un article de presse intitulé “La vérité sur les tells”, le champion Daniel Negreanu a écrit en substance :

“Identifier les tells est un facteur qui permet de séparer les joueurs top-niveau des bons joueurs, mais ce n’est qu’un facteur. Ce qui les distingue bien davantage, c’est la lecture du coup, votre capacité à rassembler de l’information sur votre adversaire à propos du coup en cours et des coups précédents, ce qui vous permet d’éliminer certaines mains que votre adversaire peut posséder. Connaître les “betting patterns” de l’adversaire, savoir de quoi il est capable et de quoi il n’est pas capable facilite nettement les choses.

J’ai déjà entendu quelqu’un me dire : “Je ne serai jamais un bon joueur de poker, j’ai une horrible poker face”. Il est important de ne pas émettre de signes vous-même, mais il est essentiel de connaître les fondamentaux du poker.”

Si vous ne connaissez pas les fondamentaux du poker, alors n’utilisez pas les tells ! Encore une fois, les tells sont un *appoint*, un renfort à la prise de décision. Ce ne sont pas des éléments sûrs, ce sont des aides. Rien de plus.

Il est rare qu’on trouve un tell qui soit sûr à 100% sur un joueur. Mais si cela vous arrive, ne le ratez pas car ce *tell décisif* est une véritable aubaine dont vous pourrez tirer le meilleur parti.

11

LA COMMUNICATION DES TELLS

> Ses yeux apeurés s'ouvraient, agrandis comme ceux des dormeurs qu'on réveille en sursaut ; ses fines narines frémissaient et, sous le coup d'une émotion secrète, ses lèvres tremblantes avaient perdu leur écarlate.
>
> Oscar Wilde
> *Le portrait de Dorian Gray*

Pour conclure ce premier niveau, je veux faire un rapide retour sur ce qu'est la communication et ce qui justifie pleinement le titre de ce livre.

Dès qu'une information passe d'une entité à une autre, que cette information soit ou non volontairement émise, nous assistons à un processus de communication. Les sciences de l'information et de la communication s'intéressent à ce processus. Mais elles ne sont pas les seules. La psychosociologie s'y intéresse aussi. Et il se trouve que les tells du poker sont totalement plongés dans les unes comme dans l'autre.

Le principe de communication

Le schéma de base de la communication aurait été découvert un jour ou l'autre, mais les premiers à le faire ont été Shannon et Weaver en 1948. Les travaux de ces deux mathématiciens, partis du renseignement militaire, se sont vite élargis. Si on y ajoute la notion de *feedback* de Wiener (1948), à la base du saut technologique entre mécanographie et informatique, le modèle de communication de base est celui-ci :

> *"Un émetteur, grâce à un codage, envoie un message à un récepteur qui effectue le décodage dans un contexte perturbé par un bruit, et qui, eventuellement, opère un feedback."*

Ce sont les bases "brutes de fonderie" de la communication en tant que processus. Mais vous allez voir que, même aussi basique, ce modèle éclaire la notion de tells, aussi bien dans leur sens que dans leur transmission.

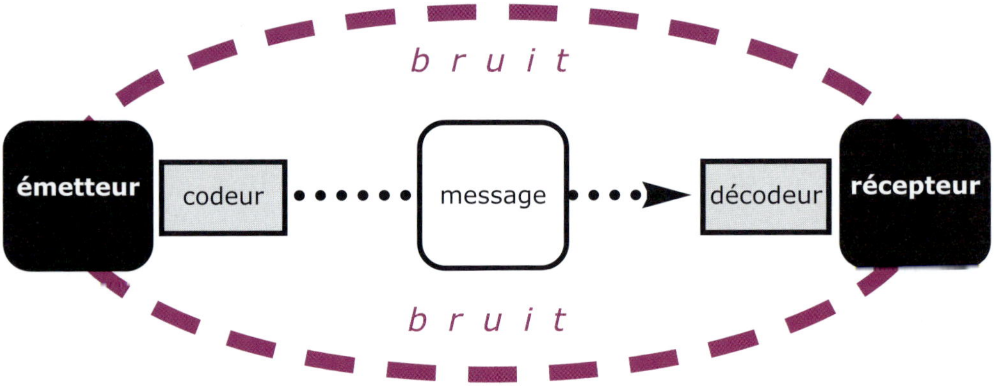

L'émetteur et le récepteur sont les deux acteurs du processus, et dans le cas qui nous intéresse, il s'agit de deux humains.

Le **message** peut être simple ou complexe. Dans ce qui nous intéresse, il s'agit d'un message non-verbal, donc la plupart du temps, un message gestuel.

Ce message est toujours **codé**. D'ailleurs d'une manière générale, tous les messages sont codés. Pourquoi ? Parce qu'un message n'existe pas en tant que message sans le décodage. Si vous allez en Russie sans parler le russe, vous aurez beau écouter les autochtones, vous n'y comprendrez rien. Par contre, si vous connaissez la langue russe, vous-même et les autochtones utiliserez le même code, donc les messages seront compris.

Autre exemple : les disques de cuivre plaqué or portés par les sondes Voyager 1 et 2 (envoyées en 1977) contiennent des foules d'informations sur la civilisation terrienne. Elles ne seront jamais lues par l'éventuelle civilisation extra-terrestre qui les trouvera sauf si celle-ci arrive à lire le disque, donc à le *décoder*, avec l'aiguille qui l'accompagne. Le message existe bien, mais sans décodage, son contenu n'existe pas.

Enfin, le **bruit**. Un bruit est ce qui vient troubler le message de l'extérieur. Techniquement parlant, ce peut être un grésillement dans un haut-parleur (on parle d'ailleurs de "rapport signal/bruit"). Si le grésillement est trop fort, on n'entend plus le message.

Si le grésillement est irrégulier, certaines parties du messages sont difficiles à comprendre, voire comprises à l'envers. Par exemple, dans la phrase "*Je ne répondrai pas à vos questions*", si le grésillement arrive sur le mot “ne”, la phrase est encore compréhensible. Mais pour la même phrase dite en anglais, “*I will not answer your questions*”, si le grésillement arrive sur le mot “not”, la phrase est comprise à l’envers. Un bruit peut donc inverser la teneur du message.

Le **feedback** n’est pas montré dans le schéma précédent. Il s’analyse comme un message qui vient en retour du message original. Si quelqu’un vous dit “*Comment allez-vous ?*” et si vous répondez “*Très bien, merci*”, le feedback est ce dernier message. Il s’analyse comme un message émis en réaction au premier avec une inversion des rôles émetteur/récepteur.

Comme le feedback n’est pas montré, je ne monte pas non plus la *réaction* du récepteur. Car le message qu’il décode peut induire deux types de réactions de sa part :

– soit un feedback vers l’émetteur d’origine

– soit une autre réaction, qui peut être par exemple une décision prise du fait de la teneur du message.

Par exemple, si votre conjoint vous dit au téléphone “*Pense à ramener du lait ce soir*”, vous ramènerez du lait le soir. Vous aurez décodé le message et il aura induit une réaction différée.

Cette réaction peut être immédiate au lieu d’être différée. Si votre conjoint, le matin, vous dit “*Dépêche-toi, tu es en retard !*”, vous jetterez votre serviette sous le bras et sortirez en coup de vent de chez vous.

Voyons maintenant ce qui se passe dans le cadre des tells.

La communication des tells

Dans le cadre des tells, nous constatons cinq particularités :

1. L’émetteur n’est pas volontaire

L’émetteur produit un message que lui-même ne connaît pas puisqu’il en est inconscient.

2. Le récepteur est volontaire

Le “chasseur de tells” capte le message involontaire de l’émetteur. Il le capte donc à *son insu.*

3. Le message est codé

Encore une fois, tous les messages sont codés. Mais celui-ci l’est au point que seuls quelques récepteurs sont capables de le capter et de le décoder convenablement. A une table de poker, il est vrai que plusieurs joueurs peuvent connaître le langage du corps. Ceux-là doivent alors procéder en quatre temps :

– capter le message
– décoder le message
– réagir au message

Notons que le fait de décider de *ne pas réagir* est aussi une réaction au message.

4. Le code dépend de l'émetteur

Un élément extrêmement gênant est que, comme l'émetteur n'est pas volontaire, son message n'est pas codé par son conscient mais par son inconscient. Là apparaît la question cruciale du code universel, du "tronc commun" de la communication non-verbale. Car certains individus ont un code qui s'écarte du tronc commun. Chez eux, un signe qui veut dire "crainte" dans le code universel signifiera en fait "observation".

Certains individus possèdent donc un dialecte propre, qui ne peut s'écarter énormément du tronc commun, mais qui inclut ce que les linguistes appellent des "faux frères".

En anglais, "*main*" ne signifie pas "*main*" mais "*principal*". Ce sont deux faux frères : ces deux messages décodés par la langue françaises sont identiques dans leur forme mais leurs sens sont différents.

La question du code soulève donc celle de la forme et du fond :

– deux messages peuvent avoir la même forme selon un code
– mais ils peuvent avoir un sens différent selon le même code

Si un Anglais écrit "main" sur un papier, cela implique un double codage :

– *codage de la forme* : j'arrive à lire le message puisque j'utilise le même alphabet que lui

– *codage du fond* : si j'ai la langue française comme décodeur, je vais comprendre autre chose que si j'ai la langue anglaise comme décodeur.

D'autre part, le cas du *tell physiologique* est typique. Par exemple, un joueur se gratte souvent la tête et le fait de toute évidence inconsciemment. Un autre joueur peut prendre cela comme un signe profond de déstabilisation, alors que la réalité est plus simple : l'émetteur a une maladie du cuir chevelu, et celui-ci le démange.

Le *décodeur* du récepteur est donc défectueux. Pourquoi ? Parce qu'il est trop simpliste. Il ne prend en compte qu'un seul élément, ce qui est évidemment trop peu. Comme on l'a déjà vu, un tell doit être validé par d'autres. Et l'une des premières questions que doit se poser un "chasseur de tells" est précisément de savoir si le tell est physiologique ou non.

Il n'y a message de tells que si le récepteur possède le décodeur. Le récepteur connaît le russe quand il va en Russie. Le récepteur sait décoder le message involontaire de l'émetteur.

Prenons un exemple concret :

Cette joueuse vient de relancer et émet un sourire satisfait. Elle regarde droit vers son adsversaire. Voilà le message de base, et il pousse l'adversaire à jeter sa main s'il n'a pas lui-même un bon jeu.

Mais ce message se complète d'autres messages sous-jacents :

– le sourire de la joueuse est crispé
– ses bras sont croisés, signe d'insécurité
– elle n'a pas protégé ses cartes
– elle est figée, tendue.

On note un conflit dans le message global de cette joueuse :

– sur la forme, le récepteur a son propre codeur issu de l'observation précédente de la joueuse

– sur le fond, le message contredit la forme car il va à la fois dans un sens et dans l'autre.

Les messages seconds contredisent frontalement le message principal. Mais seuls les bons observateurs vont les prendre en compte. Ils auront à accorder plus de crédit aux signes qui paraissent *secondaires* car ils auront été moins contrôlés par la joueuse. Si c'est le cas, ils vont conclure qu'elle bluffe, donc ils vont relancer.

5. Le récepteur se choisit lui-même

L'émetteur étant non volontaire et émettant des messages non maîtrisés par lui, reste la question du recepteur. Car c'est lui le véritable acteur de cet acte de communication. C'est parce qu'il est récepteur sachant décoder les tells que cet acte de communication est signifiant.

S'il se trouve fatigué d'observer, le récepteur arrêtera sa calibration et ne sera plus que récepteur "en puissance". Il y aura toujours un émetteur et un message, mais la réception sera nulle. Exactement comme si on éteint une radio qui, ainsi, ne capte plus les ondes. Pourtant ces mêmes ondes sont toujours émises.

La question des faux tells

Nous reviendrons sur la quesiton des faux tells, mais d'ores et déjà nous pouvons en dire un mot.

Dans le cadre de la communication, un faux tell s'apparente à un message codé par le conscient, non par l'inconscient.

Il y a conflit entre le fond et la forme. Exactement comme dans le cas du tell inconscient propre à un dialecte, donc s'écartant du tronc commun. Ce qui nous permet de résumer ainsi les tells et les faux tells :

Matrice des tells et faux-tells	**décodeur du récepteur : performant le récepteur connaît les tells et les valide**	**décodeur du récepteur : défectueux le récepteur connaît pas ou mal les tells et/ou ne les valide pas**
codeur de l'émetteur : inconscient et universel	1 tells inconscients bien identifiés et bien analysés	2 tells inconscients qui piègent le récepteur
codeur de l'émetteur : inconscient mais dialectal	3 tells inconscients qui piègent le récepteur	4 tells inconscients qui *peuvent piéger* le récepteur
codeur de l'émetteur : conscient	5 tells conscients (faux tells) bien identifiés et bien analysés	6 tells conscients (faux tells) qui piègent le récepteur

Le codeur de l'émetteur :

– est *inconscient et universel* quand le le conscient n'est pas intervenu et que le message est conforme au tronc commun des signes humains non-verbaux

– est *inconscient et dialectal* quand le le conscient n'est pas intervenu et que le message n'est pas conforme au tronc commun des signes humains non-verbaux

– est *conscient* quand l'émetteur cherche à tromper son adversaire.

Le décodeur du récepteur :

– est *performant* quand le récepteur connaît bien les tells et les valide par d'autres signes ou une connaissance passée de l'émetteur

– est *défectueux* quand le récepteur ne connaît pas ou mal les tells et ne les valide pas par d'autres signes ni par une connaissance passée de l'émetteur.

A partir de là, on définit six zones, qu'on regroupe en trois :

Zones où le récepteur démasque son adversaire

– zone 1 : tells inconscients universels éventés - dans cette zone, l'émetteur n'a pas voulu berner son adversaire

– zone 5 : faux tells éventés - dans cette zone, l'émetteur a voulu berner son adversaire

Zones où le récepteur se fait berner par son adversaire

– zone 2 : tells inconscients universels pas ou mal décodés - dans cette zone, l'émetteur n'a pas voulu berner son adversaire

– zone 3 : tells inconscients dialectaux mal décodés - dans cette zone, l'émetteur n'a pas voulu berner son adversaire

– zone 6 : faux tells pas ou mal décodés - dans cette zone, l'émetteur a voulu berner son adversaire

Zone où le récepteur se fait *parfois* berner par son adversaire

– zone 4 : tells inconscients dialectaux pas ou mal décodés - dans cette zone, l'émetteur n'a pas voulu berner son adversaire

Quand il s'agit de tells, la plupart du temps ce sont les zones 1 et 5. Cette matrice prouve que l'univers des tells est autrement plus riche…

Le Kid remarqua que Lancey n'avait à aucun moment frotté ses doigts les uns contre les autres, ni au début de la pause, ni pendant leur conversation. Puis il se demanda si lui aussi avait un tic dont il n'était pas conscient. (...) Le Kid ne croyait pas avoir un tic, mais il était mal placé pour s'en rendre compte.

Richard Jessup
Le Kid de Cincinnati

- NIVEAU 2 -

- NIVEAU 2 -

LA LECTURE

LA LECTURE

GESTUELLE

GESTUEL

12

Devenez "chasseur de tells"

C'était de bonnes grosses lèvres rouges, à mille plis, sinueuses, mouvantes, dans lesquelles la nature avait exprimé de bons sentiments : des lèvres qui parlaient au cœur, et annonçaient en cet homme l'intelligence, la clarté, le don de seconde vue, un angélique esprit.

Honoré de Balzac
L'Interdiction

Bonne nouvelle ! La chasse aux tells est ouverte toute l'année !

… et en plus, il n'y a pas besoin de permis !

Mais tous les tells ne sont pas bons à prendre, alors que d'autres sont des gibiers de choix. C'est le sujet de cette partie toute visuelle.

Dépister les tells, on l'a vu dans la première partie, est le souci de tout joueur évolué. Les tells sont des aides à la prise de décision précieux. Mais il ne faut pas leur demander plus qu'ils ne peuvent donner.

En tournoi, vous devez d'abord vous attacher au jeu, aux cartes, aux positions, aux jetons… Devoir lire en plus les tells des adversaires, c'est un peu trop, non ?

Si vous démarrez au poker, je conçois pleinement que ce soit trop. Mais si vous êtes déjà un joueur chevronné, je n'arrive pas à le concevoir. Ou alors vous n'êtes vraiment pas fait pour le poker !

La vérité, c'est que le poker n'est en rien un jeu de cartes. C'est un jeu d'adversaires, un jeu de bonshommes autour d'une table, des bonshommes dont le moyen de communication consiste en des hauteurs d'enchères exprimées les uns après les autres.

Un bracelet WSOP à 18 ans

Pourquoi croyez-vous qu'une jeune fille de dix-huit ans (Annette Obrestad) ait gagné le tournoi WSOPE, le premier en Europe, à Londres en septembre 2007 ? Parce qu'elle a appris à jouer sans connaître ses cartes, mais en prenant en compte les autres facteurs de décision que sont la position, le montant des tapis, les adversaires.

Pourquoi croyez-vous que Stu Ungar ait commencé sa finale du Championnat du monde 1997 avec treize coup d'affilée sans regarder une seule fois ses cartes ? Ce qu'il a regardé, ce sont d'abord ses adversaires, et je peux vous garantir qu'il en a appris énormément sur eux pendant ces treize coups, qu'il a d'ailleurs gagnés ! Il a d'ailleurs remporté le titre cette année-là.

Le stress et vous

Si vous avez du mal à entrer dans la logique de l'observation-évaluation-action, c'est parce que vous êtes écrasé par le stress inhérent au tournoi. L'enjeu est si important pour vous que vous etes la proie de ce stress qui est votre ennemi intérieur. Or, apprenez à dompter votre tigre intérieur.

Des disciplines existent, elles sont nombreuses. Il y en aura bien une pour vous : auto-hypnose, yoga... Mais déjà, accroché que vous êtes à votre table de poker, vous pouvez commencer par prendre de la distance par rapport à elle, de la distance physiquement : vous lever, vous en éloigner et respirer à fond. Laissez l'air du dehors entrer dedans, laissez-le vous envahir et aérer votre corps, selon un rythme que vous lui imposez vous-même.

Ce n'est pas pour rien que des spécialistes ont écrit des livres entiers sur la respiration (*L'Art de la respiration*, de Mazdaznan, 1953).

L'exemple des magiciens : temps faible / fort

Les illusionnistes opèrent leur escamotage sur un temps faible, qui est une expiration, et opèrent leur effet visuel sur un temps fort, qui est une inspiration.

escamotage = temps faible = expiration

effet visuel = temps fort = inspiration

L'inspiration est une montée, l'expiration est une descente.

Vous montez d'abord vers la lumière, puis vous descendez vers votre noir intérieur, et ce mouvement continuel tue le stress. De grands sportifs ont gagné des compétitions de cette manière. Ce n'est pas une blague !

Si vous avez déjà couru à pied, apprenez à réguler votre respiration. Forcez-vous à expirer moins souvent mais plus profondément, et en un seul souffle long (pas de souffle scindé). Vous verrez que votre cœur battra moins vite à la longue et vous serez plus endurant. C'est un succès. Vous vous sentirez mieux, vous serez plus performant. Courir devient un plaisir parce que la respiration n'est plus un problème.

Posez-vous toujours cette question fondatrice :

pour moi, le poker est-il un problème ou une solution ?

Si le poker est un problème, est-ce un éternel problème qui me taraude ou est-ce que j'en trouve la solution de façon cyclique ?

Si le poker est une solution, est-ce une solution à mes propres problèmes ou est-ce que je le vis comme une solution en ce sens que je ne le ressens vraiment pas comme un problème ?

Il est impossible de dépister les tells si le poker est un problème pour vous. Vous devez donc d'abord être à l'aise avec le poker en tant que jeu pour aborder sereinement les tells. C'est très important, tellement important que je le réécris :

Vous devez d'abord être à l'aise avec le poker
en tant que jeu pour aborder sereinement les tells

Stress, détresse, forteresse !

Revenons à notre stress.

Il vous donne la *détresse*, mais transformez-la en *forteresse.*

Au lieu de circonscrire votre stress dans votre intérieur, jetez-le comme un malpropre et devenez forteresse pour qu'il n'y revienne plus. Bouclez-lui les portes à double-tour, renforcez les murailles et mettez des mots de passe partout. *Visualisez* la forteresse (exemple page suivante).

Revenez dans la première partie et revoyez comment font les PNListes pour en finir avec un mal de dos. C'est la même chose ici.

Cette représentation est aussi celle de James McKenna, qui a travaillé pendant quarante ans sur les groupes en matière de communication. Une sommité dans sa partie. S'il vous le dit, je pense que vous pouvez le croire. La relation entre tells est stress est directe. Beaucoup de tells reposent sur des réactions physiologiques. Ils sont le résultat d'une réaction à un stress et à une forte émotion.

Quand on est confiant dans la victoire, le corps se détend et notre voix reste calme.

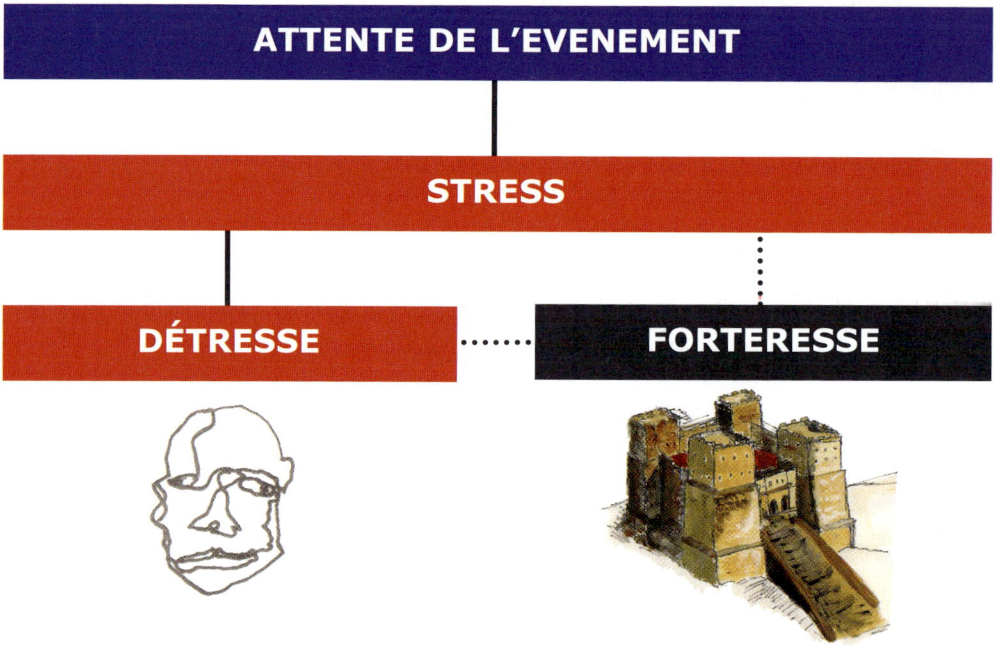

Trois règles simples sur le dépistage des tells

1. Observez en priorité les joueurs que vous jouerez en priorité. N'observez pas les illisibles ni ceux qui ont un trop petit tapis. Votre temps est précieux. Concentrez votre attention sur les adversaires lisibles et qui ont un tapis au moins moyen.

2. Si vous soupçonnez qu'un tell n'est pas sincère, fiez-vous aux tells de renfort. Une observation isolée ne suffit pas, jamais ! Il faut un ou plusieurs tells de renfort.

3. Le fin du fin : trouver un tell décisif qui soit propre à un seul joueur et qui le trahisse totalement. C'est la voie royale ! Dans *Actuel* n°33-34, Roger Sacrain relate ceci : Amarillo Slim a un jour expliqué à Doyle Brunson une de ses erreurs, un tic tragique. *"Quand Brunson avait de bonnes cartes, il poussait sa mise sans compter les jetons. Quand il était mal fourni, il comptait. Ce jour-là, Amarillo Slim a été vraiment sympa : un tuyau comme ça vaut des milliers de dollars."*

Trouver "le" tell d'un joueur est ce que vous devez toujours rechercher. Chaque joueur a ses petites habitudes, et certaines sont uniques.

13

Temps faibles et temps forts

> Mon père m'a appris que quelqu'un qui a les mains dans ses poches est nonchalant. Or, je ne vous trouve pas nonchalant. Et d'ailleurs vous n'avez pas vos mains dans vos poches. C'est moi qui vais les y mettre.
>
> *L'Ami de la Famille* film de Paolo Sorrentino

Les 18 temps différents

J'ai cherché à faire la liste des moments typiques qui ont lieu à une table de poker.

A noter que le moment de *l'inter-coup* n'existe pas : le coup commence dès que commence le premier mélange ("soupe" ou "salade") et se termine quand le pot est attribué. Entre ces deux événements, le temps est nul.

La liste des différents temps figure sur la page suivante. En rouge, les temps forts, en bleu, les temps faibles.

Un **temps fort** :

C'est un temps où le joueur ressent du stress. Il est donc susceptible d'émettre un tell sincère.

Les temps sont différents entre eux. Notamment, la découverte de cartes (à l'entrée, au flop, à la turn et à la river) ne peut en aucun cas générer des tells de même nature que les temps forts financiers que sont l'ouverture, l'attaque adverse, la contre-attaque, le all-in, etc.

Un **temps faible** :

Cest un temps où le joueur n'est pas impliqué. Il peut émettre des tells, qui sont alors des tells "de fond", portant non pas sur l'action en cours mais sur son état psychique général.

L'avantage du temps faible est qu'il est très souvent négligé par les observateurs adverses alors qu'il peut fournir de précieuses informations.

Les 18 temps principaux

avant la partie

attente, cartes non vues

pendant le coup, inactif

pendant le coup, actif

mise du blind / ante

connaissance de la main

apparition du flop

apparition de la turn

apparition de la river

attaque adverse*

ouverture*

mise pour suivre*

contre-attaque*

contre-attaque adverse*

all-in couvert

gain du coup

perte du coup

traîne du coup

temps faible

temps faible / fort

temps fort

** multiple car peut se produire plusieurs fois dans un coup*

Vous noterez que ces temps ne sont pas tout à fait des *étapes*. Ils représentent simplement des actions identifiées qui génèrent des tells.

LES PRINCIPAUX TEMPS FAIBLES

Avant la partie

Nous en avons déjà parlé, mais ce n'est pas une raison pour ne pas le redire ici. Avant même que le tournoi ne commence, l'observation débute. Vous pouvez ainsi en savoir plus sur le joueur, sur ses habitudes, s'il est dans un bon “trend”, s'il a des soucis, etc.

L'observation de l'accoutrement a aussi son importance. Par exemple, si le joueur porte des vêtements dérivés de marques connues dans le monde du poker, on peut en déduire qu'il en sait plus sur le poker que son voisin, qui arbore un sweat-shirt aux couleurs d'une banque (cette présomption mérite bien sûr confirmation).

Il est intéressant, à ce stade, d'engager la conversation avec ces joueurs pour en savoir plus sur leur pratique du poker.

En attente, cartes non encore vues

Je vous recommande vivement de ne pas prendre connaissance de vos cartes au fur et à mesure que vous les recevez, ni même dès que vous les avez reçues. Ce qu'il faut faire, c'est les découvrir au moment où la parole vous arrive.

De cette manière, vous avez deux avantages :

– vous disposez d'un temps supplémentaire pour observer les adversaires qui découvrent leur jeu l'un après l'autre

– vous n'émettez aucun tell sur votre jeu puisque vous ne le connaissez pas.

Mais il y a un petit inconvénient. C'est que tout le monde aura les yeux sur vous quand vous prendrez connaissance de votre main. Personnellement, cela m'a un peu gêné quand j'ai adopté ce système au départ, mais je m'y suis habitué très vite.

Pendant le coup, inactif

Quand le coup se déroule et que vous avez déjà jeté vos cartes, tout stress vous a quitté. *Attention* : certains joueurs émettent des tells qui peuvent être précieux même quand ils ne sont pas dans le coup.

C'est notamment le cas du ***"tell du dépit"*** : le joueur hésite longtemps à payer la relance préflop, puis finit par jeter ses cartes. Alors arrive le flop : trois carreaux. Il émet soudain un soupir de profond dépit. Si vous-même êtes toujours en jeu et possédez un gros carreau, vous pouvez être quasiment certain que ce joueur-là a jeté au moins un gros carreau, sinon deux. Du coup, vous pouvez retirer ces cartes-là dans votre calcul de cotes.

Sur cette photo, la joueuse a déjà jeté ses cartes et n'a donc plus "d'enjeu" dans ce coup. C'est un temps faible. D'ailleurs elle n'émet aucun signe extérieur de stress.

Mise du blind / ante *faible/fort*

La mise du blind est un temps faible quand la mise en question est quantité négligeable dans le tapis.

Mais quand elle représente une quantité plus importante, qui dépasse 5% du tapis, il s'agit d'un temps plus fort car un minimum de stress s'abat sur le blindeur. Et plus la part représentée par le blind est grande par rapport au tapis, plus le stress est élevé.

Pendant le coup, actif *faible/fort*

Le joueur qui est entré dans le coup et qui attend que les autres joueurs parlent n'est pas vraiment soumis au stress. Il ne sait pas encore s'il doit subir une attaque ou s'il doit réfléchir à payer ou non.

Néanmoins, il peut subir un stress dans le mesure où il peut se trouver face à un adversaire qu'il redoute, ou parce qu'il est désavantagé en matière de position et/ou de tapis, par exemple.

Ce surblindeur n'a de cesse que d'observer attentivement ses adversaires pendant qu'ils prennent leur décision préflop. Lui-même n'a pas encore regardé ses cartes.

Le petit blind, à gauche, a payé le surblind et ne cesse de scruter le surblindeur, qui finit par checker (notez son poing fermé qui frappe la table).

Observer attentivement un adversaire à chaque fois que l'occasion vous en est donnée contribue à le recentrer sur des décisions sécuritaires.

Ce joueur garde une main sur ses cartes sans les avoir encore vues.
Il observe pendant ce temps ses adversaires dans le but de déceler un signe.
Quand ce sera à lui de parler, et seulement à ce moment-là, il prendra connaissance de ses cartes (first checking).

LES PRINCIPAUX TEMPS FORTS

Connaissance de la main

– "*first checking*" : découvrir la main en début de coup
– "*second checking*" regarder à nouveau la main pendant le coup.

La prise de connaissance des deux cartes privatives est le premier temps fort du coup. Le problème posé à l'observateur est que, comme tous les joueurs de la table subissent ce temps fort, cela fait beaucoup de monde à observer, surtout quand la table est pleine.

Vous devez donc *cibler* à l'avance les joueurs que vous allez observer. Ce point est traité au chapitre 8, et vous apprend que bien qu'il existe 45 canaux, ce nombre peut être réduit à une quinzaine.

Que faire ensuite de cette observation ?

Elle est essentielle. Car si votre adversaire n'est pas un adepte du "second checking", c'est finalement le seul moment où vous aurez une information *visuelle* sur ses cartes. Certains joueurs expriment quelque chose pendant cette prise de connaissance des cartes privatives, d'autres au contraire sont totalement inexpressifs.

Certains joueurs ont toujours l'air déçu quand il regardent leurs cartes. Pourtant elles ne sont pas toujours nulles, forcément ! A vous de trouver le sens du signe émis au moment de la découverte des cartes.

Observez bien le joueur quand il regarde ses cartes privatives.
Il émettra souvent un signe facial que vous pourrez étalonner ensuite.

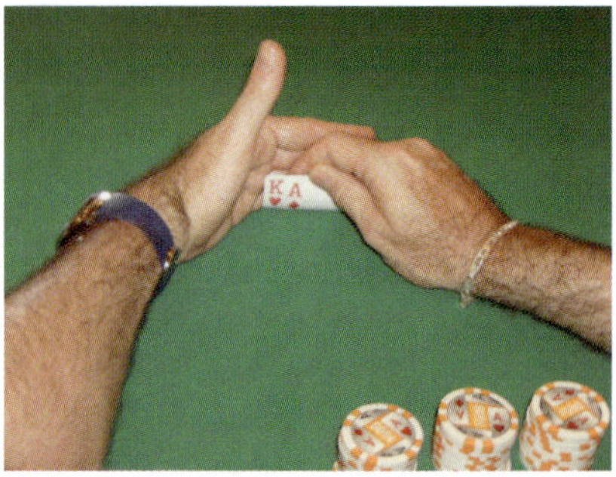

LE TEMPS DE CONNAISSANCE

Le temps de connaissance des cartes privatives est différent pour tous les joueurs, mais il reste à peu près le même pour chacun d'entre eux car il répond à un rite gestuel.

Cela étant, on observe le plus souvent ce timing-ci :

- 1,5 seconde ppur saisir les cartes
- 1/2 seconde pour les lever
- 1/2 seconde pour les voir
- 1/2 à 1 seconde pour les mémoriser (et réaliser leur force)

Le temps de mémorisation prime ici. Pour deux raisons :

– certains joueurs regardent leurs cartes tout en réfléchissant à leur enchère, ce qui rallonge le temps de vue; d'autres mémorisent leurs cartes, les reposent, puis réfléchissent ensuite à leur enchère, par exemple en adoptant la "posture Navarro"

– certaines mains nécessitent un temps de mémorisation un peu plus long, comme on le voit ci-dessous.

Mains rapides à décoder :

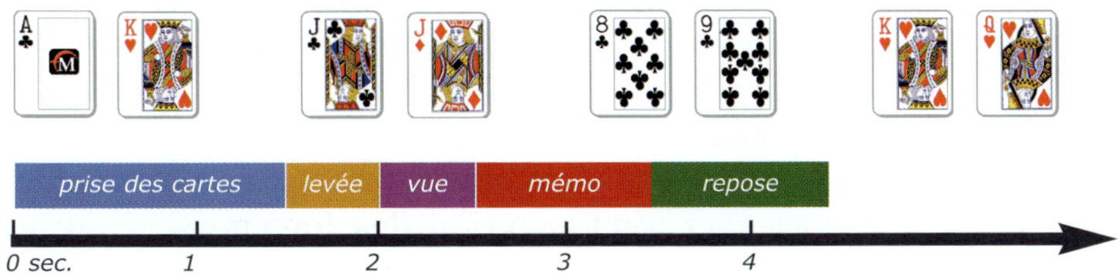

Mains lentes à décoder :

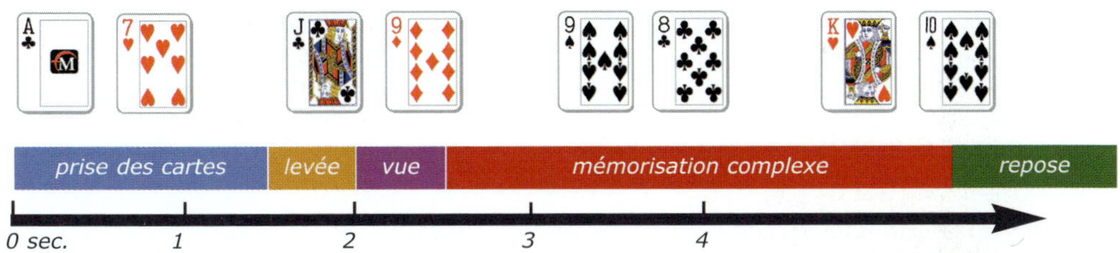

En gros, les mains les plus longues à mémoriser sont celles dont les cartes ont le moins de points communs (ni valeur, ni couleur) et qui se trouvent être "borderline".

Par exemple, la main 8-3 dépareillée ne va pas demander beaucoup de réflexion car elle ira au "muck" la plupart du temps.

Mais J-9, en fin de parole, peut mériter réflexion si trois joueurs ont déjà payé le surblind. Il en va de même avec 9♠-8♣, deux cartes noires mais de familles différentes, qui nécessitent un petit temps de mémorisation supplémentaire.

Apparition du flop

L'apparition du flop est un moment fatidique, car à cet instant, le joueur possède les cinq septièmes de sa main finale, soit 71%.

En plus, si l'amélioration n'est pas obtenue au flop, elle ne peut l'être ensuite que d'une manière très aléatoire, à la turn ou à la river. En no limit, le flop est le moment décisif du coup car il s'applique vraiment au nom d'origine du jeu, *"Hold'em or fold'em"* qui signifie *"Tenez-les ou jetez-les"* : il faut prendre une décision tranchée.

Cette décision, on le sait, revient la plupart du temps à protéger sa main ou, *a contrario*, à chercher à maintenir l'adversaire sur le coup pour essayer d'avoir la carte suivante au meilleur prix sur un tirage.

Pendant l'affichage du flop, ne regardez pas le flop mais regardez ceux qui regardent le flop ! Vous apprendrez des tas de choses intéressantes.

Apparition de la turn

Là encore, comme pour le flop, ce n'est pas la turn qu'il faut regarder mais ceux qui la regardent. N'oubliez jamais que quelqu'un qui aime cette turn va forcément le faire transparaître d'une manière ou d'une autre. Que vous le voyiez ou non est une autre question, mais le fait est là : il y aura un signe.

Apparition de la river

A l'apparition de la river, là encore regardez bien l'adversaire. Cette carte est un peu particulière car c'est la dernière. Elle clôt donc le cycle des cartes du coup. Le joueur sait dès lors qu'il devra compter sur les cartes qu'il connaît et sur aucune autre. S'il a un mauvais jeu, donc, il va devoir attaquer pour essayer d'arracher le coup en évaluant la "propension à passer" de son adversaire devant l'attaque.

Un petit rappel à ce niveau qui n'a rien à voir avec les tells : la plupart du temps, un joueur qui attaque fort à ce stade a un gros jeu. Mais un tell (ou plusieurs) peut contredire la force du joueur. Il va s'agir alors de recueillir une information en parlant à l'adversaire, par exemple, ou en le regardant fixement.

Je me suis trouvé maintes fois dans cette situation, avec un jeu moyen en fin de coup et un adversaire qui attaque. Et maintes fois, j'ai attendu. La patience paie énormément à ce stade du jeu ! Car je ne compte plus les fois où l'adversaire m'a regardé en retour… et m'a souri.

A la pose de la turn, les deux joueurs n'ont d'yeux que pour la carte ou le pot... mais aucun des deux ne surveille l'autre, ce qui est bien dommage.

Le flop vient d'apparaître mais le joueur de droite, qui a la position, ne s'en soucie pas.
Il fixe son voisin pour tenter d'y déceler un signe. Pour éviter d'émettre lui-même un tell, le joueur de droite ne prendra connaissance du flop que quand son voisin aura pris sa décision.

Dès lors, la qualité du sourire est décisive :

– s'il est franc et détendu, le jouer a une "bombe"

– s'il est crispé et/ou asymétrique, le joueur bluffe ou possède un petit jeu.

Utilisez cette arme de *l'attente*. En étant attaqué, vous avez le beau rôle. Utilisez-le à votre profit.

Si le joueur ne sourit pas ou plonge les yeux, il vous reste encore la solution de la question à poser. Là, il s'agit de manipulation, et je traite ce cas dans le Niveau 3.

Attaque adverse *(multiple)*

Avec l'attaque adverse, qui est la plupart du temps une *ouverture* ou une *relance*, nous abordons les tells du domaine financier. En cash games, la question est uniquement financière, mais en tournoi, elle est bien plus que cela car quand le joueur ne peut pas se recaver, une baisse de son niveau de jetons entraîne notamment :

– une baisse de sa longévité potentielle dans le tournoi

– une baisse de sa capacité d'intimidation

– une baisse de sa capacité d'attendre des cartes, donc d'avoir la "chance" d'en toucher des bonnes.

Voilà pourquoi le "vrai" stress commence quand le joueur subit une attaque adverse.

La réaction du joueur quand un adversaire assis à sa droite l'attaque se lit souvent sur son visage voire sur son corps. Il peut même aller jusqu'à reculer son torse brusquement, en signe de crainte.

Il peut adopter une autre posture, soit d'indécision, soit de crainte, soit, même, d'assurance, ce qui signifie probablement qu'il va relancer.

Ouverture *(multiple)*

Le joueur qui ouvre se trouve cette fois être l'attaquant. S'il s'agit d'un joueur agressif, disons un Chacal (voir Niveau 0), cette attaque ne dévoilera pas grand'chose sur la qualité de son jeu car on sait que le Chacal attaque à peu près avec n'importe quelle main… mais pas dans n'importe quelles conditions.

En revanche, si l'attaque a lieu de la part d'un autre type de joueur, une Souris par exemple, on sait immédiatement que le jouer a une forte combinaison et qu'il va falloir s'en méfier.

Je veux simplement dire que, selon les joueurs, la qualité de l'observation et du renseignement obtenu est différente.

Paradoxalement, les deux joueurs aux caractères diamétralement opposés que je viens de citer sont ni l'un ni l'autre apeurés quand ils attaquent. Le Chacal est en situation habituelle, donc il est comme un poisson dans l'eau dans ses bluffs, et la Souris est sécurisée par la force de sa main.

C'est dans les moments de l'attaque qu'on observe le plus le syndrome :

fort = faible   *et*   *faible = fort*

C'est Mike Caro qui, le premier, a formulé cette tendance psychologique basique, commune à peu près à tous les joueurs de poker, et cela dès leurs débuts dans le jeu.

Quand un joueur est fort en cartes, il tend naturellement à avoir un comportement modéré pour ne pas effrayer ses adversaires.

Quand un joueur est faible en cartes, c'est l'inverse : il tend naturellement à parler fort, à faire claquer ses jetons quand il les mise, à redoubler de présence à la table.

Dans les deux cas, il y a simulacre, et nous sommes presque dans le domaine de la manipulation !

Qu'on le veuille ou non, nous avons tous cette tendance dès que nous débutons au poker. Elle est profondément enracinée en chacun de nous. Aussi bien chez les femmes que chez les hommes, d'ailleurs.

Bien sûr, les joueurs d'expérience arrivent assez facilement à s'en défaire. Mais dès qu'ils sont soumis à un stress inhabituel, les vieilles habitudes reviennent.

Vous rencontrerez souvent ce syndrome-là.

Donc souvenez-vous que :

– quand un joueur devient soudain démonstratif, il est probablement en bluff ou possède un petit jeu

– quand un joueur, au contraire, devient soudain discret, il possède probablement un bon jeu, voire le jeu max.

Mise pour suivre *(multiple)*

Miser pour suivre une attaque est à la fois un aveu de force et de faiblesse en cartes :

– de force, car en refusant de relancer, on accepte le combat au lieu de l'éviter, comme si on se sentait assez puissant pour le gagner; du coup, si l'adversaire est en bluff, il s'en trouve déstabilisé

– de faiblesse car cela maintient le suiveur sur un coup en payant passivement, sans véritable action pour obtenir de l'information sur le jeu adverse.

L'erreur typique du débutant est de payer l'attaque pour obtenir une carte de plus et voir s'il touche sa quinte ou sa couleur. C'est aussi la maladie chronique du profil de l'Eléphant. Cela peut se comprendre dans le cadre d'enchères plafonnées, mais quand elles sont déplafonnées comme en no-limit, les cotes tombent dans le rouge et le joueur n'a plus aucun intérêt financier à se limiter à payer pour toucher son tirage : il doit choisir entre relancer et passer.

Payer une relance à partir du flop, en no-limit, est une tactique destinée à inquiéter l'adversaire, à faire en sorte qu'il se croie déjà battu. Pas une tactique dans le but de rentabiliser.

Du point de vue des tells, la posture du suiveur est essentielle :

– la posture assurée signifie qu'il a effectivement cette main magique

– la posture indécise signifie qu'il répond présent aux appels des sirènes qui tuent le joueur, à savoir l'espoir, souvent vain, de toucher ce satané tirage.

C'est souvent à cet instant fatidique où le joueur décide de suivre qu'on détecte un autre syndrome, le **syndrome de "l'hésitant".**

Le joueur ne suit pas immédiatement après l'attaque. Il réfléchit, se tâte la tête, soupire, au besoin fait un second checking. Puis, finalement, il pousse ses jetons comme à regret.

S'il hésite plus que d'habitude, vous pouvez être certain qu'il joue la comédie. Si, en plus, il enfonce le clou en disant quelque chose du genre : "*Bon allez, j'y vais*", c'est certain : il est en pleine intox car il a déjà un gros jeu !

Contre-attaque *(multiple)*

La situation de la contre-attaque est particulère. Au regard des enchères, il peut s'agir d'une relance ou d'une sur-relance.

Dans le cas de la relance, il peut s'agir d'un bluff pour contrer un bluff de l'ouvreur ou pour arracher le pot à un ouvreur qui montre des signes de faiblesse en cartes. Donc vous devriez pouvoir repérer des tells de bluff, comme une certaine raideur ou un sourire crispé.

Dans le cas de la sur-relance, il s'agit la plupart du temps d'un joueur qui a vraiment du jeu. La sur-relance de bluff ne se rencontre que chez les très bons joueurs professionnels qui se connaissent bien, où l'agressivité est reine. Chez ce type de joueurs hors-pair, hélas, la lisibilité est très basse et il est peu probable que vous détectiez quelque chose.

Contre-attaque adverse *(multiple)*

Ce cas renvoie au précédent, si ce n'est que la contre-attaque se concentre surtout cette fois sur la relance directe.

Un cas typique de cette situation est le cas du joueur qui a relancé préflop et qui ouvre au flop, son adversaire payant à chaque fois l'enchère.

A la turn, le relanceur ouvre à nouveau, mais cette fois il se voit relancé par son adversaire. On assiste alors presque toujours à une prise de tête spectaculaire. Tempête sous un crâne ! Car à moins que le relanceur originel n'ait un très bon jeu, il va devoir cette fois envisager de perdre le contrôle du coup, et même de devoir le quitter en arrêtant là les frais.

D'ailleurs, ce "betting pattern" *(raise-bet-bet-raise)* est assez courant car il a une forte portée tactique.

On le rencontre surtout de la part de joueurs évolués quand la turn amène une carte menaçante. Il peut s'agir d'une carte qui complète un tirage, mais aussi d'une overcard, d'une paire, comme dans ces différents cas d'espèce :

– K♠ Q♥ 3♣ J♥	(tirage à quinte complété)
– Q♥ 6♥ 3♦ 2♥	(tirage à couleur complété)
– K♦ 10♠ 6♣ A♠	(overcard)
– Q♦ 8♥ 5♠ 8♦	(paire)

All-in couvert

La notion de "couvert" indique que le joueur ouvre ou relance all-in tout en ayant un tapis largement inférieur au tapis adverse. Ce qui fait que s'il perd la confrontation, il quittera le tournoi.

L'attaque all-in est toujours spectaculaire car elle s'accompagne souvent d'une certaine emphase : le joueur se lève, ou il dit quelque chose comme "*Allez, cette fois je mets tout*", ou encore il pousse rageusement ses jetons…

Là encore, la recherche d'un signe de bon jeu s'impose. Même quand un joueur semble être "au bout du rouleau", cela ne signifie en rien qu'il n'a pas de bonnes cartes. D'ailleurs, d'un point de vue psychologique, il est fréquent de voir le all-in plus facilement payé que la relance simple.

Car un all-in peut s'assimiler à un *arrachage du pot*, donc à un bluff, donc à une faiblesse en cartes, alors que la relance simple peut s'assimiler à une véritable puissance en cartes qui cherche à "gratter" quelques jetons supplémentaires chez son adversaire :

all-in = *arrachage* = *bluff* = *petit jeu*

relance simple = *recherche de rentabilité* = *gros jeu*

Le joueur de droite a relancé all-in. Il reste les yeux dans le vague pendant que le joueur de gauche le scrute, patient, à l'affût d'un signe.

Gain du coup

Avec ce temps particulier, on arrive à la clôture du coup, où le joueur peut émettre un tell de soulagement ou encore un tell de déception. Tout dépend de la façon dont il gagne.

S'il gagne après avoir attaqué sans trouver de payeur, il peut être déçu ou heureux. Chacun comprendra qu'il sera déçu s'il avait une très bonne main voire la main max, et qu'il sera soulagé s'il était en bluff ou avec une main moyenne. Qu'il soit heureux ou déçu, vous le saurez en le regardant distinctement.

S'il gagne à l'abattage, cette fois il ne peut être qu'heureux. Et il le sera encore plus si, possédant un jeu moyen, le jeu adverse est encore plus faible. Dans ce deuxième cas, les autres joueurs ont l'énorme avantage de voir les cartes du gagnant, donc de pouvoir faire ce qu'on appelle une "rétro-analyse" mentale pour retracer les diverses étapes du coup, cette fois en connaissant une des mains en présence. Cela fait partie de la lecture tactique, qui sera l'objet du deuxième volume de *Poker Code*.

Perte du coup

On retrouve les même modalités, mais inversées, dans le cas de la perte du coup.

Le joueur peut annoncer qu'il a perdu et jeter ses cartes avant que l'adversaire n'abatte. A moins que son adversaire lui montre ses cartes (ce qui reste rare), c'est le plus souvent une certaine amertume qui se lira sur son visage. Il a passé pour "arrêter là les frais", en "attendant meilleur fortune" (ce en quoi il a raison, c'est toujours mieux que de s'entêter aveuglément !).

Le joueur peut aussi perdre "à la loyale", *après* avoir abattu son jeu, et il en ressentira toujours de la déception. Pourtant, là encore deux cas se présentent :

– *Le perdant est l'attaquant*, et il se trouve qu'il bluffait. Il a été payé par un joueur qui l'a bien "lu". La perte du coup est non seulement financière mais elle impacte aussi la psychologie du perdant, qui a vu son attaque audacieuse échoue. C'est un sale coup au moral !

– *Le perdant est le payeur,* et cette fois ce dernier a peut-être imaginé que l'attaquant bluffait. Ou encore, les deux joueurs avaient une très bonne main, par exemple chacun brelan ou quinte. En tout cas le coup au moral est dur aussi, surtout quand le payeur a cru que l'attaquant bluffait. Car pour les éventuels spectateurs, il passe pour un joueur qui sous-estime l'adversaire ou qui a été aveuglé par son ego.

L'important, je crois, est de savoir si la perte du coup a impacté le joueur d'un point de vue psychologique, au point d'entamer sa confiance en lui, voire de le mettre sur la voie du "tilt" – la déstabilisation durable. Si le perdant se lève d'un coup en se tenant la tête à deux mains et en invectivant dieu sait qui, il est à coup sûr déstabilisé.

La réaction peut donc être immédiate, et si l'attaquant bluffait, elle peut même être *préalable* à l'abattage du payeur car le bluffeur sait qu'il a déjà perdu, ce qui le pousse à jeter ses cartes sans même les montrer.

Les secondes qui suivent l'attribution du coup peuvent nous renseigner à ce sujet.

Traîne du coup

Ce que j'appelle la "traîne" du coup, c'est cette petite musique propre à la magie d'un coup qui tinte encore à la table pendant quelques minutes encore. Le silence qui suit un morceau de Mozart est encore du Mozart. Eh bien, les petites minutes qui suivent un coup intense sont une "traîne" de ce coup s'il a des répercussions psychologiques. D'ailleurs certains coups sont tellement décisifs et/ou spectaculaires que les joueurs en parlent encore pendant plusieurs minutes entre eux. Ou, pire, un seul joueur (celui qui a perdu, bien sûr) prend ses adversaires à témoin.

Mais là n'est pas le sujet des tells. Ici, il va surtout s'agir d'observer le joueur qui a gagné sans avoir montré ses cartes. Autrement dit, le joueur qui a attaqué ou contre-attaqué à la toute fin du coup.

Ce moment est bien un temps fort, or la majorité des joueurs s'en contrefichent royalement. C'est une erreur ! Psychologiquement, bien sûr, un coup vient de s'achever et ils sont déjà tournés radicalement vers le coup suivant. Mais ils devraient aussi se préoccuper de regarder le joueur qui vient de vaincre et qui ramène goulûment les jetons vers lui. S'il a gagné sans abattre, ils sauraient alors s'il avait bluffé ou non. Cette information est importante car là encore, s'il a bluffé, cela en dit long sur sa personnalité de joueur.

Il y a aussi le cas du joueur qui abandonne le coup à la turn ou même à la river. Suivant sa physionomie, vous pouvez deviner s'il s'est "enquillé" dans une recherche vaine de son tirage en payant les attaques adverses, ou s'il a abandonné le coup en s'apercevant que son adversaire était simplement meilleur que lui. Là encore, ce renseignement est loin d'être neutre pour la suite des événements.

Le joueur de droite a passé après la dernière relance du joueur de gauche. "Ouf ! J'ai eu chaud !" semble dire le joueur qui gagne le pot, sous l'œil noir de son adversaire... lequel ne se soucie apparemment pas de ce tell pourtant précieux.

Le joueur qui regarde furtivement "par en-dessous" pour guetter la réaction des adversaires est à l'affût des tells. C'est forcément quelqu'un qui les connaît, donc quelqu'un qui est susceptible d'émettre des tells simulés.

MIKE CARO ET MOI

Mike Caro est le "Mad Genius of America". Cet esprit fin aux travers foldingues est aussi le plus original du monde du poker, avec quelques autres qui lui ont emboîté le pas, quoique moins doués à mon avis, comme John Vorhaus ou Max Shapiro.

Né en 1944, c'est un pionnier de la théorie pokérienne, dans laquelle il a démarré dès les années 1970. C'est lui qu'a choisi Doyle Brunson pour lui fournir les 50 tables statistiques nécessaires à son livre *Super/System.*

Il s'est fait remarquer par ses multiples interventions dans les magazines spécialisés, par son logiciel "Poker Probe", par son robot ORAC qu'il a fait jouer aux WSOP 1984, par ses manuels stratégiques, par ses vidéos de perfectionnement, par son idée de jeu quadricolore (1995), par l'université du poker qu'il a créée (Mike Caro University of Poker, Gambling and Life Strategy)...

Mike a aussi été de l'autre côté de la barrière : il a aidé à l'ouverture du Bicycle Casino (1984), a dirigé le Huntington Park Casino en 1986, a co-organisé les "World Poker Finals" du Foxwoods Resort Casino (1992), a été un des initiateurs du premier site de poker en ligne, PlanetPoker (1999).

Mais Mike, je crois, a surtout marqué le poker par deux choses :

– il a été le premier à faire des conférences sur le poker et à y attirer un public nombreux, bien avant que le poker n'arrive sur l'internet

– il a été le premier à modéliser les tells à travers son livre, *Mike Caro Book of Tells,* dont la première édition est sortie en 1984.

J'ai toujours trouvé amusant qu'il sorte ce livre fondateur la même année que mon premier livre sur le poker (*Le Poker*, éditons Hatier).

J'ai eu le plus grand plaisir à rencontrer ce "monstre" en novembre 1995, pendant les Masterclassics d'Amsterdam (photo). Nous avons discuté fiévreusement des tells pendant un long moment, puis il a regagné sa Californie.

Il m'a fallu 12 ans pour "digérer" cette conversation, Mike, et j'ai écrit *Poker Code* en pensant souvent à toi.

14

Les 13 lois sacro-saintes des tells

> J'ai appris que les gars qui ont un bon jeu se taisent tandis que ceux qui bluffent ont tendance à parler haut.
>
> Richard Nixon
> ex président
> des Etats-Unis

Il serait possible d'écrire des centaines de lois sur les tells mais je ne pense pas que cela rende service au lecteur !

Dans ce chapitre, j'ai voulu rassembler un petit nombre de lois organiques que tout joueur se prétendant chasseur de tell doit impérativement connaître.

Et j'insiste : nul n'est censé ignorer la loi ! Si vous prétendez *vraiment* utiliser les tells, gardez bien ces lois-là en tête car les transgresser vous condamnerait d'office à faire fausse route. Comme dans toute choix au poker, la sanction est immédiate. Et en no-limit, cette sanction est bien souvent la perte du coup, voire l'élimination.

LOI I

UN TELL PEUT ETRE PHYSIOLOGIQUE ET NON PSYCHOLOGIQUE

Le joueur qui se gratte la tête le fait peut-être parce qu'il a une maladie du cuir chevelu. Dès lors, ce geste n'est pas un tell au sens où nous l'entendons et il faut l'ignorer.

LOI II

LA PLUPART DU TEMPS, UN TELL EST SINCÈRE

Ne partez pas du principe que tous vos adversaires sont de méchants simulateurs ! Si vous observez un tell qui ne soit pas physiologique mais psychologique, la plupart du temps ce tell est réel.

LOI III

"FAIBLE SIGNIFIE FORT" ET "FORT SIGNIFIE FAIBLE"

Quand un joueur est fort en cartes, il tend naturellement à avoir un comportement modéré pour ne pas effrayer ses adversaires.

Quand un joueur est faible en cartes, c'est l'inverse : il tend naturellement à parler fort, à redoubler de présence à la table.

Dans les deux cas, il y a simulacre, et nous sommes presque dans le domaine de la manipulation !

Qu'on le veuille ou non, nous avons tous cette tendance dès que nous débutons au poker. Elle est profondément enracinée en chacun de nous. Aussi bien chez les femmes que chez les hommes, d'ailleurs.

LOI IV

UN TELL EST UNE RUPTURE

Si un joueur ne parle pas, ce n'est pas un tell. Mais si un joueur volubile se tait soudain, c'est un tell.

Quand le joueur rompt une linéarité propre à son état, il se passe quelque chose d'inhabituel, généralement une bonne main.

LOI V

UN TELL S'ACCOMPAGNE TOUJOURS DE TELLS DE RENFORT

Un tell ne vient jamais seul. Il s'accompagne toujours d'autres tells qui vont dans le même sens. Un joueur qui ressent de la crainte, par exemple, va non seulement changer de posture mais il donnera tous les signes habituels de la crainte.

Recherchez toujours les tells de renfort cohérents pour valider le tell principal.

LOI VI

QUAND PLUSIEURS TELLS SE CONTREDISENT, LE JOUEUR SIMULE

En toute logique, le tell étant une manifestation corporelle non censurée par la conscience, il est rigoureusement impossible que le corps émette des signes contradictoires.

Quand c'est le cas, le joueur essaie de duper son adversaire en lui faisant croire l'inverse de ce qu'il ressent réellement. Fiez-vous aux signes les plus sincères car ce sont eux qui vous disent la vérité sur le joueur.

LOI VII

PLUS UN JOUEUR EST SOUS STRESS ET MOINS IL SIMULE LES TELLS

La pression exercée sur le joueur par la partie, par les adversaires, par les événements réduisent sa capacité à émettre des tells simulés.

Le joueur pris en pleine bataille doit chercher à jouer convenablement avant de piéger gestuellement ses adversaires. Il s'ensuit que plus il est stressé et plus sa gestuelle est sincère.

LOI VIII

UN JOUEUR EXPERIMENTE PEUT NE PAS UTILISER LES TELLS

Tous les joueurs expérimentés connaissent l'existence des tells. Mais certains d'entre eux ne les utilisent pas. Il existe un débat au sein de la communauté des joueurs top-niveau quant à la valeur à attacher aux tells. Certains préfèrent se concentrer sur la lecture dite "stratégique" et ignorer totalement les tells. D'autres ne jurent que par les tells.

LOI IX

LES TELLS ONT UNE MÉMOIRE

Un joueur qui a émis un tell l'émettra à nouveau plus tard. *("Le meilleur prédicteur pour le futur est le passé"* Navarro.)

Voici les deux cas où il ne l'émettra plus ;

– soit il s'est aperçu de ce tell et il l'a corrigé

– soit il s'agissait d'un tell simulé.

LOI X

UN TELL VALABLE POUR UN JOUEUR N'EST PAS FORCÉMENT VALABLE POUR D'AUTRES

S'il est vrai que 80% des tells sont communs à tous les joueurs, certains tells sont inexistants ou non conclusifs auprès de joueurs particuliers, alors que d'autres, sur les *mêmes* joueurs, seront flagrants.

LOI XI

UN JOUEUR QUI CONNAÎT LES TELLS EST CAPABLE D'EN SIMULER

Dès l'instant qu'un adversaire montre d'après son comportement qu'il surveille les tells adverses, cela signifie aussi qu'il est susceptible d'émettre des faux tells.

Ce n'est pas parce qu'un joueur est grand pro qu'il s'y connaît en tells ! Certains pros les réfutent parce qu'ils n'y croient pas. Etre grand pro signifie utiliser *probablement* les tells, mais pas toujours. L'observation minutieuse du joueur apporte la réponse.

LOI XII

UN JOUEUR QUI NE CONNAÎT PAS LES TELLS N'ÉMET QUE DES TELLS SINCÈRES

C'est le corollaire de la loi précédente. Par définition, si vous avez remarqué qu'un adversaire, de toute évidence, n'y connaît rien dans les tells, alors les tells qu'il émet sont *forcément sincères*.

C'est ce genre de joueurs qu'il faut surveiller en priorité. Au moins, on n'a pas à se demander si le tell émis est ou non une feinte : ce n'en est pas une *de toute façon*.

LOI XIII

UN TELL PEUT ETRE SINCERE ET POURTANT FAUX

Si l'adversaire que vous observez est un joueur avec de profondes carences techniques, il pourra émettre un tell sincère qui exprime la force tout en ayant un jeu faible. C'est par exemple le cas typique d'un joueur qui possède 6-6 au départ, et qui imagine avoir une bonne main s'il rencontre le flop K-10-3.

En vous fiant à son tell sincère fort, vous l'imaginez sur une main comme K-Q alors qu'il n'en est rien… simplement parce que le joueur interprète mal ses chances.

15

Les signes corporels

> J'ai remarqué à la télé qu'à chaque fois que je bluffais, j'enveloppais mes bras autour de moi, comme pour me rassurer. Les autres joueurs l'ont remarqué et en ont tiré parti. Ce simple geste m'a coûté le quart d'un million de dollars.
>
> Phil Hellmuth
> *Read'em and Reap*

Les 20 organes signifiants

Dans ce chapitre, je vais passer en revue les organes en partant par le sommet du crâne et en descendant progressivement vers le bas. Nous allons ainsi voir, l'un après l'autre, vingt organes.

Après quoi, en fin de chapitre, nous verrons les autres éléments que sont le souffle, la pression sanguine, les tremblements.

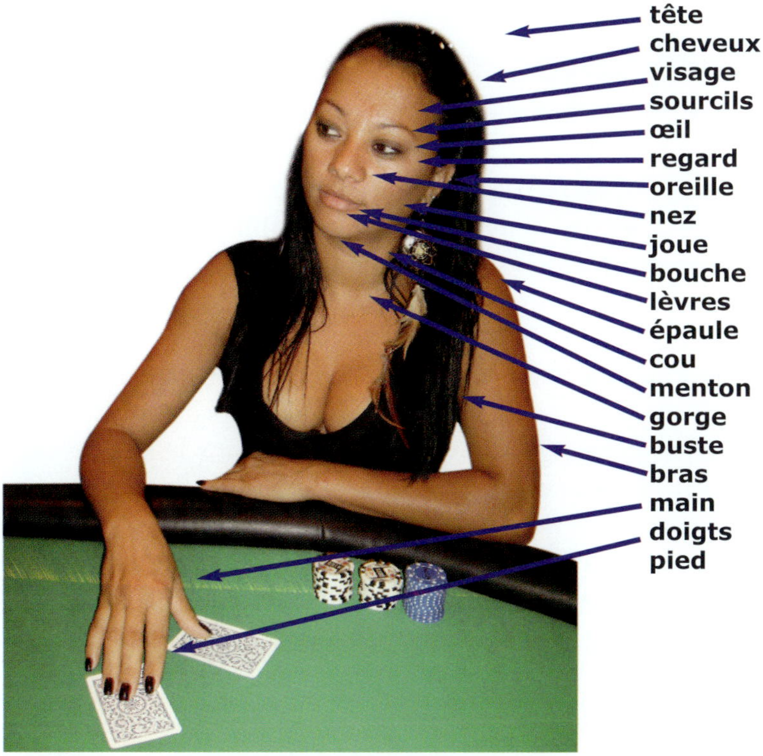

LA TÊTE

C'est là que se passent géographiquement nos pensées mais, paradoxalement, la tête n'est pas un gros émetteur de tells.

– tête penchée : réflexion
– tête plongeante : mise en place d'un plan
– tête dodelinante : agacement
– tête sautillante : indécision, impatience.

LES CHEVEUX

Là encore, les cheveux ne sont pas de grands pourvoyeurs de tells.
– main dans les cheveux (répétée) : assurance
– doigts dans les cheveux (femmes) : réflexion.

LE VISAGE

Le visage est la partie du corps la plus utilisée pour camoufler les mensonges. Se toucher souvent le visage trahit que l'on met une certaine "distance" par rapport à son propos !

Plus le désir d'attaque est grand et plus le visage se tend vers l'avant.

Plus le joueur est en confiance et plus le visage est tourné vers le haut.

Plus le visage est tourné vers le bas et moins le joueur est sûr de lui.

Quand un joueur porte souvent sa main au visage, la signification dépend de l'endroit :

– sur la zone des oreilles : il n'aime pas ce qu'il entend

– sur la rone de la bouche : il n'aime pas ce qu'il dit (il vient de dire une bêtise ou il ment)

– sur la zone des yeux : il n'aime pas ce qu'il voit.

LES SOURCILS

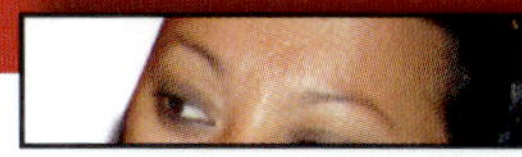

Ils sont liés directement à ce que le joueur voit et à ce que cela signifie pour lui.

– sourcils froncés : réflexion, suspicion, inquiétude

– sourcils levés : étonnement, plaisir.

Attention aux combinaisons avec les sourcils, qui peuvent faire différer les messages inconscients. Par exemple, un joueur qui bluffe peut fixer son adversaire tout en fronçant les sourcils et en lui parlant.

LES YEUX

L'œil est la partie du corps que nous avons le moins de possibilité de travestir. Ce que disent nos yeux, c'est notre inconscient qui le dit.

Un frottement répété des yeux révèle que le cerveau essaie de bloquer une image trompeuse, comme si le joueur n'en “croyait pas ses yeux”.

Le clin d'œil prolongé sert à chasser autrui de notre esprit. Au poker, il s'agit de ne plus voir un adversaire devenu gênant parce que menaçant.

Le joueur qui ferme les yeux ou qui les plisse brièvement après avoir vu ses cartes n'a généralement pas une bonne main.

Le joueur qui ferme brièvement les yeux après avoir relancé est probablement en train de bluffer. Il ferme les yeux comme pour “faire sa prière “intérieure.

Un documentaire télévisé, *Les yeux de la vérité,* a montré comment une caméra thermographique haute définition permet de savoir si une personne ment d'après les changements de température qui s'opèrent autour de ses globes oculaires.

Les pupilles : elles se dilatent quand les yeux voient quelque chose qui plaît au joueur (“truc” souvent employé par les dragueurs pour savoir s'ils plaisent ou non à leur “proie”). Cela se remarque le mieux auprès des sujets qui ont l'œil clair.

LE REGARD

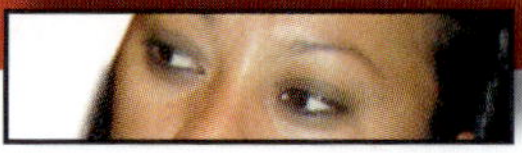

Seul un joueur vraiment agressif peut fixer le regard d'un autre (dans le Niveau 3 consacré à la manipulation, j'indique comment fixer le regard adverse sans plonger notre regard dans l'autre). C'est une agression non-verbale consciente qui peut le déstabiliser. Dans son roman *Vipère au poing*, Hervé Bazin appelle cela la "pistolétade".

Il y a débat entre les spécialistes des tells concernant le cas où des joueurs regardent le pot quand le flop, la turn ou la river vient de s'afficher. Certains pensent que c'est par regret, d'autres parce qu'ils mesurent inconsciemment ce qu'ils vont gagner. Il vaut mieux ne pas tenir compte de ce tell !

Andy bloch dissocie trois regards :

– *regard lointain* : le joueur ne vous regarde pas, il regarde à travers vous

– *regard ciblé* : surtout en tête à tête, le joueur plisse les yeux et vous regarde intensément, ce qui est hostile et agressif

– *coup d'œil furtif* : typique du joueur qui cherche un tell chez son adversaire.

LES OREILLES

Les oreilles n'étant pas mobiles, en tout cas chez l'être humain, elles comptent surtout comme objets de préhension.

Le joueur qui touche ou caresse souvent son oreille exprime inconsciemment une inquiétude.

LE NEZ, LES NARINES

Le nez exprime peu de chose en soi, mais les narines sont légèrement mobiles : elles peuvent s'écarter momentanément, et ce de façon inconsciente.

Le joueur dont les narines se dilatent se prépare à un affrontement. Idem si elles se dilatent pendant les inspirations.

Se toucher ou se frotter légèrement le nez avec l'index exprime un malaise. Le sujet n'est pas sûr de lui.

LES JOUES

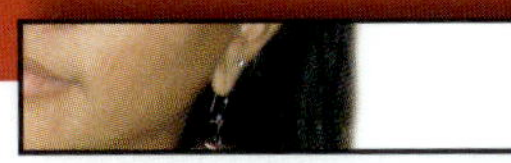

Les joues servent avant tout de point d'appui pour le joueur qui éprouve une certaine fatigue.

Le geste typique du dos de la main ou des doigts recourbés caressant la joue, comme dans le signe “c'est rasoir”, exprime une certaine fatuité due soit à la lassitude, soit au fait que le joueur possède une très bonne main.

Attention : aux Etats-Unis, ce geste signfiie aussi “j'ai des doutes”.

Attention au joueur qui pousse sa joue de l'intérieur avec sa langue : il est dangereux et possède le plus souvent un gros jeu.

LA BOUCHE

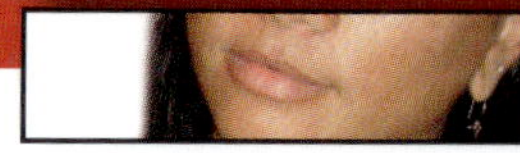

Le joueur qui met un ou plusieurs doigts dans la bouche ressent un besoin de réconfort. Il n'est donc pas à l'aise avec son jeu, ou même, pas à l'aise dans ce tournoi.

Le soldat qui part au combat, le sportif qui se prépare à la compétition, ont l'un et l'autre la bouche sèche. C'est un signe de stress mais au poker cela ne signifie pas forcément que la personne bluffe. Cela signifie surtout qu'elle est volontaire pour combattre. Avoir la bouche sèche ne se voit pas de l'extérieur mais certains signes le montrent : le claquement de la langue, la brillance des lèvres, etc. De même si le joueur boit souvent.

Quand le joueur met sa main devant la bouche sans la plaquer dessus, c'est un signe qui peut signifier :

– soit de l'hésitation

– soit un sourire, ce qui, chez le débutant, signifie un gros jeu, mais chez le joueur agressif évolué, peut trahir au contraire un bluff

– soit un mensonge (si le geste a lieu après une déclaration).

LES LÈVRES

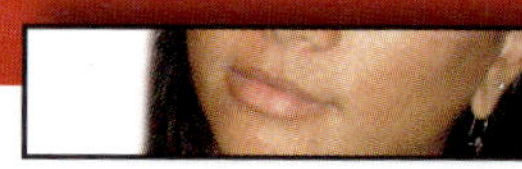

Le joueur se mord les lèvres : il est furieux. Soit envers lui-même, soit envers l'adversaire.

Les lèvres qui "lapent" avec un petit bruit caractéristique : le joueur ponctue un geste signifiant qu'il est sûr de lui, donc qu'il ne bluffe pas.

D'une manière générale, les petits bruits de bouche de ponctuation trahissent un bon jeu. C'est ce que Mike Caro appelle le "PokerClack".

LE MENTON

Se caresser le menton trahit une hésitation.

Le menton bas : attitude négative, critique, agressive.

Le menton haut : attitude optimiste, hautaine, dominatrice.

LE COU

Le grattement du cou est un signe de doute, d'incertitude.

Le mensonge provoque une sensation de picotement dans les tissus fragiles du visage et du cou.

Le doute ou l'incertitude pousse à écarter le col du cou, comme pour chercher à s'aérer. Mais il révèle aussi le malaise du menteur qui a peur d'être démasqué.

Si le joueur tapote ou frotte sa nuque, ce n'est généralement pas parce qu'il a un torticolis mais parce que vous le mettez en difficulté, vous l'empêchez de "tourner en rond". Ce sera souvent le cas quand il aura subi une relance inopinée.

Attention : après de longues heures de jeu, le joueur a souvent mal au cou donc il est normal qu'il se le masse.

LA GORGE

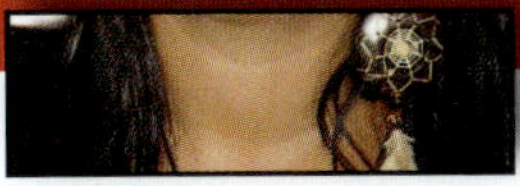

Le joueur qui se caresse la gorge signifie qu'il ne croit pas son interlocuteur.

Chez les femmes, porter la main à la gorge est un signe de mal à l'aise, mais ce peut être aussi un signe de séduction.

Aux Etats-Unis, se porter la main à la gorge signifie souvent que le joueur s'en veut. il estime qu'il a mal joué.

LE BUSTE

Plus le buste est en avant et plus le joueur est à l'aise, prêt à passer à l'attaque. Souvent, après une attaque ratée ou après avoir perdu un coup, le joueur recule son buste, se cale au fond de son siège, comme s'il était un enfant puni.

Navarro signale à juste titre cette posture classique de l'enfant qui refuse de manger sa soupe et qui repousse la table avec ses bras tendus. Le joueur qui recule son buste est dans le même état d'esprit.

Certains joueurs ont constamment le buste avachi. Dans ce cas, vous devez avoir le réflexe habituel au chasseur de tells : n'en tenez pas compte car chez ce joueur, cela ne veut rien dire.

Le joueur qui redresse son buste est plus en confiance. Il le fait généralement quand il vient de gagner un coup. Si le reste du corps est très ouvert, s'il sourit, s'il a les yeux brillants etc., ce joueur est peut-être *trop en confiance*, donc il peut jouer trop large et vous pouvez alors le piéger.

Le joueur qui recule brusquement son buste suite à une enchère adverse est pris de court. Il ne s'attendait pas à cette réaction, il est dépassé – en tout cas momentanément. Il n'a pas un très gros jeu.

L'ÉPAULE

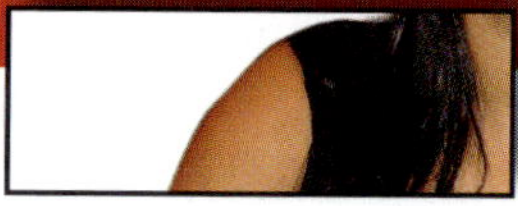

L'épaule est un organe peu mobile. Un joueur qui hausse les épaules exprime son impuissance. Il le fait généralement pour répondre à une demande adverse ou quand il jette ses cartes au cours du coup.

Comme pour le buste, la règle du redressement prévaut : le joueur qui se sent à l'aise a les épaules hautes; celui qui est déstabilisé a les épaules tombantes.

LES BRAS

Les bras croisés forment comme un bouclier. A la base, c'est un geste de désaccord, de défensive. Mais n'oublions pas qu'un joueur avec les bras croisés ne peut pas prendre ses cartes ni ses jetons ! Il croisera donc ses bras quand il sera *hors du coup.*

Cependant, il arrivera qu'un joueur croise les bras en tant que posture de base, comme s'il était renfrogné. Il décroise ses bras, prend des jetons, mise, puis recroise ses bras, etc.

Dans cette posture, le joueur se sent mal à l'aise. Un joueur qui se sent dominant en cartes ou en totale maîtrise de la table ne craint pas d'exposer son corps. Il ne peut pas croiser ses bras d'une manière inconsciente. S'il le fait, c'est donc :

– soit qu'il est *vraiment* dans un sentiment d'insécurité

– soit qu'il simule (faux tell).

Si les pouces sont levés, donc visibles, le joueur est prêt à attaquer bien que se sentant vulnérable.

Si les poings sont serrés, il veut combattre, il résiste.

Si les bras sont à la fois croisés et tombants, le joueur a vraisemblablement “baissé les bras” au sens figuré du terme, il s'estime battu. C'est typiquement une position de joueur *dépassé par les événements*, qui n'y croit plus. Les joueurs avec un petit tapis arborent assez souvent cette position.

Une réaction typique : un joueur subit une forte relance adverse, puis se rencogne dans son siège, recule son buste tout en se croisant les bras. C'est évidemment un signe de contrariété qui prouve que le joueur n'est pas max, donc qu'il est bluffable.

C'est aussi la réaction naturelle qu'aura un joueur qui bluffait. Ce geste de recul se traduit alors comme une immense déception, et il est toujours suivi d'un abandon du coup.

LES MAINS

La main est importante au poker. C'est l'organe le plus sollicité. C'est aussi celui qui a le plus de connexions avec le cerveau. Voilà pourquoi elle est tant "étalonnée" avec le cerveau du joueur.

Quand la main se rapproche du visage apparemment sans raison, une réflexion intense est en cours. Quand c'est en même temps qu'une décision (par exemple l'annonce d'une enchère), il s'agit souvent d'un signe d'insécurité ou de traîtrise, qui peut signifier que le joueur est en bluff, ou qu'au moins il a un petit jeu.

Plus un joueur a la main ouverte, plus il est sincère.

Plus il referme sa main, plus il tend à bluffer.

LES DOIGTS

Les doigts ont un rôle important dans les postures (voir le "Posturama"). Ce sont des accessoires aux postures, mais des accessoires qui affinent le sens du tell. La même posture peut varier de sens suivant que les doigts sont dans une situation ou dans une autre.

Les doigts croisés, comme les bras croisés, révèlent le plus souvent une forme de recherche de sécurité.

Mais c'est typiquement le tell dont il faut se méfier car il peut signifier tout autre chose : un joueur qui recherche une posture confortable pour reposer ses mains, par exemple.

Evitez de vous fier au doigts pour trancher à propos d'un tell. Essayer plutôt de valider en trouvant des tells de renfort.

LES PIEDS

Pourquoi parler du pied alors qu'il est invisible du dessus de la table ?

D'abord, il n'est pas invisible si le joueur est à côté de vous.

Ensuite, il est possible de savoir si le joueur a un pied qui tressaute nerveusement. Pour ce faire, il suffit de regarder son col de chemise ou de tee-shirt. Les vibrations sont transmises au vêtement et cette partie textile bouge quand le pied bouge aussi. Il vous est donc possible, grâce à cette astuce, de savoir si le pied tressaute.

Si le pied tressaute en permanence, n'y prêtez pas attention : le joueur est dans sa "linéarité", rien n'est à signaler.

S'il se met *soudain* à tressauter, c'est un signe d'insécurité, d'impatience. Le joueur vient de relancer en bluff et il est impatient de vous voir quitter le coup.

La joueuse dont le pied est "enroulé" autour du pied de sa chaise est d'un naturel timide et se sent impressionnée à la table.

LE SOUFFLE

Si un joueur se met à respirer rapidement lorsqu'il voit le flop, vous voyez sa poitrine se soulever en cadence. Il a touché un gros jeu. Ce tell est difficile à réprimer, justement parce qu'il intervient dans un tournoi de poker, donc dans une situation de stress fort. Et plus le tournoi progresse, plus ce stress est fort, plus ce tell est évident.

L'avantage de ce tell est qu'il n'est pas très connu des chasseurs de tells. Il vous est donc facile de le croiser avec des tells de renfort : pupilles, posture, mains, etc.

Conformément au paragraphe précédent, TJ CLoutier a expliqué dans un séminaire qu'il détectait les bluffeurs grâce à leur respiration. D'après lui, un joueur qui bluffe entre en apnée. Venant d'un joueur d'expérience comme lui, il dit forcément vrai… et cela valide le fait expliqué précédemment, à savoir que, d'une manière générale, un bluffeur se fige alors qu'un joueur "blindé" se détend quand il est débutant.

LE TREMBLEMENT

Le tremblement est surtout visible au niveau des mains, notamment quand il s'agit de prendre des jetons.

Nous ne sommes pas tous égaux devant le tremblement. En matière de poker, d'après mes propres observations, il existe quatre catégories de joueurs :

– ceux qui ne tremblent jamais, quelle que soit la situation

– ceux qui tremblent en permanence, simplement parce que c'est une des façons qu'à leur stress de se manifester

– ceux qui tremblent au début d'un tournoi, puis, une fois entrés dans le "jus" de la manifestation, maîtrisent nerveusement la situation et ne tremblent quasiment plus

– ceux qui se mettent à trembler à certains moments.

De ces quatre catégories, seule la quatrième nous intéresse quand il s'agit de tells. Une main qui se met à trembler alors qu'elle ne tremblait pas jusqu'ici signale qu'il se passe quelque chose (loi sacro-sainte n°4, "Un tell est un rupture").

Comme je l'ai déjà indiqué, constater qu'une main tremble ne veut rien dire en soi. Mais si elle se met à trembler alors qu'elle ne tremble pas en temps normal, c'est différent. Il faut savoir à quel moment elle tremble :

– Si elle tremble au moment où le joueur découvre son jeu (au début, au flop, à la turn ou à la river), ce tremblement est la traduction d'un gros jeu. Pourquoi ? parce que le joueur découvre qu'il est fort en cartes et sa première idée est de savoir comment il va rentabiliser, ce qui induit un stress générateur de tremblements.

– Si elle tremble au moment où le joueur pousse ses jetons, ce n'est pas la force en cartes qui génère le tremblement mais la *somme engagée*, et dans ce cas il est beaucoup plus probable que le joueur bluffe. Car un joueur qui a un bon jeu n'a aucune raison de trembler au moment où il pousse ses jetons.

L'ATTITUDE FIGÉE

Quand un joueur bluffe, son stress monte brutalement car il est comme un homme qui marche sur un fil tendu : s'il tombe, il meurt. Si l'adversaire le paie, il meurt. Le gagnant d'un grand tournoi international a forcément vécu cette situation plusieurs fois pendant l'épreuve.

Il est plus important de bien savoir *cacher un bluff* que de bien bluffer.

Le problème qui se pose ici est que c'est la même chose dans le cas du *joueur aguerri* qui vient de toucher un gros jeu. *Attention* : Le joueur débutant, lui, a plutôt tendance à se détendre quand il a du jeu; en se figeant, le joueur aguerri fait en réalité un "faux tell", comme s'il bluffait.

C'est d'ailleurs le prolongement du principe du "faible veut dire fort" (loi sacro-sainte n°3) : un joueur qui a un très gros jeu ne veut pas effrayer l'adversaire donc il se "fait tout petit", il ne parle plus, il ne fait plus de grands gestes, il n'est plus démonstratif en rien… Au besoin, son corps se fige et il ne respire plus, tout simplement parce qu'il ne veut en aucun cas faire le moindre signe qui le trahirait. Dans la nature aussi, les prédateurs à l'affût se figent en attendant qu'une proie passe à leur portée.

Que le joueur bluffe ou qu'il soit "béton", il se fige. Du moins est-ce ainsi dans le cas général chez les joueurs chevronnés.

Alors, comment reconnaître celui qui bluffe de celui qui ne bluffe pas ?

C'est simple : si la posture de fond est à peu près la même dans les deux cas, il y a des différences de taille dans les *réactions* du joueur à des stimuli extérieurs.

Exemple

Le joueur ouvre, l'adversaire relance. Le joueur possède un jeu moyen. Il est tenté de payer d'après sa rétro-analyse du coup. Mais il a besoin d'un tell. Il pose alors une question du type *"Wow, qu'est-ce qui te prend de bluffer ?"*

– *Si l'adversaire bluffe* : il est soudain pris d'effroi car il se dit qu'il est démasqué. Il va se statufier encore plus, et va devenir dur comme de la pierre !

– *Si l'adversaire ne bluffe pas* : il se détend soudain. Il se dit que comme il passe pour un bluffeur, l'ouvreur va le payer ! Du coup, le stress tombe, il devient plus volubile, son corps est plus ouvert, etc.

D'ailleurs, les grands joueurs conseillent aux joueurs moins aguerris de se forcer à *parler* quand ils bluffent, ou au moins à faire quelques gestes de routine comme tripoter leurs jetons, car c'est le signe qu'ils ne sont pas stressés, *donc qu'ils ont du jeu.*

Evidemment cet exemple est caricatural, car d'autres éléments entrent en compte, comme la façon dont l'adversaire répond à la question. Nous en verrons plus dans le Niveau 3 consacré à la manipulation.

4 SYNDROMES TYPIQUES

1. Le syndrome de la diversion

Le joueur "vaque à ses occupations" quand il est dans le coup. C'est le signe qu'il a du jeu. Cela s'appelle de la "diversion". C'est "y être" à 100% sans sembler y être, pour endormir la méfiance des adversaires.

Ces occupations sont de toute sorte : remettre en place les feuilles du journal, remettre dans le bon sens la veste sur le dossier de son siège, modifier le rangement des jetons, etc.

2. Le syndrome du "Aaaah"

Le buveur de bière qui en boit une grande lampée puis qui fait un "Aaaah" satisfait à la fin, en plein coup, a une main qui vaut cher.

3. Le syndrome du tapage

Le coup vient de commencer, le flop vient de s'afficher et soudain du brouhaha provient de la table voisine. Aussitôt les joueurs de la table se lèvent, jettent des regards curieux alentours, ce qui bloque l'action.

Si à cet instant un des joueurs impliqués dans l'action s'impatiente, en disant par exemple *"Bon allez les gars, on est là pour jouer"*, c'est qu'il a forcément du jeu. D'une manière générale, le joueur qui "fait la police" à la table détient un bon jeu.

4. Le syndrome de l'impatient

Le joueur qui trouve que le donneur ne donne pas assez vite les cartes du tableau a du jeu à ce moment-là. Idem pour celui qui trouve que ses adversaires prennent trop de temps pour se décider.

LA PRESSION SANGUINE

Le visage qui blanchit est synonyme d'activité et de préparation à l'attaque, qui est imminente ! Si d'autres tells vous signalent l'assurance et l'agressivité, attention : le joueur va bientôt attaquer. La blancheur a pour cause l'activation du système nerveux "sympatique" (voir développements dans le Niveau 1, par Desmond Morris).

En revanche, quand le visage s'empourpre, c'est la traduction des tentatives frénétiques du système para-sympathique pour compenser l'action du système sympathique et éviter l'attaque. Celle-ci peut être fatale pour l'être vivant dans le cadre d'une lutte permanente pour la survie – ce qui n'est quasiment plus le cas aujourd'hui pour l'homme.

Même s'il est très peu probable qu'un jour une rixe à mort éclate dans le cadre d'un tournoi de poker, les vieux réflexes sont toujours là, et c'est d'ailleurs le rôle du cerveau limbique que d'y veiller.

Donc, pour résumer :

– visage qui blêmit = attaque probable

– visage qui rougit = attaque peu probable.

La pression sanguine est aussi visible. Tous les bluffeurs vous le diront : ils ont le cœur qui bat beaucoup plus vite dans les bluffs. C'est une réaction normale quand une situation de danger survient. Or, l'endroit le plus visible pour observer le pouls d'un joueur est la *carotide*, qui affleure la peau du cou. Si cette peau est à découvert, le chasseur de tells avisé va observer cet endroit attentivement. S'il voit que la peau frémit à un rythme plus rapide qu'il est habituel, il va détecter un bluff – ou en tout cas, avec une présomption de bluff, qu'il validera avec des tells de renfort, comme d'habitude.

Fougan me racontait qu'un jour, dans un grand tournoi, il avait été relancé à tapis par un joueur, une montagne de muscles qui s'est tenu coi et n'a plus bougé d'un cheveu. Le champion français, qui avait un jeu moyen mais défendable, s'apprêtait à jeter ses cartes quand il a vu la carotide de l'homme battre la chamade. Fougan a immédiatement payé et l'autre a jeté ses cartes.

LE SYNCHRONISME

Pour savoir si vous exercez une influence contre tel ou tel joueur, changez de posture. Si vous le voyez adopter la même posture que vous quelques instants plus tard, c'est gagné. Il se met à votre diapason, donc vous savez que vous exercez un pouvoir sur lui, donc que vous pourrez le bluffer plus facilement.

Dans les groupes d'échanges, le synchronisme est positif et l'intervenant qui veut avoir une influence sur les autres peut adopter cette stratégie. Mais dans un cadre conflictuel comme une partie de poker, c'est tout le contraire. Les joueurs se synchronisent contre leur gré, ou plus exactement, ils le font inconsciemment.

Les trois photos ci-contre illustrent cet effet. Si on avait observé plus avant cette conversation entre ces deux personnes, il y a fort à parier que, si le parleur de droite avait décroisé ses bras, son interlocuteur les aurait aussi décroisés au bout de quelques instants. Vous pouvez faire cette expérience dès aujourd'hui si vous le souhaitez : ça marche !

Transposez cette situation à la table de poker et vous obtenez le *synchonisme pokérien*. Evidemment, si vous ignorez jusqu'à l'existence même de la notion de synchronisme, cela ne vous est d'aucune utilité. Mais dans le cas contraire, si vous sentez que vous avez une influence sur un autre joueur, vous vous apercevrez qu'il vous "suit" dans vos postures, qu'il se "mimétise" à vous. C'est une information essentielle ! Car il paiera moins vos relances de bluff, et s'il vous relance, il ne vous bluffera pas.

Et même si vous n'avez pas cette influence, en tant que chasseur de tells vous pouvez observer un synchronisme entre deux autres joueurs. C'est utile pour le moment où vous serez contre ces deux joueurs car vous pourrez alors anticiper certaines actions.

Le synchronisme

Deux personnes discutent ensemble.

L'une d'elles, qui apparaît commme le leader de la conversation, change de posture et croise les bras.

Au bout de quelques instants, l'interlocuteur croise aussi les bras, tout à fait inconsciemment.

LES SOUPIRS DE DOYLE BRUNSON

J'ai eu la chance de jouer à côté de la légende du poker, Doyle Brunson, dans le HORSE de Londres, pendant les WSOPE de début septembre 2007. Je voulais l'observer pendant le jeu, mais manque de chance, comme il était à ma droite, en position 2 (j'étais moi-même en 3), je ne pouvais pas l'observer sans tourner la tête, ce qui était énervant à la fin, torticolis oblige. Il a des mains comme des battoirs, des mains de 74 ans fripées. Mais elles n'émettent aucun tremblement et restent prestes quand il s'agit de jeter les cartes et de pousser les jetons.

J'ai donc fait contre mauvaise fortune bon cœur. Jusqu'à ce que je perçoive un petit bruit... Oh, pas grand-chose. C'était comme un léger souffle, comme un grognement de bébé qui coïncidait avec certaines cartes à chaque fois que Doyle était dans le jeu. J'ai vite compris que c'était l'ami Doyle qui l'émettait. Et en recoupant avec les moments où je l'entendais, j'ai compris que c'était un soupir de *dépit*. Quand Doyle était déçu par une carte, il émettait ce soupir caractéristique, impossible à confondre avec le souffle massif d'un Mizrachi ou le caquètement d'une Annie Duke, tous les deux présents à ma table.

Je n'ai d'abord pas voulu le croire. De la part de ce maître qu'est Doyle, ce ne pouvait être qu'un contre-tell, c'est-à-dire un soupir destiné à me bluffer, à m'induire en erreur ! Et au fil des coups, j'ai tendu l'oreille et j'ai ouvert mes yeux, bien au chaud derrière mes lunettes fumées. Et j'en suis arrivé à cette conclusion : non, ce soupir de dépit était réel. Parce qu'après chaque fois qu'il soupirait, Doyle sortait du coup !

Est-ce qu'au moins j'en ai profité ? La réponse est OUI. Ca s'est passé dans un coup de Stud à 7 cartes. Je suis parti avec une paire de 10 cachée et un As dehors. J'ai tout de suite relancé, et trois autres joueurs m'ont suivi : Michaël Mizrachi, un vieux à ma gauche et Doyle. Les deux autres cartes m'ont amené Valet et Dame et à chaque fois j'ai ouvert car j'avais toujours la plus grosse main. Les trois cartes de Doyle étaient des trèfles. Ma quatrième carte ouverte a été un As, ce qui m'a donné deux paires et m'a fait encore ouvrir. Mais cette fois, j'ai vu Doyle recevoir son quatrième trèfle. Comme il parlait en dernier, je m'attendais à ce qu'il relance. Il n'en a rien fait. En limites fixes, il vaut mieux relancer dès qu'on affiche menaçant ou qu'on touche gros car il est trop dangereux de maintenir l'adversaire sur le coup.

Ma dernière carte, fermée, est quelconque. Et j'entends à ma droite le soupir habituel. Cette fois j'en suis sûr, Doyle n'a pas touché sa couleur ! Je dois dire que cela peut étonner un débutant en Stud : quand il voit un affichage avec 4 cartes assorties, il pense qu'à tous les coups le joueur a déjà couleur grâce aux trois cartes fermées qui complètent la main. Or, l'expérience montre que ce n'est pas automatique, loin de là. En plus, j'avais deux trèfles dans mon jeu, Mizrachi aussi, le vieux en avait un... Déjà 9 trèfles visibles sur les 13 disponibles, ça en laisse peu pour les cartes fermées de Doyle.

Bref, j'attaque à nouveau, le vieux paie, Mizrachi passe, et Doyle... passe. Je gagne un pot énorme (le vieux avait deux paires aussi, mais inférieures) et je me dis que ce Doyle devrait se surveiller. Car je reconnais que s'il n'avait pas soupiré, j'aurais probablement checké, et les deux autres aussi, avant de le voir ouvrir. Et, probablement, j'aurais passé s'il avait ouvert vu qu'il restait alors deux joueurs à parler après moi.

La prochaine fois que vous aurez Doyle à côté de vous, souvenez-vous de ce tell, il est imparable. Mais sachez aussi une chose : dans tous les autres compartiments du jeu, ce monstre vous bat à plate couture, et contre cela il n'existe aucun tell.

Doyle à gauche et l'auteur à droite, quelques minutes avant le top-départ du tournoi de HORSE des WSOPE 2007, à Londres.

16

Les accessoires

> Quand Brunson avait de bonnes cartes, il poussait sa mise sans compter les jetons. Quand il était mal fourni, il comptait. Ce jour-là, Amarillo Slim a été vraiment sympa : un tuyau comme ça vaut des milliers de dollars.
>
> Roger Sacrain
> *Actuel* 33-34, 1982

Les accessoires, contrairement à ce que leur nom indique, sont souvent d'une importance capitale dans la détection des tells.

LES JETONS

Le rangement parfait des jetons

Il est de coutume de considérer que les jetons bien rangés, couleur par couleur et motifs alignés, relèvent d'un joueur conservateur, généralement transi.

Méfions-nous de ces affirmations à l'emporte-pièce car en matière de poker, la logique est souvent battue en brèche. Disons simplement qu'en la matière, c'est une *présomption*, sans plus. Le temps d'attente est très long au poker et il se conçoit que même des joueurs agressifs se détendent et évacuent le stress en rangeant leurs jetons comme un épicier aligne ses bocaux sur une étagère.

Les stacks en forme de murs

Les murs de jetons peuvent prendre différentes formes :

– *Le mur de hauteur moyenne*. C'est le cas typique du joueur qui classe ses jetons en piles de même valeur. Le plus souvent, les piles sont des vingt unités.

– *Le mur à claire-voie*, avec pile de dix jetons, en forme pyramidale. C'est le stack préféré du champion américain Chris Ferguson. Je trouve que cette façon de disposer ses jetons est plus conservatrice que la première citée, justement parce qu'elle est plus difficile physiquement à contourner pour miser.

– *Le mur élevé sous forme plus ou moins pyramidale* est courant et témoigne d'une envie de se protéger et d'en imposer à l'adversaire. Plus le tapis monte haut et plus le joueur *semble* dangereux, exactement comme si un géant combattait un nain.

Cette photo montre l'intérêt d'avoir un tapis haut : le joueur se sent protégé et il en impose aux autres. Donc double avantage psychologique, même quand le tapis est composé d'une majorité de "petits" jetons et peut valoir beaucoup moins qu'un autre tapis moins imposant.

Le stack anarchique

Les jetons sont mélangés sans la moindre logique. Le joueur est assez vicieux, il va essayer de tirer parti de tout et n'importe quoi, alors ne le loupez pas.

Le stack anarchique se présente sous forme d'un mélange dans les valeurs de jetons. En tournoi, ce type de rangement est interdit car il empêche l'adversaire d'évaluer la valeur du stack. Le joueur qui s'amuse à le faire trahit un esprit assez vicieux.

La pile unique

La pile unique, haute et composée de plusieurs valeurs de jetons, est presque toujours le signe d'un joueur expérimenté et agressif. C'est une pile facile à pousser pour relancer all-in.

Le stack composé surtout de petits jetons

Quand vous arrivez à une table après avoir été déplacé, observez bien les stacks en présence. Non seulement pour vous situer en terme de puissance de feu, mais aussi pour repérer les stacks qui comportent une majorité de jetons de petites valeurs, ceux qui servent pour les blinds.

A coup sûr, ces stacks appartiennent à des joueurs agressifs habitués à voler les blinds et à relancer préflop.

Le stack étalé

Le stack étalé est l'opposé du stack haut. Le joueur ne cherche en rien à se protéger ni à impressionner. Soit parce qu'il n'y pense pas, soit parce qu'il n'en a nullement besoin, étant "droit dans ses bottes" et mentalement solide.

Le stack étalé témoigne d'une tranquillité d'esprit du joueur. Ici il s'agit d'un champion du monde, Scotty Nguyen, qui n'a plus rien à prouver et qui peut se permettre d'étaler son stack au lieu de l'élever, ce qui témoigne de sa solidité mentale et de son aise.

Notez au passage la manière de prendre connaissance de ses cartes avec une seule main.

Le stack spectaculaire

C'est une mode qui se développe de plus en plus et je dois dire qu'elle a beaucoup d'intérêt. Un intérêt architectural d'abord, mais surtout *stratégique*. Le grand artiste mondial en la matière est l'Espagnol Carlos Mortensen. Mais il y en a d'autres, de tous pays, qui émerveillent par leur capacité à “monter des jetons” avec la dextérité et l'inventivité d'un Gaudi ou d'un Starck.

Monter un tel stack prend du temps et cela aide leur auteur à rester concentré. Mais l'autre avantage est que c'est une forme comme une autre de forcer le respect adverse. Mortensen, qui a déjà fait ses preuves depuis son titre de Champion du monde en 2001, ne fait qu'enfoncer le clou avec ses structures improbables. Il va de soi qu'une relance provenant d'un tel joueur a plus d'impact sur l'adversaire.

Mais il est aussi vrai que cela a un impact sur la façon de jouer de l'artiste lui-même. Car s'il doit casser son œuvre pour suivre une relance, il va être moins enclin à le faire… ce qui va rationaliser son jeu.

Carlos Mortensen, son stack monumental... et son air narquois envers les adversaires impressionnés.
Mortensen obtient de très bons résultats en tournoi depuis 2001 et il a trouvé ici un moyen de plus d'asseoir sa domination aux tables.

Le regard aux jetons

Préflop, plus un joueur regarde rapidement ses jetons après avoir vu ses cartes et plus il est probable qu'il possède une grosse main. Logique : avec une grosse main il pense miser, gros si possible, donc il regarde son stack de jetons instinctivement.

Le tripotage de jetons

Les joueurs qui tripotent leurs jetons dans les temps faibles sont légion. Comme dans tous les rituels, vous devez observer quand il y a changement. Il peut y avoir un étalonnage entre une caractéristique du tripotage (le style, la vitesse par exemple) et l'état d'esprit du joueur.

Un tell de cette qualité, si vous en trouvez un, vaut de l'or s'il est vraiment étalonné, c'est-à-dire inconscient. Mais sachez que les joueurs top-niveau sont très attentifs à ce genre de signes qu'ils émettent.

Ici, on a la "totale" : à la fois le regard aux jetons et le tripotage de ceux-ci.

LE "CAP"

Le cap est un petit objet qui recouvre les cartes et que le joueur utilise pour les "protéger". Des cartes protégées ne peuvent pas être retirées du jeu par le donneur, ce qui évite toute erreur. Ce cap peut être aussi constitué d'un ou plusiers jetons.

Le fait de protéger sa main en signale la force. Un joueur protège sa main quand elle est précieuse, donc puissante. Certains joueurs cappent même leurs cartes avec leurs mains pendant toute la durée du coup.

Attention, rappel à la loi : dans les grands tournois, il est interdit de soulever les cartes de la table. Elles doivent rester toujours en vue et au contact de la table.

Quand un joueur cappe ses jetons à chaque coup, cela n'a aucune signification particulière.

Quand il cappe d'un jeton habituellement et quand, soudain, il cappe son jeu avec plusieurs jetons, c'est le signe d'une bonne main.

Quand il cappe rarement sa main, il le fait seulement quand elle est bonne. Donc si vous voyez un joueur qui parle avant de payer le surblind et aussitôt capper sa main, alors qu'il n'est pas coutumier du fait, soyez certain qu'il a une bonne main.

Il arrive aussi qu'un joueur cappe sa main seulement quand il a vu le flop. Là encore, cela signifie que le flop l'avantage.

Attention : ces tells sont faciles à simuler, donc analysez bien le joueur avant d'y croire aveuglément !

LES CIGARETTES

Hélas pour les fumeurs, les cigarettes sont en voie de disparition du fait des nouvelles lois et des conventions des tournois internationaux. Il reste cependant quelques irréductibles, comme Sam Fahra, qui gardent une cigarette vierge à la bouche pendant qu'ils jouent.

Dans le "Posturama", vous trouverez quelques postures propres aux fumeurs.

LA NATURE DU TAPIS

Sur cette photo, le tapis du joueur contient beaucoup de petits jetons (les verts).

Cet indice est important et révèle que ce joueur est un voleur de blinds.

Quand vous vous asseyez à une table après avoir été déplacé dans un tournoi, observez bien les tapis en place pour repérer les voleurs de blinds. Ce sont des agressifs et souvent les dominateurs de la table. Idem quand un joueur déplacé arrive. Un coup d'œil à son tapis vous dira si c'est un voleur de blinds ou non.

LES CARTES

La façon de tenir les cartes peut elle aussi constituer un signe conclusif. Et une fois de plus, plus un joueur “protège” ses cartes et plus il est probable qu’il détienne une bonne main.

Un procédé typique et très courant est le mélange des cartes. Il s’agit pour le joueur, pendant les temps faibles, de faire passer ses deux cartes l’une sur l’autre par glissement, alternativement, l’une étant guidée

Temps 1 :
Les cartes sont superposées et les doigts sont posés "en cage" au-dessus.
Temps 2 :
Le pouce maintient la carte du dessous et les autres doigts s’écartent, entraînant la carte du dessus.
Temps 3 :
Les doigts reviennent en position de départ, mais pour que la carte passe sous celle qui est tenue par le pouce, le pouce appuie, ce qui la soulève légèrement.

par le pouce et l'autre par un ou plusieurs autres doigts. L'opération se fait en trois temps.

Je n'ai jamais rien remarqué de spécial chez le "mélangeur de cartes". Ce geste n'est pas conclusif en soi, c'est une diversion comme une autre. Mais là encore, vous pouvez tomber sur un joueur qui mélange seulement à certains moments bien particuliers, et si cela vous arrive, c'est à vous de tirer le maximum d'un tell aussi énorme.

LES LUNETTES

Les lunettes

Comme tous les objets que le joueur tripote, les lunettes constituent une diversion par rapport au stress engendré par la situation.

Dans la vie courante, l'être humain se rabat sur ses lunettes pour gagner du temps. Le plus souvent, il met une des branches dans sa bouche. Chez une femme, c'est aussi un signe de séduction, souvent inconscient.

A la table de poker, ce geste trahit un doute et un mal à l'aise soudain. Alors que celui qui le fait pense simplement qu'il sera interprété comme un geste rituel d'aise, au contraire ! Il a tout faux…

Vous le croyez sûr de lui, vraiment ?
La vérité, c'est qu'il est en plein brouillard…

LA QUESTION DES LUNETTES NOIRES

Les lunettes noires font débat au sein des spécialistes du poker. Il y a les pour et il y a les contre. Certains fondamentalistes ont même proposé, avec le plus grand des sérieux, de les interdire !

Au départ de la mode des tournois, je me souviens que la véritable raison invoquée était la lumière parfois aveuglante de certains néons placés au-dessus des tables qui, au fil des heures, fatiguait les yeux. C'est un élément à prendre en compte car les yeux n'ont pas qu'un rôle visuel : ce qu'on voit peut aussi nous créer des mots de tête, des nausées, etc.

Constatons trois choses :

– dans les tournois internationaux, les joueurs à lunettes noires sont en forte minorité

– beaucoup de joueurs n'ont jamais porté de lunettes noires et sont pourtant au top-niveau : Phil Ivey, Jennifer Harman, Gus Hansen...

– beaucoup de joueurs ne jurent que par les lunettes noires et sont au top-niveau : Phil Hellmuth, Chris Ferguson, Phil Laak...

Précisons tout de suite que les lunettes n'ont rien de magique. Un joueur ne gagnera jamais *grâce* à ses lunettes noires ! Mais pour moi qui suis un porteur de lunettes noires, je reconnais qu'elles me sont bien utile, et voici pourquoi :

– quand le joueur sait que ses yeux "parlent", les lunettes font "taire ses yeux" et de nombreux tells disparaissent

– les lunettes isolent le joueur, il se sent protégé, il se sent moins en danger, plus serein dans son jeu

– les lunettes permettent au joueur de regarder à peu près tout autour de lui sans être vu, par le simple jeu de la mobilité de ses globes oculaires.

Evidemment il y a un inconvénient : les lunettes noires assombrissent l'image captée par la cornée, ce qui peut parfois provoquer des confusions fâcheuses (un cœur pris pour un carreau, par exemple). En fait, plus l'éclairage est fort et plus la compensation est importante. Mais quand l'éclairage est faible, comme c'est parfois le cas dans certains cercles à la lumière tamisée, porter des lunettes noires provoque la plus grande gêne.

J'ai cependant remarqué la capacité étonnante d'adaptation de l'œil. Comme il s'adapte à la pénombre, il s'adapte aussi aux images fon-

DIFFÉRENCE D'ACUITÉ VISUELLE AVEC DES LUNETTES NOIRES

sans avec

cées fournies par le filtre des lunettes, et il compense par une plus grande ouverture de la pupile, exactement comme un diaphragme.

Où trouver de bonnes lunettes ? Je vous conseille les magasins de sport. Quelle que soit la saison, ils proposent des lunettes adaptées.

Attention, il y a deux précautions à prendre :

– choisissez des lunettes qui enveloppent le côté des yeux, comme c'est le cas de la plupart des lunettes de sport, pour que vos voisins directs ne puissent pas observer les mouvements de vos yeux

– choisissez toujours des verres de catégorie 4; les catégories 3 sont trop clairs.

Mes lunettes préférées sont "fermées" sur le côté, ce qui cache mes yeux à mes voisins directs.

Voilà une photo amusante ! Mais surtout, les deux lunettés de gauche regardent dans une direction précise indiquée par leur port de tête et il est peu probable qu'ils profitent de la misdirection oculaire. En revanche, le joueur de droite, Marcel Luske, un vieux renard du circuit pro, peut très bien observer ailleurs que devant lui.

Vous remarquez aussi sur cette photo que l'ami Luske porte ses lunettes à l'envers. Il le fait toujours, c'est même son image de marque ! Mais ce n'est pas pour la frime, c'est utilitaire. En les portant de cette manière, il profite de la noirceur des verres quand il regarde devant lui, et de l'absence de verres pour identifier ses cartes en début de coup, quand ses yeux regardent sous ses verres et non pas à travers. Cela lui garantit une lecture juste de sa main.

La situation somme toute classique d'un joueur qui porte des lunettes noires et qui semble des plus banales...

Et pourtant… Si nous pouvions voir ses yeux derrière ses lunettes…

Ici, il regarde vers sa droite, donc vers les joueurs qui parlent avant lui…

Ici, il regarde son voisin de gauche, c'est toujours utile s'il a déjà vu ses cartes car il peut émettre un tell…

Ici il reste concentré, il ne regarde personne.

Sur ces trois exemples, un seul (celui-ci) est conforme à ce que les adversaires peuvent penser de ce joueur. Dans les deux autres cas, il voit sans être vu ! C'est ce que j'appelle la ***misdirection oculaire.***

LE PORTE-BONHEUR

Les porte-bonheur font… le bonheur des chasseurs de tells. Chaque porte-bonheur a une fonction précise pour son propriétaire, et parfois même il s'en sert comme talisman.

L'important est de savoir jusqu'où va la foi du joueur dans son porte-bonheur. Car s'il y croit vraiment *("J'ai toujours terminé dans les points quand il était près de moi")*, vous savez que vous avec affaire à un joueur qui n'a pas excessivement confiance en lui, et, surtout, qui est assez… comment dirais-je… "naïf" pour penser qu'on peut gagner un tournoi de poker infesté de requins de la pire espèce simplement avec l'aide d'un misérable porte-bonheur. Que je sache, ce n'est pas cet objet qui mélange les cartes…

Pour en savoir plus, vous pouvez jouer vous-même au sibyllin de service et poser des questions au joueur à propos de cet objet insolite qu'il s'obstine à garder devant lui…

Non, la foi dans le trèfle à quatre feuilles n'est pas morte.

LA CAPUCHE

Depuis que Phil Laak a rabattu sa capuche pendant une finale du World Poker Tour, pour mimer une protection face à un adversaire hyper-agressif, on trouve souvent cet accessoire dans les grands tournois internationaux, plus encore que les lunettes noires !

Phil Hellmuth s'est déjà exprimé à ce sujet. Si lui-même relève le col de son blouson, c'est pour éviter de laisser à pleine vue sa carotide dont les battements peuvent être perçus par l'adversaire dans un temps fort du coup, notamment quand le joueur vient de relancer, voire de faire all-in et que son adversaire réfléchit.

Les capuches jouent exactement le même rôle, à ceci près qu'elles sont encore plus enveloppantes qu'un col de blouson, plus sécurisantes aussi. On peut donc penser que la plupart des joueurs qui portent des capuchent connaissent les tells... mais jusqu'à quel point ?

Il existe quantités d'autres objets disponibles à la table : téléphone portable, bouteille d'eau, bonbons, aliments… Observez bien s'ils jouent un rôle probant dans la révélation de l'inconscient adverse. Généralement, c'est le cas. Vous pouvez gagner beaucoup d'informations en chassant ce genre de tells.

Quand le plus grand tournoi de poker du mode se met à ressembler à une foire aux antiquités…

17

POSTURAMA

LE MODÈLE

O - I - C - A

> Aucune gêne, aucune honte ne se mêla à leurs propos ; ils ne connurent pas non plus le sombre frisson qu'éprouvent les joueurs.
>
> Nabokov
> *Roi, Dame, Valet*

Dans les cinq prochains chapitres, nous allons passer en revue les 80 principales postures conclusives du joueur de poker. Pourquoi "*conclusives*" ? Parce qu'elles expriment quelque chose d'exploitable pour qui sait les reconnaître. On en *conclut* quelque chose.

Cela signifie aussi que certaines postures ne sont pas conclusives. Je dirais même que *beaucoup* de postures ne sont pas conclusives : chez certains joueurs, elles expriment une chose, chez d'autres elles expriment son contraire, et chez d'autres encore elles n'expriment… rien. Evidemment, je ne les ai pas retenues ici.

Par rapport au critère du *temps*, j'ai mis en évidence deux types de postures : les postures de fond et les postures de demi-fond.

Les postures de fond

Le joueur les adopte même quand il traverse une période où ses sens ne sont pas sollicités, donc dans une situation vide de tout stress et de toute pression extérieure

Exemple : le cas typique du joueur qui a le menton posé sur la paume tournée vers le haut, coude en appui sur la table.

Les postures de demi-fond

Le joueur les adopte de temps en temps, pendant une durée réduite qui s'étend au moins sur un coup complet. Ce peut être aussi une "position de repli" à moyen terme après à une attaque extérieure inattendue.

Exemple : le joueur croise les bras après s'être fait relancer, jette ses cartes puis reste les bras croisés pendant les deux coups suivants.

Les postures sont présentées sous forme de fiches qui précisent si la *nature* de telle posture est davantage de fond ou de demi-fond. Une posture qui coupe la circulation du sang de la main droite ne peut pas être une posture de fond mais au mieux une posture de demi-fond.

CE QU'EXPRIMENT CES POSTURES : LE MODELE O-I-C-A

J'ai cherché à regrouper les postures en sous-groupes. Après avoir tâtonné, j'ai conclu que la typologie O-I-C-A était la plus pertinente :

- **Observation** : la personne évalue, "calibre" activement
- **Indécision** : la personne ne sait plus quoi faire
- **Crainte :** la personne est au moins contrariée
- **Assurance** : la personne est sûre d'elle

C'est ce que j'appelle le modèle O-I-C-A. Ces quatre éléments sont les plus importants en matière de postures pokériennes. J'ai ajouté une cinquième catégorie, "**Postures diverses**", qui regroupe des états ne relevant d'aucune de ces catégories.

Des postures manquantes... volontairement

Le "Posturama" recouvre à peu près 80% des postures connues à la table de poker. Encore une fois, certaines postures n'y figurent pas parce qu'elles ne sont pas conclusives : elles ne donnent pas suffisamment le signe que le sujet est plus dans un état que dans un autre. C'est pourquoi je ne les ai pas retenues.

Les "lecteurs-nés"... et les autres

Comme nous sommes ici dans une démarche d'initiation aux *postures*, je n'intègre pas ce que le joueur va découvrir par lui-même dans sa démarche de lecture gestuelle, ce qui va étoffer la posture. Ces éléments-là viennent à chacun... ou ne viennent jamais.

Certains joueurs sont des "lecteurs-nés" (peut-être vous, d'ailleurs). Ils n'ont aucunement besoin de cette typologie pour "sentir" l'état dans lequel se trouve l'adversaire. Les femmes, notamment, réussissent mieux que les hommes dans cet exercice.

Pour d'autres, c'est le contraire. Sans guide d'initiation, ils sont perdus. C'est davantage à eux que ces chapitres-là sont destinés.

Les “dialectes” non-verbaux inconscients

J’ai assez démontré dans les pages du Niveau 1 que, même si tous les êtres humains disposaient d’un tronc commun de signes non verbaux conscients et inconscients, ils n’en étaient pas moins tous différents. Certains signes peuvent signifier quelque chose de différent de ce qu’ils expriment de manière universelle. C’est ce que j’ai appelé le “dialectal” dans le chapitre 11. Le sens peut être plus fort, moins fort, voisin ou carrément contraire.

Sens différent	Exemple
un sens plus fort	au lieu de ressentir une peur panique, le joueur est simplement impressionné
un sens moins fort	au lieu de douter fortement, le joueur doute légèrement
un sens voisin	au lieu de douter, le joueur se contente d’observer
un sens contraire	au lieu de craindre, le joueur est en totale confiance

Le dernier cas est évidemment le plus épineux. Si un joueur exprime gestuellement la crainte alors qu’il est en réalité en totale assurance, il y a contre-sens dans la grammaire gestuelle, et donc contre-sens dans la réaction de l’observateur.

C’est exactement comme si, ayant un jeu moyen en fin de coup, vous lisiez la faiblesse en cartes chez l’adversaire et, fort de cette information, vous relanciez à tapis... pour être immédiatement payé par lui, qui abat le jeu max !

Présentation sous forme de fiches

J’ai choisi de présenter chaque posture sous forme de fiche codifiée et numérotée. De cette manière, le lecteur retrouvera facilement une posture particulière qui lui tient à cœur ou qu’il rencontre souvent. Si le nombre de fiches est important, c’est plus pour proposer une large palette que par souci d’exhaustivité. Certaines postures vont davantage “parler” à certains lecteurs. Ils privilégieront donc celles-là.

Fiche de présentation des postures : comment ça marche ?

grille des caractéristiques des postures	★★★	★★☆	★☆☆	☆☆☆
visibilité	posture très facile à identifier	posture facile à identifier	posture difficile à identifier	posture très difficile à identifier
fréquence	posture très répandue	posture moyennement répandue	posture rare	posture très rare
posture de fond	posture de fond (plusieurs coups voire plusieurs heures)	posture de demi-fond (2 ou 3 coups de suite)	posture courte (un seul coup maximum)	posture très courte (quelques secondes)
faux tell	posture souvent utilisée comme faux tell	posture moyennement utilisée comme faux tell	posture rarement utilisée comme faux tell	posture très rarement utilisée comme faux tell

18

POSTURAMA

14 POSTURES D'OBSERVATION

> Alida ne put cacher des gouttes de transpiration qui perlèrent à son front. Ne pas flancher. Le tout pour le tout. "Trois mille." "Trois mille à voir", conclut Jean-Baptiste en alignant un full aux dix par les valets. La mort dans l'âme, Alida admit sa défaite en retirant son soutien-gorge.
>
> Pierre Lucas
> *Strip Poker*

Un joueur de poker qui observe n'est en rien un joueur de poker passif. C'est un **calibreur**, pour reprendre l'appellation donnée par la PNL, c'est-à-dire un joueur qui, en plus d'observer au sens premier du terme, détecte, évalue, archive.

Le temps de l'observation est le plus souvent situé au début des combats. Mais beaucoup de joueurs agressifs n'hésitent pas à être actifs dans leurs enchères en même temps qu'ils observent. Ils vont plus loin : ils suscitent la réaction adverse et mettent l'opposant "sur le grill" pour examiner ses réactions.

Comme on l'a vu au chapitre 9, la méthode ODEA sert à observer intelligemment. L'**O**bservation pure doit être suivie d'une **D**étection, d'une **É**valuation et d'un **A**rchivage (mémorisation).

Par ailleurs, voici cinq règles simples :

– Regarder, et non voir (focus).
– Emmagasiner, ne pas êre "traversé" par ce que l'on voit.
– Accepter d'observer sans détecter un seul indice valable pendant de longues périodes (patience).
– Observer sans montrer non plus qu'on observe (discrétion).
– Observer tout en remarquant qui d'autre observe, et qui d'autre nous observe prioritairement (surveillance de la concurrence).

A vous de jouer !

posture **observation**	**1**	**Je suis curieux et je ne me soigne pas !**

visibilité	★★★	*fréquence*	★★☆
posture de fond	☆☆☆	*faux-tell*	★★☆

Posture "en clocher".

Description

Le joueur a les coudes en appui sur le bord de la table. Ses deux mains se rejoignent devant lui, plus ou moins à la verticale. Chaque doigt est en contact avec le même doigt de l'autre main. Les doigts sont légèrement écartés. Les deux mains ainsi positionnées forment une sorte de "clocher".

Précisions

C'est typiquement la posture du spectateur, au théâtre, qui vient d'arriver, qui attend que le rideau se lève et qui a ses deux coudes posés sur les accoudoirs.

Vous verrez surtout cette posture quand le joueur…
- est hors du coup
- vient d'arriver à la table
- vient de gagner un gros coup

Vous ne verrez pas cette posture quand le joueur…
- vient de relancer
- vient d'être relancé

Ne croyez pas que le joueur…
… soit hautain. Il peut l'être si cette posture est vraiment récurrente. Si ce n'est pas le cas, n'y voyez là qu'un signe d'observation sans information sur son caractère.

Commentaires
Posture visible et fréquente, elle ne saurait être une posture de fond car dans cette posture, le sang irrigue moins les mains et cela finit par devenir désagréable.

Etat d'esprit
Plutôt serein.

Exemples
- le joueur vient d'arriver à la table, il vient de s'asseoir et assiste au coup qui vient juste de commencer. Il se cale dans son fauteuil et observe la suite des événements.
- le joueur est chip-leader, il est détendu et prend de la distance par rapport à la table. Il ne "représente" pas, il cherche simplement à obtenir de l'information.

posture **observation**	**2**	**J'observe et je réfléchis !**

visibilité	★★★	*fréquence*	★★☆
posture de fond	★☆☆	*faux-tell*	★★☆

Description

Le joueur a un coude en appui sur le bord de la table. Sa main correspondante s'appuie contre son front via l'index et le majeur qui peuvent être parallèles ou non. Le regard est tourné vers l'avant ou vers le bas (comme sur la photo).

Précisions

Pourquoi les doigts supportent-ils ainsi la tête ? Simplement parce que le joueur voit à cet instant un spectacle intéressant, qui risque de durer quelques dizaines de secondes et dont il ne veut pas rater une miette. Il "fixe" son objectif pour être à 100% réceptif.

Vous verrez surtout cette posture quand le joueur...
– est hors du coup

Vous ne verrez pas cette posture quand le joueur...
– vient de relancer
– vient d'être relancé

Ne croyez pas que le joueur...
... ait mal à la tête ou soit fatigué.

Commentaires
Posture visible et fréquente, elle ne saurait être une posture de fond car dans cette posture, le sang irrigue moins la main et cela finit par devenir désagréable.

Etat d'esprit
Plutôt serein. Une légère inquiétude est possible.

Exemple
– le joueur est UTG et a payé le surblind. Il suit les enchères des joueurs suivants avec intérêt en adoptant cette posture.

Si le joueur adopte cette posture,
il ne supportera pas la relance.

posture **observation**	**3**	**J'observe mais je ne dirai rien !**

visibilité	★★☆	*fréquence*	★★☆
posture de fond	★☆☆	*faux-tell*	★☆☆

Description

Le joueur a un coude en appui sur le bord de la table. L'index de sa main correspondante s'appuie à la quasi-verticale en travers de ses lèvres.

Important : le regard est fixe et dirigé vers des objets.

Précisions

Le doigt en travers de la bouche n'est pas un signe de croisement mais un signe *d'écrasement*. Le joueur cherche plus à se taire qu'à se rassurer. Pourquoi ? Parce qu'il observe et enregistre des choses qu'il veut garder pour lui.

Vous verrez surtout cette posture quand le joueur…
– est hors du coup
– est peu engagé dans le coup

Vous ne verrez pas cette posture quand le joueur…
– est fortement engagé dans le coup

Ne croyez pas que le joueur…
… veuille signifie à quelqu'un qu'il doive se taire ! S'il veut dire "chuutt" ici, c'est à lui-même et à personne d'autre !
… hésite avant de prendre une décision ! Il sera rarement dans cette posture quand il devra se décider à quelque chose.

Commentaires
Posture assez visible et fréquente, elle ne saurait être une posture de fond à cause de la circulation du sang et de l'appui opéré contre les lèvres, qui ne peut être pérenne.

Etat d'esprit
Plutôt serein et concentré.

Exemple
– le joueur vient de quitter le coup préflop à cause d'une relance qu'il a décidé de ne pas suivre. Il assiste à la suite du coup avec le plus grand intérêt.

Variante
L'index croise légèrement la bouche, ou peut même lui être parallèle (ci-contre).

posture **observation**	**4**	**J'observe et j'enregistre tout ce qui passe !**

visibilité	★★★	*fréquence*	★★★
posture de fond	★★★	*faux-tell*	☆☆☆

Posture "pinces de crabe".

Description

Le buste est légèrement penché en avant et les mains reposent devant le joueur en "pinces de crabe", le plus souvent de part et d'autre des cartes. Les coudes sont posés sur le bord de la table.

Précisions

Posture archi-courante chez les joueurs habitués au jeu réel. C'est typiquement la posture d'attente et d'observation, neutre. Elle ne signifie rien d'autre que le joueur est intéressé à ce qu'il voit. Le buste légèrement penché en avant aide aussi le joueur à garder un esprit d'attaquant. Cette posture existe aussi avec le buste droit, auquel cas le joueur peut être fatigué ou simplement conservateur.

posture **observation**	**5**	**J'observe mais ce que je vois est exagéré !**

visibilité	★★★	*fréquence*	★☆☆
posture de fond	★☆☆	*faux-tell*	☆☆☆

Description
Le joueur a les deux avant-bras en appui sur le bord de la table. Les deux mains sont jointes au-dessus de la table.

Précisions
Nous sommes assez proche du joueur qui met son doigt en travers des lèvres pour se taire lui-même. Il observe et ce qu'il voit lui inspire des réflexions intenses. Du coup, il prend la posture habituelle à certains hommes politiques qui cherchent à convaincre leur interlocuteur, cette posture des mains "en lame", comme pour trancher les question les unes après les autres. *Attention* : bien que proche de la posture "C'est moi qui serai le premier !", elle n'a rien à voir.

posture **observation**	**6**	**J'observe mais c'est tant pis pour vous !**

visibilité	★★★	*fréquence*	★☆☆
posture de fond	☆☆☆	*faux-tell*	☆☆☆

Attention double-sens

Description
Le joueur a un coude en appui sur la table. Il se pince le nez entre le pouce et l'index correspondants.

Précisions
Non, il n'y a pas de mauvaise odeur ! Ou s'il y en a une, ce geste-là n'est en rien exploitable d'un point de vue tactique.
Une fois de plus, le joueur n'est pas tout à fait neutre. En se pinçant les ailes du nez de la sorte, il pense que ce que fait son adversaire est d'un bêtise à faire peur. Si un bon joueur observe vos faits et gestes de cette manière, vous êtes peut-être en train de commettre une incohérence tactique ! *Attention* : ce signe a un deuxième sens (voir "J'ai envie de me flinguer !").

posture **observation**	**7**	**J'observe et vous m'intriguez !**

visibilité	★★☆	*fréquence*	★★☆
posture de fond	★★☆	*faux-tell*	★☆☆

Description
Le joueur est en position d'attente et regarde "par en-dessous".

Précisions
Certains joueurs ont cette posture de fond, mais ils sont rares. D'autres l'adoptent de temps à autre (demi-fond) et ceux-là nous intéressent davantage. Cet observateur est *intrigué* par ce qu'il voit. Le "regard par en-dessous" est une défense instinctive qui vise à se camoufler à l'ennemi tout en le voyant ("voir sans être vu"). *Attention* : si le regard est furtif et accompagne un autre mouvement, il s'agit d'un "peek" qui cherche à deviner un tell chez vous, ce qui est tout différent. Cet aspect est vu dans le "Manipulorama".

posture **observation**	**8**	**J'observe mais c'est une apparence !**

visibilité	★★★	*fréquence*	★☆☆
posture de fond	☆☆☆	*faux-tell*	★★☆

Description
Le joueur observe l'adversaire tout en tournant son alliance avec l'autre main.

Précisions
Dans la vie courante, ce geste sert souvent de “liaison” entre deux pans de conversation. Il fait partie des gestes insignifiants. Du moins le croit-on. Au poker, le joueur qui commet ce geste-là trahit sa *démotivation*. Où il ne retire rien de ce qu'il voit, ou ce qu'il voit lui paraît inintéressant, ou, plus grave, il se demande ce qu'il fait assis à cette table ! C'est ce geste que fait Ricky Jay dans le film *Engrenages* (voir chapitre 8).

posture observation	9	J'observe mais je me protège !

visibilité	★★★	fréquence	★☆☆
posture de fond	★★☆	faux-tell	★★☆

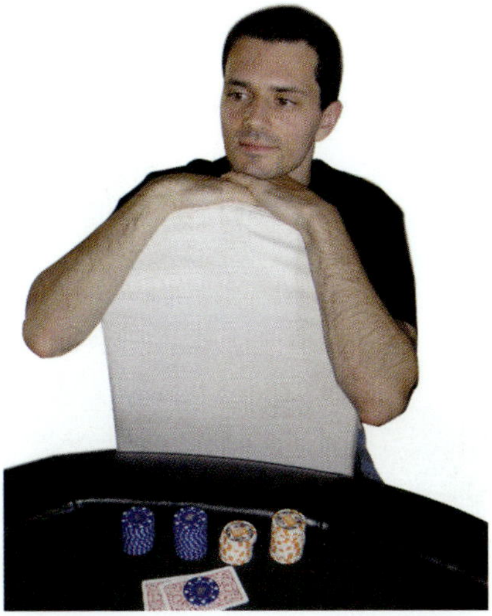

Description
Le joueur a retourné sa chaise et s'est assis à califourchon dessus. Le dossier de la chaise se trouve entre la table et lui-même.

Précisions
Ce joueur suit son idée tout en se protégeant de l'extérieur. Il peut observer attentivement, il n'en tiendra jamais grand compte.
On trouve dans cette catégorie :
– le doux rêveur qui juge que "c'est sympa, le poker"
– le joueur de caractère qui cherche à contrôler la table et qui veut impressionner en retournant sa chaise, ce qui lui permet en plus de s'isoler dans son "bunker" bien protégé.

posture **observation**	**10**	**J'observe et j'imagine des tas de choses !**

visibilité	★☆☆	*fréquence*	★☆☆
posture de fond	★★☆	*faux-tell*	☆☆☆

Description

Le joueur est concentré sur ce qu'il observe, tout en penchant sa tête sur le côté *droit*.

Précisions

L'hémisphère droit est celui de l'imaginaire. Il est probable que ce joueur anticipe la suite du coup à la lumière des informations qu'il collecte. Tous les joueurs ont besoin d'un moment de projective, et cette posture est typique du joueur qui se "penche" sérieusement sur cette question.

posture **observation**	**11**	**J'observe et je calcule plein de choses !**

visibilité	★☆☆	*fréquence*	★☆☆
posture de fond	★★☆	*faux-tell*	☆☆☆

Description
Le joueur est concentré sur ce qu'il observe, tout en penchant sa tête sur le côté *gauche*.

Précisions
L'hémisphère gauche est celui de la mesure, du rationnel. Ce qu'il voit parle à la raison, et c'est le signe que le joueur emmagasine des informations et s'intéresse sincèrement à la situation. Il calcule sans doute, pèse le pour et le contre, analyse. On voit couramment un joueur pencher la tête à droite d'abord (il imagine la suite du coup), puis la pencher à gauche à la faveur d'un changement de posture (il passe au stade du calcul).

posture **observation**	**12**	**J'observe et j'étale ma supériorité !**	
visibilité	★★★	*fréquence*	★★☆
posture de fond	☆☆☆	*faux-tell*	★★☆

Description
Le dos est appuyé sur le dossier de la chaise. Les doigts des deux mains sont croisés derrière la tête ou la nuque. Les deux bras sont déployés de part et d'autre du joueur.

Précisions
Il observe mais il est tellement condescendant qu'on se demande bien ce qu'il peut en retirer ! Cette posture est typiquement celle du joueur tourmenté en lui-même, suffisant, et finalement fragile. Cette façon d'observer lui sert – bien malgré lui – de signe de reconnaissance. Vous n'avez pas grand-chose à en craindre pour l'instant.

posture **observation**	**13**	**J'observe et je suis impressionné !**

visibilité	★★☆	*fréquence*	★☆☆
posture de fond	☆☆☆	*faux-tell*	★★☆

Description

La main gauche couvre la gorge.

Précisions

Ce qu'il observe l'impressionne plutôt, ou l'émeut. C'est un joueur sentimental qui peut être sensible aux bad beats et aux cruautés qui arrivent aux autres, comme il l'est pour lui-même.

Beaucoup de femmes, dans la vie courante, ont ce geste de poser leur doigts gauches sur leur gorge. C'est un geste de défense instinctif qui vise tant à protéger un organe qu'à réduire le rythme d'un cœur qui bat la chamade.

posture **observation**	**14**	**J'observe mais rien ne m'impressionne !**

visibilité	★★☆	*fréquence*	★☆☆
posture de fond	★☆☆	*faux-tell*	★☆☆

Description

Le joueur se tient les mains croisées sur le ventre. Il arrive, en plus, qu'il se tourne les pouces.

Précisions

Cette posture rappelle celle d'un curé de campagne qui vient de terminer un bon repas. Sauf qu'ici, le personnage est suffisant, hautain, voire méchant, et ressent de la lassitude face à ce qu'il voit. Peut-être en a-t-il assez de recevoir de mauvaises cartes ? Si c'est le cas, il va probablement entrer dans un prochain coup avec une main discutable...

19

POSTURAMA

18 POSTURES D'INDÉCISION

> Un vieil opérateur de télégraphe que j'ai affronté avait rempli sa bouche de Beechnut Tobacco, mais ses mâchoires se mettaient en mouvement seulement quand il avait une bonne main. Plus il mâchait avec entrain et plus il fallait être prudent pour suivre.
>
> John Moss
> *How to win at poker*

L'indécision est un état permanent "milieu de gué"

L'indécision est le moment entre l'exigence extérieure de décision et la prise de décision effective. Quand le doute s'installe, le joueur émet presque toujours des signes extérieurs typiques.

Arrive le moment d'agir. Le processus de décision au poker est compliqué et exige de la réflexion, en permanence.

Donc, premier point : le joueur de poker qui réagit constamment à toute vitesse est soit un génie dont le cerveau tourne plus vite que le plus rapide des moteurs, soit quelqu'un qui réduit son processus de décision au point d'en compromettre la fiabilité. C'est ce qui se passe toujours.

Prenez votre temps !

Le processus de décision exige un minimum de temps. A la table, une décision qui prend cinq secondes est déjà longue. Si vous vous astreignez à (faire semblant de) réfléchir pendant au moins cinq secondes à chaque fois, vous installez chez vos adversaires un mal à l'aise.

Pourquoi ? C'est le deuxième point : parce que l'adversaire ne sait jamais ce que vous allez faire. Il reste sur des charbons ardents en attendant que "monsieur" (vous-même) daigne enfin dire ce qu'il va faire ! Astreignez-vous à cette astuce, elle fonctionne toujours.

Bluffez les indécis !

Enfin, n'oubliez pas qu'un joueur qui patauge en pleine indécision préférera toujours, par défaut, *jeter ses cartes*… Ce qui donne une sérieuse option au bluffeur qui veut le berner.

1 : Processus typique en 2 étapes

Le joueur qui prend ses ***cartes*** *pendant le processus de décision va probablement les jeter.*

Le joueur a les paumes posées sur la table, en position "d'ancrage". Puis ses sourcils se haussent, ses doigts se rapprochent de ses cartes, ses paupières s'abaissent. Son torse s'avance, signe que sa décision est déjà prise : il va jeter ses cartes.

2 : Processus typique en 2 étapes

Le joueur qui prend des ***jetons*** *pendant le processus de décision va probablement miser.*

Le joueur a le torse droit, il est "droit dans ses bottes". Puis sa tête plonge légèrement, sa bouche émet une moue qui n'exprime rien de particulier, et sa main prend des jetons. Son indécision arrive progressivement à son terme et débouche sur une mise.

posture
indécision

15

Dans le brouillard mais pas dans la panade !

visibilité	★★★	*fréquence*	★★★
posture de fond	★★☆	*faux-tell*	★☆☆

Description
Le menton est enveloppé par la main en cornet, pouce sur la joue.

Précisions
Cette posture reconnaissable signale une indécision qui peut être à différents niveaux. Elle est *dangereuse* : le joueur peut être aussi bien dans le brouillard total que dans l'indécision quant au montant qu'il va relancer ! La main peut être plus enveloppante (photo de droite). J'ai vu maintes fois des agressifs dans la même posture, dont Phil Hellmuth. Cette posture est moins active que celle, très proche, où la main ne recouvre pas la bouche (voir “Je suis prêt à envoyer le paquet, alors du calme !”).

posture **indécision**	**16**	**Je cherche ardemment sans trouver !**

visibilité	★★★	*fréquence*	★★☆
posture de fond	★☆☆	*faux-tell*	★☆☆

Description
Le joueur se gratte souvent la tête, l'air pensif.

Précisions
Avant toute chose, veillez à ce que l'homme n'ait pas de démangeaisons, de transpiration car il est normal alors qu'il fasse ce geste. Ce serait ce qu'on appelle un "tell physiologique" et il serait sans valeur (loi sacro-sainte n°1, voir début de Niveau 2).
Il évoque une hésitation profonde... et c'est bien de cela qu'il s'agit.
Ce geste est couramment utilisé comme faux tell, alors prudence.

posture
indécision

17

Constamment balloté entre mes solutions !

visibilité	★★★	*fréquence*	★☆☆
posture de fond	★☆☆	*faux-tell*	★☆☆

Description

Visage de face, sourcils haussés. Cette posture est récurrente chez le même joueur.

Précisions

Geste facile à repérer, il dénote un joueur balloté entre noir et blanc. Les eaux sont déchaînées sous son crâne mais il n'en reste rien de décisif. Les sourcils haussés sont souvent suivis d'une moue qui exprime l'impuissance.
Attention : si le joueur hausse les sourcils à des moments forts, quand il découvre sa main ou le flop, c'est un signe de contentement intérieur (voir “J'adore ce que je vois et je vais attaquer !”).

posture **indécision**	**18**	**Je suis toujours aussi perdu, les gars !**

visibilité	★★☆	*fréquence*	★★☆
posture de fond	★☆☆	*faux-tell*	★☆☆

Description
Le menton est retenu par le pouce, le coude en appui. Les yeux sont souvent abattus.

Précisions
Là encore, un geste d'indécision qui se traduit par un recours au visage. Le torse se rapproche de cette manière vers la table, comme pour lutter contre la tendance à se reculer, comme ce serait le cas quand s'installe un certain dégoût de la table.

posture **indécision**	**19**	**Cette fois, je suis paumé de chez Paumé !**

visibilité	★★☆	*fréquence*	★☆☆
posture de fond	☆☆☆	*faux-tell*	☆☆☆

Description
Le coude en appui, la bouche repose sur le dos de la main, le tout est immobile.

Précisions
Cette fois, c'est le noir total ! Si cette posture perdure, l'homme est vraiment en difficulté. Son cœur balance, et pas qu'un peu. Si ce geste se multiplie, vous avez affaire à quelqu'un dont le processus de décision n'est pas normé ou qui est gêné par certains adversaires. Ou encore, qui n'a pas toute sa tête (trop bu la veille, peut-être ?)

posture **indécision**	**20**	**Où est le bout du tunnel ?**

visibilité	★★★	*fréquence*	★★☆
posture de fond	★☆☆	*faux-tell*	★★☆

Description
Coude en appui ou non, la main se colle vigoureusement sur la nuque. Généralement, elle frotte. Geste récurrent.

Précisions
Ce joueur est ravagé intérieurement par la difficulté de prendre la “bonne” décision. Il ressent cela depuis un moment, et ce geste caractéristique est un exutoire qui dit son ras-le-bol.
Il s’agit du simulacre d’un massage de la nuque, mais la plupart du temps, ce n’est pas un massage. C’est bien un signe d’indécision. Un supplément d’observation de ce joueur va venir le confirmer.

posture **crainte**	**21**	**Je plane à dix mille mètres !**

visibilité	★★☆	*fréquence*	★★☆
posture de fond	☆☆☆	*faux-tell*	★☆☆

Description
Le joueur resserre ses lèvres dans la posture caractéristique dite "cul de poule".

Précisions
Ce joueur est perdu dans ses pensées, il ne sait plus à quoi se raccrocher, mais il n'en est pas encore à ressentir de la crainte.
Il peut aussi "planer" à dix mille mètres, c'est-à-dire être si peu concentré qu'il en arrive à décrocher complètement du jeu. Si en plus il a le regard fixe, vous devriez pouvoir le bluffer facilement.

posture **indécision**	**22**	**J'en bâille tellement je suis embarrassé !**

visibilité	★★★	*fréquence*	★☆☆
posture de fond	★☆☆	*faux-tell*	☆☆☆

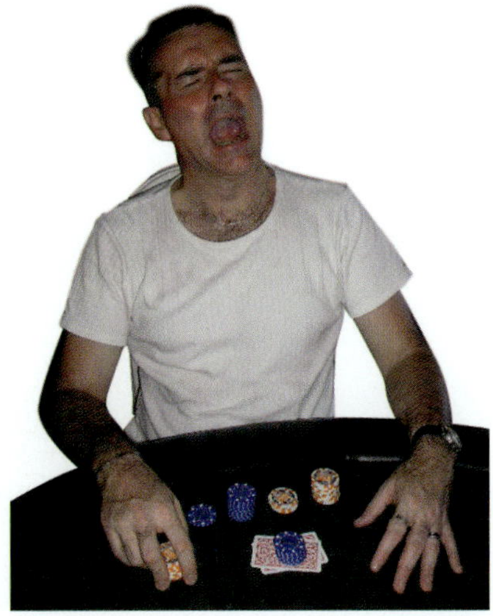

Description

Un joueur qui n'a émis jusqu'ici aucun signe spécial de fatigue se met soudain à bâiller.

Précisions

Geste typique du joueur qui "voudrait bien dormir" au lieu de devoir affronter une prise de décision dont il n'arrive pas à sortir. Le bâillement n'est pas franc, il n'est généralement pas assorti de bruit guttural non plus. Ce geste se rapproche fortement de la famille des "gestes au visage" dont il est en quelque sorte l'ébauche, et dont le plus beau specimen est le "doigt au nez".

Attention : ce geste est déjà un signe que le joueur "tilte" !

posture **indécision**	**23**	**C'est moi le penseur qui hésite, qui hésite...**

visibilité	★★★	*fréquence*	★★★
posture de fond	★★★	*faux-tell*	★★☆

Description

Le coude en appui, l'index est sur la tempe et le pouce soutient le menton. Le visage est penché vers l'avant.

Précisions

Voilà un geste qui dit ce qu'il veut dire. On le rencontre d'ailleurs souvent chez les joueurs d'échecs. L'homme pense, pense... il pense tellement qu'il n'arrive pas à prendre de décision si ce processus perdure... Ne dit-on pas "les idiots en savent toujours assez, les sages jamais" ?

posture **crainte**	**24**	**Qu'est-ce que je vais faire, je l'ignore !**

visibilité	★★☆	*fréquence*	★★☆
posture de fond	★☆☆	*faux-tell*	★★★

Description

Le joueur fait une moue qui consiste à pousser en avant la lèvre inférieure avec la lèvre supérieure. Cette moue ne vaut que si elle dure longtemps ou se répète, non si elle est furtive et isolée.

Précisions

Ce joueur est mal à l'aise. Il ne comprend pas bien ce que fait l'adversaire mais n'est pas désemparé pour autant.
Attention : cette moue caractéristique est souvent utilisée comme faux tell par les joueurs évolués, qui la font pour simuler l'embarras quand ils ont un jeu énorme, par exemple un brelan au flop. Un joueur qui suit l'ouverture dans ces conditions est logique dans les deux situations, donc méfiance.

posture **indécision**	**25**	**Je ne sais pas sur quel pied danser !**

visibilité	★★☆	*fréquence*	☆☆☆
posture de fond	★☆☆	*faux-tell*	★☆☆

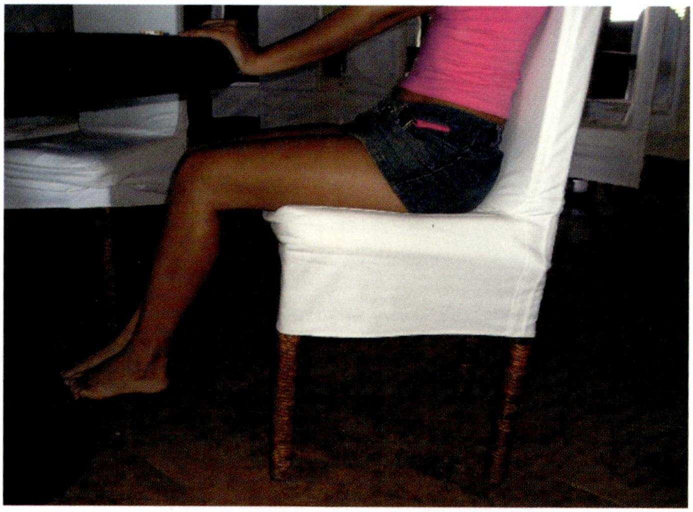

Description

Le joueur bascule sa chaise d'avant en arrière, par intervalles, dès qu'il s'est assis. *Variante :* le joueur se balance doucement sur sa chaise sans la faire basculer.

Précisions

Cette posture est de celles qui parlent d'elles-mêmes. Le joueur ne trouve pas de stabilité sur sa chaise, exactement comme dans sa tête. Il bascule pour essayer de trouver un point fixe, un repère. Un tel joueur est déstabilisé, et s'il ne trouve pas son salut dans la fuite, il ne le trouvera que dans des cartes exceptionnelles... ou dans des duels où il n'aura pas l'avantage.

posture **indécision**	**26**	**A vue de nez, je ne panique pas !**

visibilité	★★☆	*fréquence*	★☆☆
posture de fond	☆☆☆	*faux-tell*	★★☆

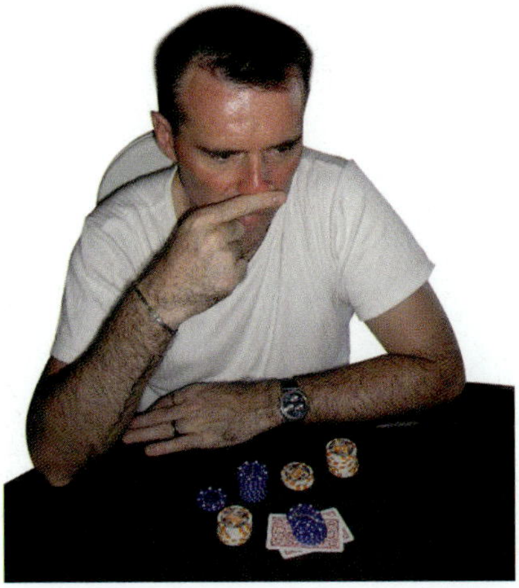

Description
Le coude en appui, l'index caresse l'arête du nez.

Précisions
A ne pas confondre avec le geste nasal du menteur ! Ici, le joueur ne sait pas où il en est, il se rassure inconsciemment en posant son index sur son nez. Si vous lui posez une question à ce moment, vous n'en tirerez rien d'autre que des balbutiements…
Là encore, un geste utilisé comme faux tell par des joueurs évolués vers des joueurs eux aussi évolués.

posture **indécision**	**27**	**Je suis indécis et je l'ignore !**

visibilité	★★★	*fréquence*	★★☆
posture de fond	★★☆	*faux-tell*	★★☆

"Dans cet éclairage implacable, sa peau paraissait d'un grain plus grossier et son visage semblait plus large que d'habitude, peut-être parce qu'elle appuyait son menton sur son poing."

Nabokov
Roi, Dame, Valet

Description

Le coude en appui, le menton est posé sur le poing. Le regard n'est généralement pas plongeant.

Précisions

Geste typique du fuyeur. Il peut avoir des manières de "gros bras" mais ne vous y fiez pas s'il adopte souvent cette posture. Au fond de lui-même, inconsciemment même, il ne sait pas décider. Résultat : il va commettre des erreurs à des moments décisifs.

posture **indécision**	**28**	**J'ai du mal à me décider cette fois-ci !**

visibilité	★☆☆	*fréquence*	★☆☆
posture de fond	☆☆☆	*faux-tell*	★★☆

Description
Le joueur hausse souvent les épaules, plus ou moins longtemps à chaque fois.

Précisions
Geste souvent seul, sans aucun autre geste, il suffit à l'inconscient du joueur pour trahir son impossibilité ponctuelle à choisir telle ou telle décision.
Attention : dans ce geste, ce sont bien les épaules qui montent, et non la tête qui entre dans les épaules avec torse avançant, ce qui exprime au contraire une agression.

posture **indécision**	**29**	**Je fais mon "Schtroumpf à lunettes" !**

visibilité	★★★	*fréquence*	★☆☆
posture de fond	☆☆☆	*faux-tell*	★★☆

Description

Coude en appui ou non, l'index est dressé.

Précisions

Le joueur agit ici en réponse à une question qui peut être *"Alors, qu'est-ce que tu fais finalement ?"* Sa réponse est évidemment évasive comme *"Encore une petite minute, les gars"*.

Et comme son inconscient lui dit qu'il doit être convaincant, il fait l'emphase avec cet index en érection qui est plutôt l'apanage des donneurs de leçons... alors qu'en réalité, il est en pleine panade mentale !

posture **indécision**	**30**	**Je pense que je suis perdu, les gars !**

visibilité	★★★	*fréquence*	★★☆
posture de fond	★☆☆	*faux-tell*	★★★

Description

Le joueur se caresse sous le menton avec les doigts serrés les uns contre les autres, le pouce posé contre le maxilaire droit.

Précisions

Geste courant du penseur. S'il dure, le joueur éprouve la douloureuse expérience de la "tempête sous un crâne" ! C'est encore plus le cas s'il a le regard fixe et/ou si ses yeux plongent vers ses cartes, vont et viennent entre deux objectifs.

Encore un geste de "faux teller". Ne vous y laissez pas prendre. Si vous le relancez au flop et s'il finit par payer, il a probablement un jeu.

posture **indécision**	**31**	**Expressions du doute**

visibilité	★★★	*fréquence*	★★★
posture de fond	★☆☆	*faux-tell*	★★★

Description

Diverses expressions qui expriment le doute.

Précisions

Il n'y a rien de nouveau ici, chacun d'entre nous est capable de remarquer une expression de doute chez l'émetteur.
Attention : il s'agit davantage *d'expressions* que de postures. Elles sont donc furtives, ou au moins très courtes. Mais la question demeure : ce doute est-il réel ? La plupart du temps, oui. Cependant, certains l'utilisent comme simulacre. Comme d'habitude, pour deviner si c'est le cas ou non, il vous faut une validation via des tells de renfort.

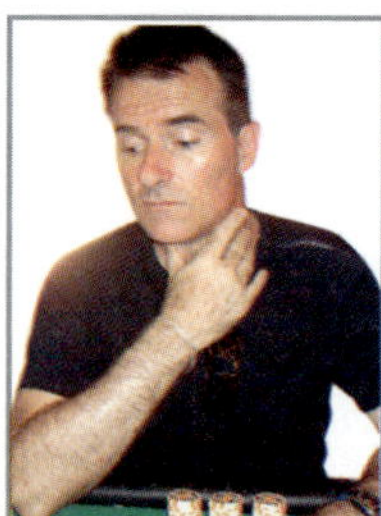

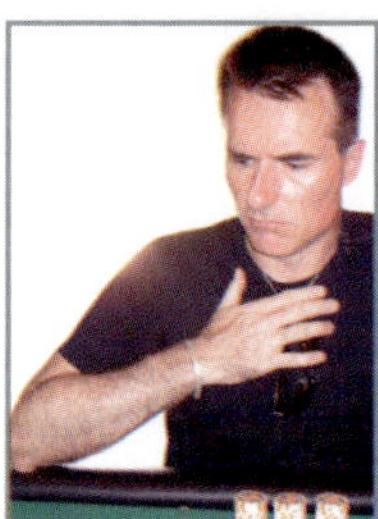

D'autres joueurs arborent régulièrement une de ces expressions, à chaque temps fort. Du coup, elle ne signifie plus rien car on ne voit pas pourquoi ils exprimeraient le doute quand ils reçoivent une bonne main. Ce sont les plus difficiles à gérer d'après moi.

posture **indécision**	**32**	**Touchez pas à mes jetons !**

visibilité	★★★	*fréquence*	★★★
posture de fond	★★☆	*faux-tell*	★★★

Description
Le joueur pose une main sur ou devant ses jetons. Ou encore, il prend des jetons en main dans un moment faible.

Précisions
Geste courant, il dénote la crainte qu'a le joueur de voir ses jetons s'envoler. Un joueur qui vient de doubler son petit tapis aura presque toujours le réflexe de "protéger" ses jetons avec sa main. Un peu comme un nabab qui manipulerait ses pièces d'or. *Attention* : plus le joueur tient fort ses jetons, plus il a envie de les jouer. Psychologiquement, il est prêt à les jouer, mais il craint toujours de les perdre.

20

POSTURAMA

17 POSTURES DE CRAINTE

> La vue de son visage bouleversé, ses sursauts, ses pâleurs et ses soudaines tensions d'oreille, me démoralisèrent ; et quand il laissa tomber un plat qui se cassa, je faillis m'élancer de mon siège.
>
> Robert Louis Stevenson
> *Olalla*

La crainte ne tue pas

Un joueur mal à l'aise, stressé, fatigué, sera plus craintif dans les moments les plus durs du jeu qu'un joueur de même force et de même caractère, mais en pleine possession de ses moyens. A la table de poker, la crainte est d'abord une question de forme physique et mentale.

Pourquoi ?

Parce que celui qui craint pour lui-même ressent en son tréfonds ce qu'ont ressenti nos lointains ancêtres quand il partaient à la chasse au gros gibier. Certains ne revenaient pas, d'autres revenaient meurtris. Ceux-là, souvent, devenaient craintifs. Les combattants qui sont revenus vivants des guerres mondiales ont subi des désordres psychiques le restant de leur vie. Certains perdaient même la parole ou la raison, tellement ce qu'ils avaient vu et vécu était indicible.

Le poker n'a rien de comparable évidemment avec une boucherie guerrière. Mais il n'en reste pas moins un champ de bataille. Les soldats partent au combat la fleur au fusil mais dès les premières escarmouches, ils ne tardent pas à combattre avec la peur au ventre.

Des signes qui ne trompent pas

Les postures de crainte ou de peur sont les plus faciles à reconnaître. Elles sont peu naturelles dans le domaine visuel du corps humain. Ces signes ne signifient pas forcément qu'on craint de perdre le coup en cours, mais qu'on est dans un *état craintif* qui perdure.

Comme dans l'état d'indécision, le joueur craintif préférera toujours, par défaut, jeter ses cartes plutôt que d'accepter de payer. C'est pourquoi il est facilement bluffable.

posture crainte	33	Je suis prêt à combattre mais j'ai peur !

visibilité	★★★	*fréquence*	★★☆
posture de fond	★★☆	*faux-tell*	★★★

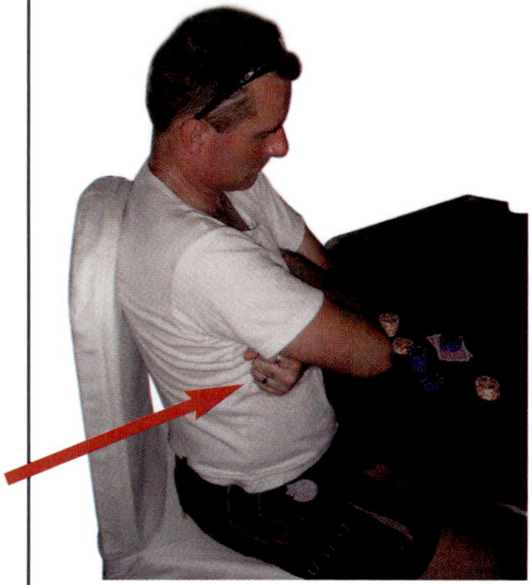

Description
Le joueur a les bras croisés.

Précisions
Le croisement des bras est une réaction de défense naturelle qui peut aussi exprimer un repli sur soi. Quand on n'est pas d'accord avec un argument émis par un interlocuteur, il est normal de croiser les bras.

En matière de poker, les choses sont différentes du fait du conflit permanent qui existe entre les joueurs et qui sert de ressort fondamental au jeu. Ici, le croisement des bras se lit comme un renforcement de la carapace et une préparation au combat.

Il existe deux sortes de croisements de bras au poker :

– *Le croisement de bras offensif*
Les bras sont crispés et les mains sont fermées en poings (ci-contre)

– Le croisement de bras défensif
Les bras sont assez lâches, comme dans la photo ci-contre.

Une autre variante, plus démonstrative : *les pouces sont ressortis en l'air,* comme des armes brandies à l'œil de l'ennemi. Le joueur annonce alors la couleur : si vous attaquez ou si vous contre-attaquez, vous devrez combattre car il ne va pas en rester là. En gros, le message est : *"Tu auras peut-être ma peau mais il faudra d'abord me passer sur le corps".*

Croiser les bras est chose facile, donc c'est un faux tell qu'on rencontre assez souvent. Mais encore une fois, un tell d'assurance ne suffit pas pour indiquer la puissance en cartes du joueur. Des tells de renfort s'imposent.

Dans la photo ci-contre, par exemple, le joueur a le regard fixe, il n'a pas protégé ses cartes et il se trouve au bouton... Trois signes qui peuvent laisser penser qu'il n'a pas une grosse main. S'il fait une relance dans ces conditions, cette posture dit qu'il est prêt à en découdre mais ce peut être de la poudre aux yeux pour intimider l'adversaire.

posture **crainte**	**34**	**J'ai le regard qui (me) tue !**

visibilité		*fréquence*	
posture de fond		*faux-tell*	

Description
Les yeux se froncent pendant plusieurs secondes.

Précisions
Ce signe est complexe car seul, il ne veut pas dire grand chose. S'il n'est pas physiologique (on fronce généralement les yeux par défaut d'acuité visuelle), il évoque en premier lieu la réaction d'un joueur agressif face à un adversaire qui "ose" le défier. Les yeux froncés au poker sont comme les "gros yeux" de la maman à son bambin.
Si le joueur fronce les sourcils au moment où apparaît le flop, la turn ou la river, c'est le signe d'une intense réflexion qui peut aussi bien signifier qu'il n'a rien ou qu'il a touché le pompon.
Dans tous les cas, il émane toujours de joueurs à fond agressif.

posture **crainte**	**35**	**Essayez donc d'anticiper mes réactions !**

visibilité	★★★	*fréquence*	★☆☆
posture de fond	★☆☆	*faux-tell*	★☆☆

Description
Le joueur passe régulièrement sa main dans les cheveux.

Précisions
C'est le signe typique du joueur incontrôlable. Il peut péter les plombs à tout moment, envoyer le tapis quand on s'y attend le moins, jeter ses cartes quand on le sentait relanceur...
Agressif par nature, il peut vous laminer par des relances sanglantes. C'est l'imprévisible par excellence. Un caractériel ! Pourtant, cette posture est peu connue. Le joueur craintif est parfois dangereux.

posture **crainte**	**36**	**Allumez la mèche et j'explose !**

visibilité	★★★	*fréquence*	★☆☆
posture de fond	★☆☆	*faux-tell*	★☆☆

Description
Posture agressive avec une cigarette coincée entre les dents.

Précisions
Encore un qui bouillonne intérieurement et qui attaque à tout bout de champ... parce que c'est la meilleure défense ! Le cigarette est comme une arme pointée vers l'ennemi, aussi il lui arrive d'oublier de l'allumer. Intérieurement, ce joueur est rongé par la frousse. L'interdiction de plus en plus générale du tabac dans les tournois de par le monde fait disparaître les tells impliquant des cigarettes, mais certains aficionados de l'herbe à Nicot gardent une cigarette sans l'allumer, par habitude. Ce qui rend ce tell encore plus visible.

posture **crainte**	**37**	**Je vous hais tous !**

visibilité	★★★	*fréquence*	★☆☆
posture de fond	★☆☆	*faux-tell*	☆☆☆

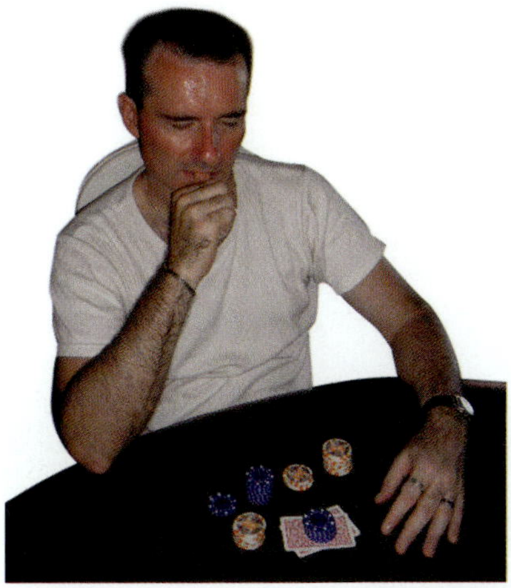

Description
Le joueur glisse son ongle entre ses dents.

Précisions
Ce joueur est profondément hargneux envers son adversaire, et même envers le monde entier… parce qu'il en a viscéralement peur. Il est agressif et peut attaquer. Il peut le faire sans distinction, aveuglé qu'il est par la haine que lui inspirent les autres.
Comme dans beaucoup de cas, cette haine viscérale est le résultat d'un manque d'affection, mais le joueur s'est trompé d'endroit pour en trouver... C'est sa grande erreur et aussi sa faiblesse. Evitez-le, laissez donc d'autres joueurs s'empaler sur lui.

posture **crainte**	**38**	**Je m'asseois sur une seule fesse !**

visibilité	★☆☆	*fréquence*	★☆☆
posture de fond	★★☆	*faux-tell*	★☆☆

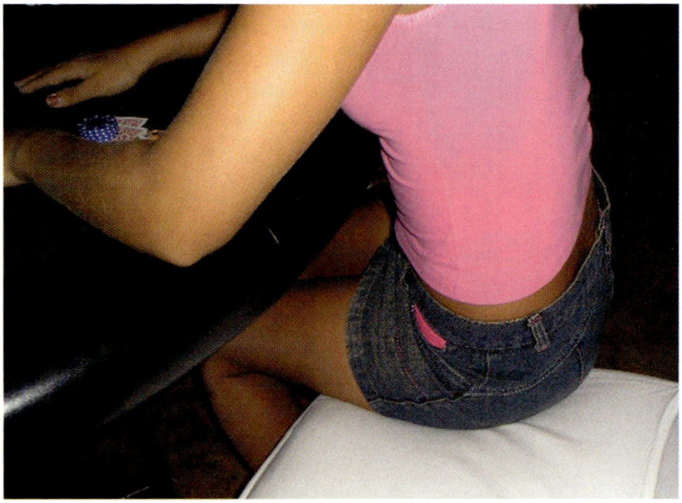

Description
Le joueur est assis sur une fesse au bord de son siège.

Précisions
Ce joueur ne se sent pas à sa place ici :
– soit il vient de prendre un gros *bad beat* et se trouve mal à l'aise pour continuer
– soit il est étouffé par des adversaires qu'il trouve trop forts pour lui
– soit il est timoré par nature.
Cette posture se rencontre davantage chez les joueuses que chez les joueurs. Chez les joueurs, elle est donc encore plus caractéristique encore d'une crainte.

posture **crainte**	**39**	**Des horreurs intérieures me traversent !**

visibilité	★★★	*fréquence*	★★★
posture de fond	★★★	*faux-tell*	★☆☆

Description
Le joueur a un coude en appui et son menton est posé sur sa main droite, sur une sorte de trépied formé par le pouce, l'index et le majeur. Ce trépied peut être aussi, comme sur la photo, en partie "écrasé".

Précisions
Ce joueur est traversé d'horreurs intérieures. Il cherche à se calmer mais se rend compte qu'il épouve une peur difficile à contenir. Si cette posture s'étend sur plusieurs coups, il est vraiment déstabilisé. Mais si elle est fugace et dure moins d'une minute, le joueur peut s'être "repris" intérieurement.

posture **crainte**	**40**	**Je commence à perdre les pédales !**

visibilité	★★★	*fréquence*	★★☆
posture de fond	★★☆	*faux-tell*	★☆☆

Description
Le joueur croise à la fois les bras et les jambes, de façon serrée, et se penche en avant, collé contre le rebord de la table.

Précisions
Si ce joueur était “blindé”, il ne chercherait pas à se protéger, signification habituelle du croisement de bras. La réalité est qu'il est fort contrarié et qu'il se sent en danger. Certains joueurs gardent cette posture pendant plusieurs coups, ce qui en dit long sur leur état d'esprit pendant cette période… et sur leur vulnérabilité. *Attention* : moins serrée, cette posture révèle l'assurance (voir “Je suis prêt à envoyer le tapis !”).

posture **crainte**	**41**	**Je suis tout près du “tilt” !**

visibilité	★★★	*fréquence*	★★☆
posture de fond	☆☆☆	*faux-tell*	★☆☆

Description

Le joueur se gratte derrière l’oreille, non pas discrètement, mais avec une certaine vigueur. Le geste peut être assez long et/ou répétitif.

Précisions

Tous les grattages trahissent un certain mal à l’aise.
Ce joueur est manifestement intimidé par ce qui lui arrive. Il voudrait être ailleurs et ne sait plus trop comment faire pour se sortir de sa situation. Il n’est pas loin du “tilt”.

posture **crainte**	**42**	**J'ai peur mais je veux le cacher !**

visibilité	★★★	*fréquence*	★☆☆
posture de fond	★★☆	*faux-tell*	★★☆

Description

Le joueur est assis de travers sur sa chaise. Son coude est posé sur le dossier de la chaise et l'avant-bras est pendant.

Précisions

Ce joueur prend une pose. Comme il est mal à l'aise, il change sa façon d'affronter ce qui lui vient de face, exactement comme un bateau qui prend la houle en léger travers pour éviter de trop tanguer.

Mais s'il fait cela, c'est d'abord parce qu'il est *déstabilisé*. Il a peut-être fait plusieurs tentatives infructueuses pour contrôler la table, et cette posture traduit sa frustration.

posture **crainte**	**43**	**Je suis encore plus près du "tilt" !**

visibilité	★★★	*fréquence*	★☆☆
posture de fond	★☆☆	*faux-tell*	★☆☆

Description

Le joueur se gratte avec vigueur sous les bras et sur le corps, à répétition.

Précisions

Là encore, il y a grattage donc mal à l'aise. Mais plus fort encore que le simple grattage d'oreille, ce geste inspire une sorte d'appel au secours intérieur. Le "tilt" est vraiment proche, le joueur est désemparé. On voit mal comment il pourrait payer la moindre relance de bluff !

posture
crainte

44 Je coule, je coule !

visibilité	★★☆	*fréquence*	★☆☆
posture de fond	★★☆	*faux-tell*	★★☆

Description
Le joueur s'agrippe des deux mains au bord de la table tout en se rapprochant d'elle. *Variante* : le joueur s'agrippe aux accoudoirs de son fauteuil.

Précisions
Ce joueur subit une dure contrariété intérieure qui débouche sur une sensation de crainte. Le fait qu'il se rapproche de la table pourrait donner à penser qu'il est à l'aise mais il n'en est rien : un joueur à l'aise ne s'agrippe pas à la table ainsi. S'il se rapproche de la table, c'est par simple effet mécanique, comme un naufragé se raccroche à une bouée de sauvetage.

posture **crainte**	**45**	**J'ai envie de me flinguer !**

visibilité		*fréquence*	
posture de fond		*faux-tell*	

Attention double-sens

Description

Le joueur a les deux coudes en appui et chaque index, tendu, posé sur la tempe respective.

Précisions

Ce joueur est tiraillé intérieurement entre deux décisons contradictoires à prendre, d'où le "double accès" extérieur au cerveau. Il a manifestement beaucoup de mal à gérer cette situation et va commettre probablement une grosse erreur tout de suite de type "délestage", comme un all-in libératoire mais mortel. Et s'il ne le fait pas tout de suite, il le fera bientôt.
Attention : c'est aussi l'autre sens de la posture "J'observe mais c'est tant pis pour vous !" (nez pincé).

posture **crainte**	**46**	**Une bouée, vite !**

visibilité	★★★	*fréquence*	★☆☆
posture de fond	★☆☆	*faux-tell*	★★☆

Description

Le joueur tient une main posée sur l'épaule opposée, non pour se gratter, mais pour la garder sans mouvement.

Précisions

Ce joueur est *intimidé*, il se trouve dans un endroit où se passent des choses qui le dépassent. C'est une posture qu'on rencontre chez des joueurs jeunes ou qui manquent d'expérience, quand ils sont assis à des tables où se trouvent de grands champions. C'est aussi une posture plus courante chez les femmes que chez les hommes, qui rejoint celle, typique, de la main posée sur la gorge.

posture **crainte**	**47**	**Je sens que je vais paniquer !**

visibilité	★★☆	*fréquence*	★★☆
posture de fond	★★☆	*faux-tell*	☆☆☆

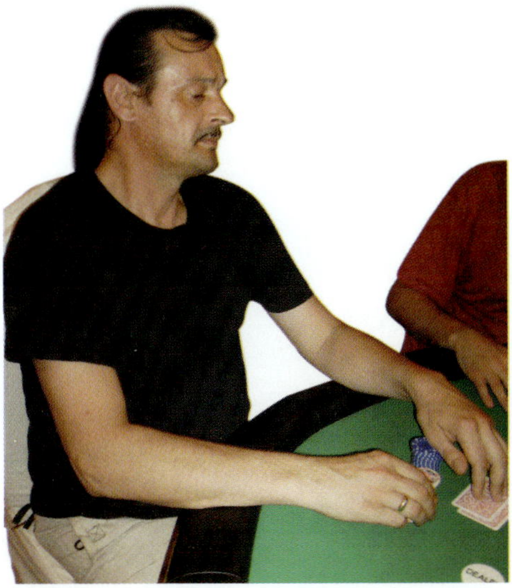

Description
Le joueur est loin de la table.

Précisions
Un grand classique. Le fait de ne pas vouloir s'approcher de la table signifie clairement que le joueur n'est pas à l'aise et qu'il craint le jeu, soit viscéralement (il devrait arrêter le poker !), soit dans les conditions du jour.
Cette posture est courante après que le joueur a essuyé un ou plusieurs échecs, ce qui le rend timoré pour la suite des opérations. Une série de bons coups peut le faire se rapprocher de la table, signifiant qu'il a retrouvé sa confiance en lui.

posture **crainte**	**48**	**J'ai quelque chose à me reprocher !**

visibilité	★★★	*fréquence*	☆☆☆
posture de fond	★☆☆	*faux-tell*	★☆☆

Description
Les deux poings du joueur sont posés en bord de table.

Précisions
Ce joueur a manifestement quelque chose à se reprocher, ce qui le rend craintif et mal dans sa peau. C'est rare dans le monde des joueurs de poker, aussi si vous rencontrez ce joueur, sachez qu'il est prêt à partir en courant si la porte de derrière s'ouvre en grand.
Attention : il est loin d'avoir tilté. Mais s'il vous relance fortement tout en gardant cette posture, il s'agit probablement d'un bluff.

posture **crainte**	**49**	**Mais arrêtez donc de m'énerver !**

visibilité	★★★	*fréquence*	★★★
posture de fond	★☆☆	*faux-tell*	★☆☆

Description
Coude en appui, le menton est posé sur les phalanges du poing fermé.

Précisions
Quelqu'un l'énerve à la table, à vous de deviner qui... car il se sent de plus en plus craintif. En tout cas, il tend à multiplier les agressions. C'est excellent pour vous car à un moment ou à un autre, il va forcément commettre un bluff de trop et va perdre une bonne part de son tapis, ce qui devrait le rendre hystérique et facile à éliminer. *Attention* : cette posture est aussi courante chez les joueurs fatigués. Comme de coutume, faites la part entre le physiologique et le psychologique.

21

POSTURAMA
19 POSTURES D'ASSURANCE

> Il dit non avec la tête
>
> Mais il dit oui avec le cœur
>
> Jacques Prévert
> *Le cancre*

Les deux visages de l'assurance au poker

L'assurance au poker recouvre deux réalités et il est essentiel pour vous d'en être totalement conscient, sans quoi vous allez droit à des contre-sens majeurs générateurs d'échecs :

– *soit le joueur est sûr de gagner parce qu'il est max ou quasi max :* il ne craint pas l'abattage

– *soit le joueur se sent sûr de gagner bien qu'il bluffe :* il craint l'abattage mais assume son agression.

Dans les deux cas, la posture de l'assurance est la même, mais il va de soi que les "tells de renfort" peuvent varier :

– s'il ne craint pas l'abattage, son maintien général sera détendu

– s'il craint l'abattage, il peut émettre des tells d'incertitude ou une nervosité soudaine.

En plus, le même joueur émet généralement deux postures d'assurance : une quand il craint l'abattage, l'autre quand il ne le craint pas.

A vous aussi de détecter la posture d'assurance de fond, qui caractérise le joueur qui n'a pas froid aux yeux d'une manière fondamentale.

Les postures féminines

A la fin de ce chapitre, vous verrez trois postures d'assurance propres aux *joueuses*. Elles sont signalées par ce logo :

♀

posture **assurance**	**50**	**Je suis prêt à envoyer le paquet, alors du calme !**

visibilité	★★★	*fréquence*	★★★
posture de fond	★★☆	*faux-tell*	★☆☆

Description
Le menton est posé dans la main ouverte en cornet, pouce contre la joue. Le joueur est en position avancée sur la table.

Précisions
Le joueur est prêt à l'attaque. Il est totalement sur ses gardes, et cette posture n'est presque jamais une posture de fatigue, contrairement à ce qu'elle suggère. Le maintien du menton avec appui du coude est un leurre. L'agression n'aura peut-être pas lieu mais l'ennemi est aux portes et la balle est dans le canon, prête à partir ! Cette posture ne doit pas être confondue avec celle où la main *recouvre la bouche*, qui trahit une plus forte réflexion (voir "Dans le brouillard mais pas dans la panade !").

posture **assurance**	**51**	**On m'appelle Gillette triple lame !**

visibilité	★★☆	*fréquence*	★☆☆
posture de fond	★★☆	*faux-tell*	★★☆

"Quand il avait le dos tourné, Cécile le regardait avec mépris et passait plusieurs fois sur ses joues le revers de sa main sale."

Pierre Mac Orlan
Le chant de l'équipage

Description
Les doigts repliés d'une main, coude en appui, caressent une joue du joueur.

Précisions
Cette posture peut durer des heures si le personnage s'y plaît. Le geste "rasoir" décrit bien son état d'esprit : il en a un peu marre... Mais n'est-ce pas un faux-semblant ?
En fait, ce geste est tout de *satisfaction intérieure*. A ce moment, ce joueur est probablement avec un beau tapis et n'est sûrement pas tilté. Et contrairement à ce qu'il laisse accroire, il est prêt à bondir sur le premier venu dès qu'il le sent à sa portée. C'est le geste de l'agressivité rentrée. Peut-être un pro en action.

posture **assurance**	**52**	**Avachi ou affalé, à vous de voir !**

visibilité	★★★	*fréquence*	★★☆
posture de fond	★☆☆	*faux-tell*	★☆☆

Description

Le joueur est avachi sur sa chaise ou affalé sur la table.

Précisions

Cette posture typique connaît diverses formes et pourtant elle signifie à la fois tout et son contraire : soit une assurance parfaite du joueur, soit une fatigue réelle qui requiert une pause.
La posture de gauche est surtout démonstrative de l'assurance, car le joueur "s'ouvre" sur l'extérieur, fait tomber les protections, ce qu'il ne peut faire que quand il est psychologiquement sûr de lui.
Celle de droite évoque davantage la fatigue, mais cela mérite d'être validé par une observation fine.

posture **assurance**	**53**	**Ne pensez pas que je me la joue !**

visibilité	★★☆	*fréquence*	★☆☆
posture de fond	☆☆☆	*faux-tell*	☆☆☆

Description

La langue du joueur pousse sur la paroi intérieure d'une joue. Le joueur répète ce signe régulièrement.

Précisions

Encore un joueur sûr de lui, prêt à démarrer au quart de tour dès que l'occasion se présente !

Ce signe assez rare signale un agressif dans l'âme, mais qui a un défaut : il adore flamber. S'il ne bluffe pas, il est donc capable de payer son tapis avec un tirage ventral au flop, par exemple.

Attention : une fois de plus, attention au tell physiologique. Le joueur a peut-être une affection interne dans la joue, ce qui n'a donc rien à voir avec son état d'esprit. A vous de valider ce point.

posture **assurance**	**54**	**Chacun pour soi !**

visibilité	★☆☆	*fréquence*	★☆☆
posture de fond	★☆☆	*faux-tell*	☆☆☆

Description
Le joueur se passe régulièrement la langue sur les lèvres.

Précisions
Ce joueur est à l'aise dans le jeu, il se délecte donc en permanence. C'est un individualiste en diable et son plus grand plaisir consiste à éliminer ses adversaires. Tant qu'il se passe la langue sur les lèvres, il est dangereux.
Quand les choses se gâtent, il se passera moins la langue sur les lèvres mais il perdra assez facilement les pédales. Cela le mettra à la portée de vos bluffs. Par ailleurs, il ne sera pas loin du tilt, comme tous les joueurs frustrés.

posture **assurance**	**55**	**Je pense donc j'essuie !**

visibilité	★★★	*fréquence*	★☆☆
posture de fond	☆☆☆	*faux-tell*	★☆☆

Description
Le joueur essuie ses lunettes régulièrement, apparemment sans raison.

Précisions
A chaque fois qu'il essuie ses lunettes, c'est parce qu'il vient d'observer quelque chose d'intéressant dont il va se servir pour mieux piéger ses adversaires : un tell, un coup bien mené, l'élimination d'un adversaire, etc.
Il est tapi comme un renard, prêt à sauter sur sa proie dès qu'elle passera à sa portée.
Evidemment, si ses lunettes ont de la buée ou se salissent vite, cette posture ne présente aucun intérêt.

posture
assurance

56

Je suis droit dans mes bottes !

visibilité	★★★	*fréquence*	★★★
posture de fond	★★☆	*faux-tell*	★☆☆

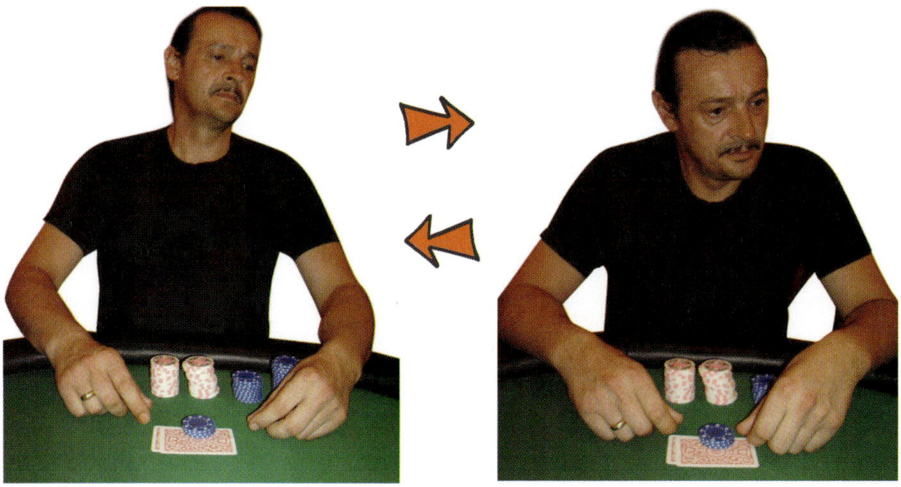

Description
Torse dressé, regard “hautain” *versus* torse penché, regard direct.

Précisions – 2 cas :
– *Posture de fond : posture de gauche*. Et soudain, il passe à la posture de droite, plus “en avant”, moins haute : l’agression se fait plus proche, le coup devient plus digne d’intérêt pour ce joueur.
– *Posture de fond : posture de droite*. Et après avoir gagné un coup ou deux, il prend la posture de gauche, plus droite et dégagée. Ou, plus grave, il prend la posture de gauche en réaction à un flop : il est sûr de lui, il domine, il ne bluffe pas !
Attention au joueur qui prend la posture de gauche en reculant de la table avec une moue : il ressent de la crainte, il est impressionné.

posture **assurance**	**57**	**Si tu es gai, ris donc !**

visibilité	★★☆	*fréquence*	★☆☆
posture de fond	☆☆☆	*faux-tell*	★★★

Description

Coude en appui, la main est devant la bouche pour masquer le sourire ou le rire du joueur ("rire sous cape").

Précisions

Il est heureux, c'est tout ! Mais chez lui, tout ce qui affaiblit les adversaires le rend heureux. Il n'est pas forcément agressif, mais quand il a cette posture reconnaissable, on doit d'attendre à ce qu'il envoie des jetons très rapidement, car il est sûr de lui.
Attention : chez un joueur chevronné, ce signe peut être aussi celui d'un bluff car il fait "semblant" de rire sous cape (il simule).

posture **assurance**	**58**	**J'attaque toutes voiles dehors !**

visibilité	★★★	*fréquence*	★☆☆
posture de fond	★★★	*faux-tell*	☆☆☆

La "lippe pendante" de Phil Ivey.

Description

Le joueur garde la bouche entr'ouverte en permanence.

Précisions

Si ce joueur n'a pas de problème respiratoire (et il faudra vous en assurer), sachez que cette attitude béate ne présage rien de bon. Ce joueur est indéboulonnable et totalement imprévisible, il fera tout ce qu'il veut s'il en a envie à tout moment, même si, bien sûr, ce n'est qu'une façade.

La bouche béante est comme le piège qui reste ouvert jusqu'à ce qu'il se referme brutalement sur sa proie. Un des meilleurs joueurs du monde est coutumier du fait et son nom est Phil Ivey.

posture **assurance**	**59**	**C'est moi le danger public n°1 !**

visibilité	★★★	*fréquence*	★★☆
posture de fond	★☆☆	*faux-tell*	★☆☆

Description

Coude en appui, l'index est posé en "moustache" sous le nez.

Précisions

Lui, c'est l'empêcheur de relancer en rond. Vous me direz que tous les joueurs sont un peu comme ça, mais celui-là mérite la palme ! Toujours prêt à attaquer, il exploite toutes les possibilités pour essayer de vous faire "tilter", de vous importuner, de vous prendre des jetons.

Ses agressions sont toujours ciblées et il est vraiment dangereux. Laissez les autres se frotter à lui.

posture **assurance**	**60**	**Bon, sur lequel je tape maintenant ?**

visibilité	★★★	*fréquence*	★☆☆
posture de fond	★☆☆	*faux-tell*	☆☆☆

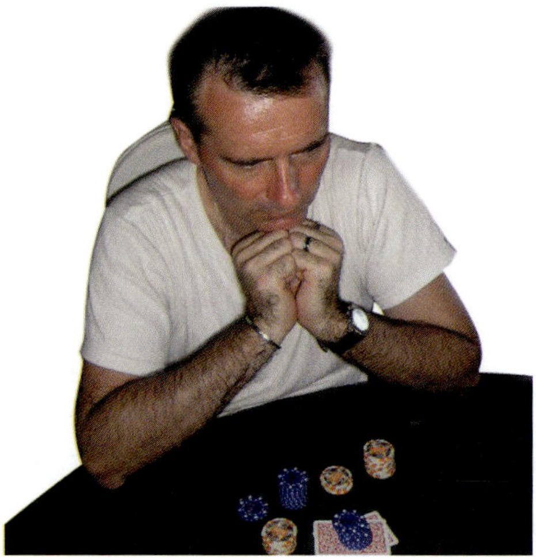

Description
Les coudes en appui, le menton est posé sur les deux poings collés l'un à l'autre.

Précisions
Posture typique facile à reconnaître ! mais pas si courante. Les poings fermés sont ceux du bagarreur et le port du menton est celui du penseur.
Ce joueur-là n'en a jamais assez, il attaque toujours et encore, et tant qu'il arbore cette posture, cela ne fera que croître et embellir. Dès lors, deux solutions : ou il arrive à se réfréner pour être plus sélectif, ou il n'y arrive pas et il va forcément tomber sur un os à un moment donné. Être trop sûr de soi n'est pas toujours un plus…

posture **assurance**	**61**	**Je suis prêt à envoyer le tapis !**

visibilité	★★★	*fréquence*	★★☆
posture de fond	★☆☆	*faux-tell*	★★☆

Description

Une main recouvre l'autre sur le bord de la table, le torse est légèrement en avant.

Précisions

Posture d'attente très courante. Contrairement à ce qu'on croit de prime abord, quand le joueur est dans cette posture, il a déjà dépassé le stade de l'observation et il est déjà conditionné pour l'attaque. Regardez la joueuse de droite : sa posture est plus avancée, plus volontaire. Elle est en plein cœur d'un tournoi difficile et sa posture marque sa détermination à ne rien laisser passer. Elle est prête à "envoyer le tapis" à tout moment. *Attention* : plus serrée, cette posture évoque la crainte (voir "Je commence à perdre les pédales !".

posture **assurance**	**62**	**Vous allez trouver à qui parler !**

visibilité	★★★	*fréquence*	★☆☆
posture de fond	★★★	*faux-tell*	★★☆

Description

Les deux pouces sont appuyés l'un contre l'autre et les doigts sont croisés. Les coudes sont en appui et les mains sont très en avant.

Précisions

La position avancée des mains et la position reculée du corps, dans une posture maîtrisée, montrent que ce joueur est prêt à en découdre. Ses mains sont comme des épées tendues. Ce joueur est déterminé, il a touché de bonnes cartes et il s'apprête à attaquer. S'il garde cette posture longtemps, il est dans un état d'attaque permanent. Celui-là n'est pas ici pour s'amuser mais pour faire dans l'efficace. C'est peut-être un pro. *Attention* : à ne pas confondre avec le "Tell trompeur", où les mains sont moins avancées.

posture **assurance**	**63**	**Je t'attends au coin du bois !**

visibilité	★★☆	*fréquence*	★☆☆
posture de fond	☆☆☆	*faux-tell*	☆☆☆

Description

Le joueur est assis bien à fond dans son siège, le dos contre le dossier, les mains l'une sur l'autre sur ses jambes.

Précisions

Ce joueur n'est pas dans ce coup précis mais il est totalement sûr de lui, maître de lui-même et de ce qui l'entoure. Il se place en léger retrait pour mieux observer ce qui se passe, mais il a de toute façon les pieds dans les starting blocks pour l'attaque qui peut être fulgurante dès le prochain coup.

Curieusement, peu de joueurs conservateurs arborent cette posture. Elle serait plutôt l'apanage de joueurs agressifs.

posture **assurance**	**64**	**J'adore ce que je vois !**

visibilité	★★★	*fréquence*	★☆☆
posture de fond	☆☆☆	*faux-tell*	★☆☆

Posture "du crapaud".

Description

Les deux mains sont posées sur le bord de la table et le joueur se penche vers l'avant.

Précisions

C'est la “posture du crapaud”. Le flop plaît manifestement à ce joueur et il va attaquer, ou va laisser venir des adversaires pour les contre-attaquer. Cette posture avancée s'explique : le joueur amortit la surprise d'avoir touché un gros jeu.

Attention : certains joueurs utilisent cette posture comme faux tell, comme s'ils avaient du mal à voir les cartes, ce qui “serait” un signe de faiblesse en cartes. Il n'en est rien : la plupart du temps c'est bien un signe d'hyper-puissance.

posture **assurance**	**65**	**Oh que c'est joli !**

visibilité	★★☆	*fréquence*	★★☆
posture de fond	★☆☆	*faux-tell*	★★☆

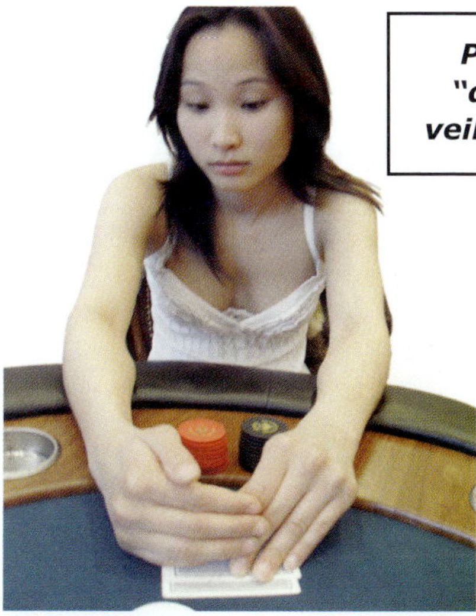

Posture "d'émerveillement".

Description

Les sourcils se lèvent et restent ainsi pendant quelques secondes.

Précisions

C'est la "posture d'émerveillement". Vous la trouverez non seulement pendant le *first checking*, mais aussi à l'apparition du flop, de la turn et de la river. Elle peut se renforcer d'une légère avancée du torse. Le joueur découvre quelque chose qui lui plaît, et comme il était "endormi" depuis un moment par un jeu sans fard et des cartes nulles, il découvre soudain une pépite, ce qui déclenche l'ouverture de ses yeux, donc la levée des sourcils. L'attaque est imminente.
"*On ne hausse pas les sourcils en croisant des inconnus dans la rue ni en apercevant des gens qui nous déplaisent.*" (Pease)

posture **assurance**	**66**	**Pourquoi couper les cheveux en quatre ?** ♀

visibilité	★★★	*fréquence*	★★★
posture de fond	★☆☆	*faux-tell*	☆☆☆

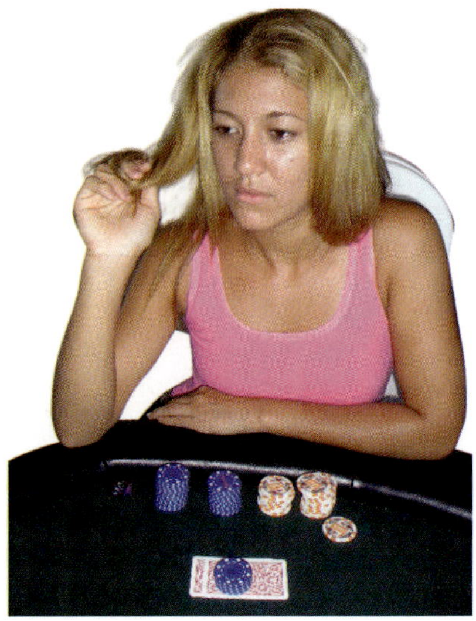

Description

La joueuse triture ses cheveux, avec un ou plusieurs doigts.

Précisions

L'agressivité féminine pokérienne est un monde qui n'a pas été encore bien exploré et qui mérite une étude à part. Le coup du “doigt dans les cheveux” est significatif :

– *Un seul doigt* : elle est intimidée mais peut contre-attaquer.

– *Plusieurs doigts* : elle n'est en rien intimidée mais garde toute sa force pour donner libre cours à son agressivité naturelle.

Les cheveux longs sont une mine d'indices que le joueur doit calibrer et étalonner. Ils servent à rassurer les femmes mais, au poker, ce sont des pièges pour elles-mêmes.

posture **assurance**	**67**	**Je fais ma mante religieuse !** ♀	
visibilité	★★★	*fréquence*	★☆☆
posture de fond	★★☆	*faux-tell*	★☆☆

Posture du pont.

Description
Le menton de la joueuse est posé sur ses deux mains, doigts entrelacés, qui forment un “pont”, coudes en appui.

Précisions
C’est la “posture du pont”, qui implique que le buste soit légèrement en avant, donc en position d’attaque. Cette joueuse est une attaquante-née et vous n’êtes pas celui qui allez la déstabiliser aujourd’hui.
Cette posture vise à “enfumer” les adversaires. Elle est souvent tenue par des femmes qui cherchent à séduire. Ici c’est aussi le cas, mais pour mieux ensuite vous asséner un grand coup derrière la tête. Bref, c’est un piège du meilleur cru.

posture **assurance**	**68**	**Je suis béton !** ♀

visibilité	★★★	*fréquence*	★★☆
posture de fond	★☆☆	*faux-tell*	★★☆

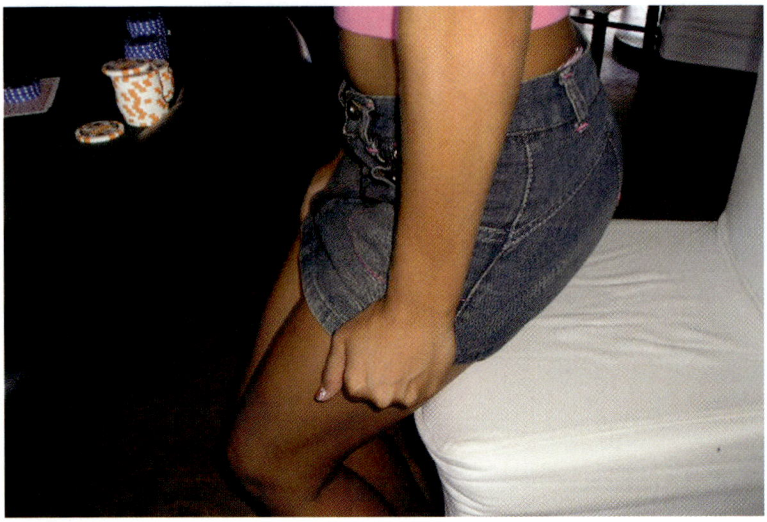

Description
La joueuse se redresse pour tirer sa mini-jupe vers le bas.

Précisions
Si vous pensez que ce geste est une réaction instinctive contre une agression extérieure, détrompez-vous. En faisant ce geste caractéristique et féminin, la joueuse se met *en avant*. Elle adore qu'on s'occupe d'elle. Mais une femme assise à une table de poker qui veut qu'on s'occupe d'elle n'a rien d'un petit oiseau apeuré. C'est une *tueuse* qui cherche au contraire à contrôler la table, à y être la star. D'ailleurs ici, la joueuse a déjà touché ses cartes. Elle a a priori un bon jeu, ou se prépare en tout cas à attaquer comme si elle en avait un, par exemple pour profiter d'un avantage de position ou de tapis.

22

POSTURAMA

12 POSTURES DIVERSES

> Rachel avait tendance à faire porter le poids de son corps vers l'avant et, lorsqu'elle laissait pendre ses bras, les coudes étaient toujours légèrement ployés.
> "C'est la posture du chasseur sur ses gardes", songea Rick.
>
> Philip K. Dick
> *Blade Runner*

Elles n'expriment ni vraiment l'observation, ni l'indécision, ni la crainte, ni l'assurance… et pourtant elles existent.

Les postures possibles à une table de poker se comptent pas centaines, mais encore une fois il ne s'agit pas ici de les montrer toutes. Il s'agit juste de mettre en valeur celles qui ont quelque chose à dire, ou du moins à dévoiler à propos de celui ou celle qui les arbore.

La question du timing

Dans le cadre des postures, la question du timing est importante.

– Si une posture se répète ou *dure longtemps*, ce ne peut pas être a priori une posture simulée, donc elle doit être sincère. Tenez-en le plus grand compte.

– Si une posture est au contraire *très brève*, elle aussi peut signifier quelque chose dans l'état d'esprit du joueur, quelque chose de décisif s'il n'est pas en train de simuler.

Un simulateur ne peut être que quelqu'un qui connaît déjà les tells. Il vous a donc prouvé qu'il était un joueur aguerri, non un débutant ou un joueur du dimanche. Seuls ces joueurs-là sont capables de simuler.

Car l'acte de simulation va bien au-delà que les actes stratégiques habituels à une table de poker. En plus, cela exige une clarté d'esprit excellente, un détachement par rapport au jeu. Ce n'est pas à la portée du premier joueur venu, surtout s'il est habitué de l'internet.

postures **diverses**	**69**	**La posture Navarro**	
visibilité ★★★		*fréquence* ★★★	
posture de fond ★★★		*faux-tell* ☆☆☆	

Description

Coudes en appui, une main enveloppe l'autre en poing et recouvre la bouche.

Précisions

D'après Joe Navarro, c'est la posture la plus sûre pour émettre le moins de tells possible. La posture Navarro de base élimine tout tell buccal ou labial.

La posture est stable, solide et permet d'instaurer un timing unique pour toutes les décisions que le joueur doit prendre (ou presque).

On la rencontre très souvent sous diverses formes. Mais celles où l'appui contre la bouche est remplacé par un appui contre le menton sont moins sûres car elles laissent voir les tells buccaux.

Posture Navarro modifiée : Coudes en appui, une main enveloppe l'autre en poing et le menton est posé dessus.

Précisions
On rencontre aussi souvent un dérivé de la posture Navarro de base, qui ne diffère de celle-ci que par la position des mains : le menton est posé sur le poing.
C'est davantage une posture d'observation que de protection, qui est pourtant l'argument premier de la posture Navarro d'origine.

D'autres dérivés se rencontrent aussi, comme celui-ci, avec les doigts entrelacés :

postures **diverses**	**70**	**Expressions du mensonge**

visibilité	★★☆	*fréquence*	★★☆
posture de fond	☆☆☆	*faux-tell*	★★☆

Description
Le joueur se touche souvent le visage.

Précisions
Une personne qui se touche souvent le visage et le cou est soupçonnée de mensonge. C'est ce qu'ont découvert les psychologues : *"Le visage est la partie la plus utilisée pour le camouflage des mensonges"; "Le mensonge provoque une sensation de picotement dans les tissus du visage et du cou."* (Pease)
L'exemple le plus célèbre est celui de Bill Clinton lors de sa déposition devant le Grand Jury à propos de l'affaire Lewinsky (une procédure *d'empeachment* était en cours, comme dans le cas de Richard Nixon avec le Water Gate, ce qui n'est pas rien). Clinton se touchait

rarement le nez quand il ne mentait pas. Quand il mentait, il fronçait les sourcils pendant une fraction de seconde avant de porter la main à son nez, un geste répété toutes les 4 minutes environ, à 26 reprises. Chaque fois que ses réponses étaient honnêtes, ce geste n'apparaissait pas.

En action de mensonge, les hommes ravalent plus leur salive que les femmes, du fait de leur pomme d'Adam. Une femme est beaucoup plus capable de dépister un mensonge qu'un homme. Elle est aussi plus capable que lui de mentir sans se faire prendre.

Mise en garde
Mais Pease précise bien ceci : ce n'est pas parce qu'une personne porte sa main à son visage qu'elle est automatiquement en train de mentir. En-dehors des cas d'urgences physiologiques habituelles, elle peut aussi *cacher des informations*, et l'observation de ses autres gestes viendra infirmer ou confirmer les soupçons.

postures **diverses**	**71**	**Posture post-Navarro**	
visibilité	★★★	*fréquence*	★★☆
posture de fond	★☆☆	*faux-tell*	☆☆☆

Description
Le dos d'une main reste collé à la joue opposée, coude en appui.

Précisions
Vue comme cela, cette posture est des plus curieuses. En fait, il s'agit la plupart du temps d'une posture Navarro partiellement défaite. Partant d'une posture Navarro, le joueur a besoin d'une des ses deux mains, alors il s'en sert pendant que l'autre main reste en position contre la joue. Quand il aura fini de se servir de sa main, elle reviendra en place pour reformer la Navarro d'origine.
Cela a une signification : il n'a pas l'intention pour le moment de se mobiliser entièrement sur ce coup. Une relance adverse va même peut-être le lui faire lâcher facilement.

postures **diverses**	**72**	**Je suis dans un état proche de l'Ohio !**

visibilité	★☆☆	*fréquence*	★☆☆
posture de fond	★★☆	*faux-tell*	★☆☆

Description

Une main qui en gratte une autre régulièrement. Une lèvre qui se fait mordiller. Les yeux sont dans le vague dans un cas comme dans l'autre.

Précisions

Ce joueur est manifestement au bout de tout : de nerfs, du rouleau, de ses espoirs... C'est une omelette baveuse sur tapis vert. Du coup, il est en proie à une instabilité permanente. Il peut jeter une grosse main et envoyer le tapis avec une main faible. Mais dans l'ensemble, quand un joueur est dans cet état proche de l'Ohio, quelque part "à l'ouest" (rien de nouveau), il va suivre plutôt qu'attaquer et sera plus conservateur.

postures **diverses**	**73**	**Je suis près de mes sous !**

visibilité	★★★	*fréquence*	★☆☆
posture de fond	★☆☆	*faux-tell*	★☆☆

Description
Coude en appui, l'index est contre la joue.

Précisions
D'après Messinger, ces deux postures signifient deux choses bien différentes :
– *Index gauche (photo de gauche)* : l'homme est près de ses sous, il n'est pas du genre à payer !
– *Index droit (photo de droite)* : l'homme est plutôt joueur et peut être séduit pour payer.
En matière de poker, on touche ici à la séduction d'un piège : si le piège est bien présenté, l'homme de l'index droit tombera plus facilement dedans.

postures **diverses**	**74**	**Au secours, j'ai des œillères !**

visibilité	★☆☆	*fréquence*	★☆☆
posture de fond	★★★	*faux-tell*	☆☆☆

Description
Le joueur oublie ses cigarettes dans le cendrier alors qu'il les a à peine commencées.

Précisions
Encore un inadapté du poker ! Risque-tout et pourtant défaitiste, il a des œillères : quand il a décidé quelque chose, il n'en dérogera pour rien au monde.
Pourtant, il peut avoir un aspect qui impressionne (la photo en atteste). Mais très vite, en l'observant bien, vous verrez que ce personnage n'a, lui non plus, rien à faire à une table de poker… Le poker exige de la souplesse et il ignore ce que signifie ce mot !

postures **diverses**	**75**	**Allô maman, bobo !**

visibilité		*fréquence*	
posture de fond		*faux-tell*	

Description
Le joueur "tête" son mégot de cigarette.

Précisions
Mais que fait donc ce joueur à une table de poker ? Il a un manque affectif énorme. Le mégot, c'est le sein de sa mère. Il veut qu'on l'aime par-dessus tout et il vient à un endroit où on passe le plus clair de son temps à donner des coups et à en recevoir…
Même en laissant de côté le fait qu'il n'a pas inventé l'eau chaude (mais ce ne serait pas le premier), c'est une proie rêvée pour les amateurs de lecture de tells sincères, dont cet individu se montre grand pourvoyeur.

postures **diverses**	**76**	**C'est moi qui serai le premier !**

visibilité	★★★	*fréquence*	★☆☆
posture de fond	★☆☆	*faux-tell*	☆☆☆

Description
Coude en appui, le menton est posé sur le sommet des deux mains verticales jointes en prière.

Précisions
Non, ce joueur n'implore personne ni ne rend grâce ! Simplement, c'est le plus beau des frustrés ! Il accepte très mal de ne pas avoir le plus gros tapis de la table. Il va donc attaquer à outrance tant qu'il ne sera pas chip-leader.
C'est sa faiblesse : il va forcément bluffer un peu trop, voler un pot de trop… et vous pourrez le coincer alors.
Attention : bien que proche de la posture "J'observe mais ce que je vois est exagéré !", celle-ci n'a rien à voir.

postures **diverses**	**77**	**I want YOU !**

visibilité	★★★	*fréquence*	★☆☆
posture de fond	★☆☆	*faux-tell*	★☆☆

Description
Tout en parlant, le joueur pointe son doigt sur son interlocuteur.

Précisions
Ce semblant d'arme qu'il brandit n'est qu'une épée de papier... Elle lui sert à se donner une contenance car le personnage est de ceux à qui la victoire fait aussi peur que l'échec, aussi fait-il tout pour se maintenir entre deux eaux. Il regarde les autres s'exploser autour de lui avec contentement en attendant son tour, il applaudit aux succès des autres, et pourtant ne fait rien pour gagner vraiment.
C'est un *inadapté* de plus au poker, ce jeu où l'on veut gagner, où l'on *doit* gagner. Lui se contente de jouer, sans plus, aussi sa place à la table est-elle réassurée par ce genre de gestes creux.

postures **diverses**	**78**	**Ron-ron...**

visibilité	★★★	*fréquence*	★☆☆
posture de fond	★☆☆	*faux-tell*	☆☆☆

Description
Le joueur est presque couché sur la table, la tête dans le bras plié.

Précisions
Avoir un joueur qui dort à table n'est pas courant mais c'est visible. Cela arrive de temps en temps pendant les marathons des tournois internationaux. Les joueurs combattent dix ou quatorze heures de rang, et même avec les pauses, le système nerveux demande grâce à la fin. Un joueur peut aussi avoir un "coup de pompe" et cette posture est réparatrice, sans pour autant sommeiller.
Il est rare qu'un joueur l'utilise pour feindre d'être fatigué. C'est pourtant une bonne idée pour susciter un bluff adverse. A bon entendeur...

postures **diverses**	**79**	**Le tell trompeur !**	
visibilité	★★★	*fréquence*	★★★
posture de fond	★★☆	*faux-tell*	★☆☆

Description
Les doigts sont entrelacés, au-dessus de la table, les avant-bras sont quasiment horizontaux, posés sur le bord de la table.

Précisions
Si je vous montre cette posture, c'est parce qu'elle est très courante. Mais le problème est qu'elle est peu conclusive. Le torse droit, les cartes protégées donnent à penser que l'homme est sûr de lui. Mais ses doigts entrelacés évoquent une recherche de *protection*. Il serait plus menaçant si ses mains étaient côte à côte plutôt que fermées dans cette position de défense. Cacherait-il quelque chose ?
Attention : à ne pas confondre avec la posture "Vous allez trouver à qui parler !", où les mains sont davantage portées vers l'avant.

postures **diverses**	**80**	**R. A. S. ...**

visibilité	★☆☆	*fréquence*	★★★
posture de fond	★★★	*faux-tell*	★★☆

Description
Rien à signaler sur ce joueur.

Précisions
Le joueur est assis au fond de son siège, un léger sourire aux lèvres, il ne fait aucune mimique, il a l'œil vif... En-dehors du fait qu'il a un peu chaud (c'est normal, nous sommes sous les tropiques), rien de spécial à dire sur ce joueur. Il est dans l'attente décontractée.
Deux signes sont à noter : sa tête légèrement penchée à droite, qui montre qu'il observe bien ce qui se passe, et les jetons dans sa main droite qui montrent qu'il est prêt à passer à l'action. Un autre signe : ses cartes protégées, qui révèlent qu'il a probablement un bon jeu, sauf si ce joueur observe ce rite quelles que soient ses cartes.

23

TELLORAMA

20 séquences de force

> Lentement, Cronjager se renversa dans son fauteuil, posa une cheville sur son genou et frotta la cheville en question de sa main nerveuse et maigre. Sa figure mince avait une expression froide et âpre.
>
> Raymond Chandler
> *Le grand sommeil*

Maintenant que nous avons fini d'examiner les postures, nous allons passer aux actions de jeu en elles-mêmes.

Dans ce chapitre, nous n'allons pas examiner les actions de jeu qui visent à déstabiliser l'adversaire ou à le manipuler. C'est ce que nous ferons dans le "Manipulorama", dans le Niveau suivant. Ici, nous allons voir des séquence typiques où, au pire, le joueur ne sait pas ce qu'il fait, mais où, au mieux, il *frise* la manipulation de l'adversaire.

Ce chapitre est consacré aux séquences de **force**. Le suivant est consacré aux séquences de **faiblesse/ bluff.**

Des séquences

Si j'emploie le mot "séquence", c'est parce que la grande majorité des tells que nous allons voir connaît plusieurs étapes. Nous en avons déjà évoqué un certain nombre dans les pages précédentes, mais cette fois, nous les passons en revue en tant que telles (pardon pour ce jeu de mot vaseux, mais je ne le ferai qu'une seule fois dans ce livre).

"Typique" ne veut pas dire "classique". Certes, j'ai inclus des tells classiques car ceux-ci sont courants et je ne vois pas au nom de quoi je priverais mon lecteur des tells courants. Mais j'ai ajouté un certain nombre de tells qui n'ont jamais été publiés nulle part auparavant, y compris des tells dont j'ai été le témoin. Cette remarque vaut aussi pour le "Manipulorama".

Comme dans le cas des postures, ces séquences apparaissent sous forme de fiches séparées assorties de caractéristiques précises.

séquence **force**	**1**	**Je protège ce qui est précieux !**

visibilité	★★★	*fréquence*	★★☆
Il protège sa main.		*faux-tell*	★☆☆

A gauche, il paie le surblind.
A droite, quelques coups plus tard, il paie le surblind aussi, mais *protège* sa main (il la “cappe” avec des jetons).

Précisions. Quand un joueur protège sa main alors qu’il ne le fait pas habituellement, c’est parce qu’elle est plus précieuse à ses yeux ! Donc qu’elle est meilleure.

Tells de renfort. Le regard franchement intéressé du joueur guette la sortie du flop comme le chat guette un trou de souris ! A coup sûr, ce joueur va émettre un tell si le flop l’arrange… ou s’il ne l’arrange pas.

séquence **force**	**2**	**Je suis tout sourire !**

visibilité	★★★	*fréquence*	★☆☆
Il mise en souriant.		*faux-tell*	★★☆

1. Le joueur ouvre, il a l'air un peu crispé en poussant ses jetons.
2. Le joueur ouvre d'un même montant et il sourit en poussant ses jetons.

Précisions. D'après vous, dans laquelle de ces deux situations le joueur est-il le meilleur en cartes ? Quand il sourit, bien sûr ! (du moins si son sourire semble sincère)
C'est inévitable chez les joueurs débutants et les joueurs intermédiaires : quand ils ont du jeu, le stress tombe et le sourire devient inconscient. Ce signal est *universel* !
Ce tell est valable même chez les joueurs aguerris. Car un bluffeur aura du mal à simuler un sourire crédible. Son sourire sera le plus souvent un tantinet crispé. Voir la fiche "Le sourire traître".

séquence **force**	**3**	**Plus je vais vite et plus je suis fort !**

visibilité	★★☆	*fréquence*	★★☆
Il réagit plus rapidement.		*faux-tell*	★☆☆

Le processus habituel de mise :
1. Levée et prise de connaissance des cartes (temps variable).
2. Repose des cartes et temps de réflexion.
3. Mise.

Chaque joueur observe son propre “timing”. Et chez les joueurs qui jouent souvent, c’est une mécanique bien huilée, toujours la même. Résultats : quand les tells sont là, ils le sont pour longtemps ! A vous d’essayer de les débusquer.
Or, chaque joueur a ses points faibles dans ces tout premiers moments du coup. Notamment, certaines mains sont plus difficiles à “lire” que d’autres.

Mains rapides à décoder :

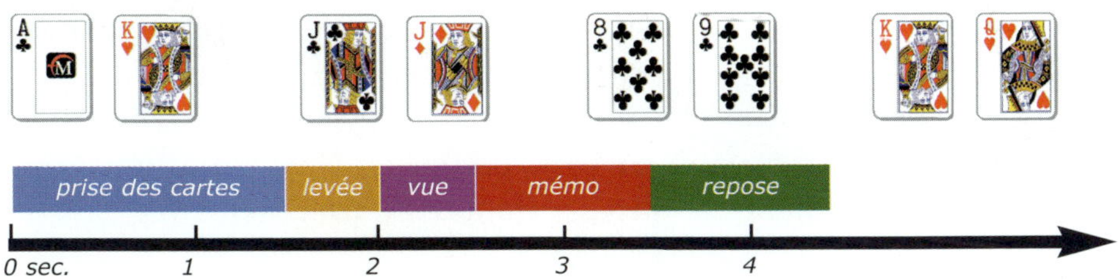

Mains lentes à décoder :

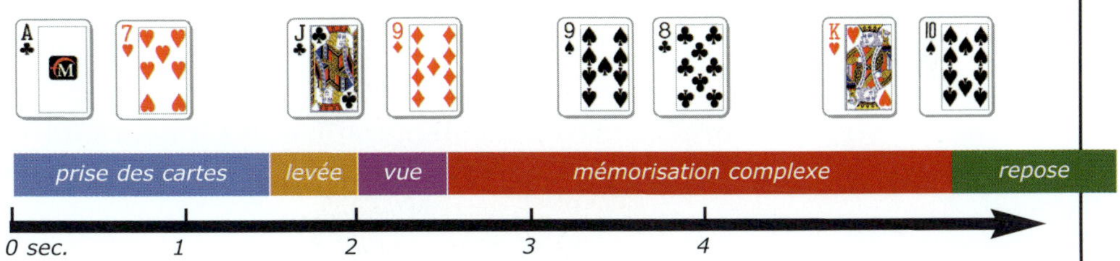

Le timing de la prise de décision diffère également. Si cela ne “dit” pas quelle main possède le joueur, cela en élimine un certain nombre qu’il ne peut de toute façon *pas posséder*, ce qui peut s’avérer précieux quand le flop s’affiche.

séquence **force**	**4**	**Je ne parle que de bonnes choses !**

visibilité	★★☆	*fréquence*	★★☆
Il parle tout en misant.		*faux-tell*	★☆☆

1. Le joueur pousse ses jetons et les regarde en même temps. Il est dans son jeu, il est introverti, et son voisin, qui est hors du coup, observe ce qui se passe.

2. Le joueur pousse ses jetons tout en se tournant vers son voisin qui est hors du coup, et lui parle. Ce qu'il lui dit n'a souvent rien à voir avec le jeu, c'est une banalité comme *"Tu trouves pas qu'il fait chaud, ici ?"*

Précisions. D'après vous, dans laquelle de ces deux situations le joueur est-il le meilleur en cartes ? Quand il parle, bien sûr !

Nous rejoignons ici le cas du joueur qui sourit. Le sourire est un acte vers l'autre, un acte que l'on fait comme si on était ami-ami. Parler avec son voisin relève du même processus. Il s'agit de montrer à l'adversaire qu'on est décontracté et qu'il n'a rien à craindre de nous.
Là encore, sont concernés surtout les débutants et les joueurs intermédiaires.

Même cas si un joueur tient une conversation animée avec un ami qui suit la partie. S'il relance fort tout en soutenant la conversation et s'il renouvelle les enchères fortes au flop, il détient une main forte, probablement As-Roi, As-Dame ou une grosse paire en main.

séquence **force**	**5**	**Je mise en gardant mes cartes ouvertes !**

visibilité	★★★	*fréquence*	★☆☆
Il mise sans dépôt des cartes.		*faux-tell*	★☆☆

Situation. Après un *second checking* préflop ou au flop, le joueur mise en gardant ses cartes relevées.

Précisions. *Le tell surprise !* Lors de la séance photo, Michel devait poser pour une séquence de manipulation, ce qu'il a fait. Mais cette photo qui fait partie de la séquence révèle ce tell énorme, que j'avais d'ailleurs déjà rencontré une fois.
Coïncidence d'autant plus heureuse que je n'avais pas prévu de faire figurer ce tell dans ce livre… Ce qui aurait été dommage car il a une qualité rare : il ne ment jamais.
Il ramène au principe que le joueur “aime ce qu'il voit” et donc, inconsciemment, le garde devant ses yeux. C'est le signe d'une bonne main. Franchement, je vois mal un joueur en plein bluff se découvrir de cette manière.

séquence **force**	**6**	**Je me fais tout petit !**

visibilité		*fréquence*	
Il s'efface.		*faux-tell*	

1 - Préflop. Le joueur s'apprête à ouvrir. Son adversaire garde les yeux baissés sur ses jetons et paie l'ouverture.
2 - Au flop : J♥ 3♠ J♠. Le joueur s'apprête à ouvrir encore. Son adversaire garde encore les yeux baissés sur ses jetons.
Attention : l'adversaire va très probablement relancer.

Précisions. Le fait qu'il regarde ses jetons se justifie de deux façons :
– il envisage d'en miser
– il ne veut pas que son regard soit une menace, donc il "l'enferme" en le faisant plonger vers le bas.
Et il y a fort à parier qu'il ne bluffe pas, donc qu'il possède un Valet, voire 3-3.

Un indice. L'adversaire touche déjà ses jetons. Ce peut être évidemment un faux tell, mais si ce joueur est déjà calibré comme étant étranger aux faux tells, ce n'est pas le cas et il est vraiment fort.

ACW

séquence **force**	**7**	**Je vais miser, attention !**
visibilité ★★★		*fréquence* ★☆☆
Il s'apprête à miser.		*faux-tell* ★★☆

1. A la river, l'adversaire (à droite) a déjà décidé qu'il allait miser.
2. L'ayant aperçu du coin de l'œil, le joueur qui parle avant lui, et qui espérait miser lui aussi, se trouve désarçonné. Car il ne souhaite pas être relancé !

Précisions. Ce tell "générique" est diamétralement opposé au tell précédent. Ici, l'adversaire, au lieu d'inciter inconsciemment à ouvrir, incite inconsciemment le joueur à *checker*.
Revers de la médaille : le joueur, qui peut avoir un très gros jeu, peut être tenté de checker dans l'espoir de faire un check-raise dûment calculé.
Nous retrouverons ce processus dans le "Manipulorama" car il est à la base de manipulations diverses.

séquence **force**	**8**	**Je vais payer ou relancer !**
visibilité ★★☆		*fréquence* ★★☆
Il porte sa main à ses jetons.		*faux-tell* ★★☆

Situation. Le joueur de gauche vient de poser une relance et le joueur suivant est en pleine réflexion. Il porte la main à ses jetons et les tripote.

Précisions. En-dehors du fait que sa posture ou ses gestes peuvent laisser deviner quelle décision il va prendre, une chose ne trompe presque jamais : s'il porte sa main sur ses jetons, il va probablement payer ou relancer.
Ce tell ne vaut pas pour tous les joueurs mais il est imparable chez certains.

séquence **force**	**9**	**J'ai vraiment une main pourrie !**
visibilité ★★☆	*fréquence* ★★☆	
Il s'apprête à passer.	*faux-tell* ★★☆	

1. A la river, le joueur de droite a déjà levé ses cartes pour les jeter.
2. L'ayant aperçu du coin de l'œil, le joueur qui est en position de petit blind est incité à ouvrir pour enlever le pot, même s'il n'a rien. Car ce faisant, il gagnera d'office le coup, sans abattre.

Précisions. Ce tell est "générique", pourrait-on dire, d'une série de tells simulés que nous verrons dans la partie "Manipulorama". Il est vrai qu'un joueur qui attend pour se décider est toujours à l'affût de ce que va faire le joueur qui le suit.
A la moindre esquisse de jeu à jeter ou, au contraire, de jeu à relancer, il peut faire deux choses contraires : ouvrir ou checker.

séquence **force**	**10**	**Délit de fuite du regard préflop !**

visibilité	★★☆	*fréquence*	★★☆
Il plonge l'œil vers ses jetons.		*faux-tell*	★☆☆

1. La joueuse prend connaissance de ses cartes privatives.
2. Son regard plonge immédiatement sur ses jetons.

Précisions. Plus subtil mais plus sincère que le suivant, ce tell est un vrai révélateur quand vous avez affaire à un joueur de niveau moyen qui n'entend visiblement rien aux tells.
Le "plongeon" du regard est net mais furtif. Et plus la main est forte, plus le plongeon est *net.*
Evidemment, ce tell a lieu y compris quand le joueur prend connaissance *en avance* de ses cartes, donc avant que son heure de parler n'ait sonné, comme c'est le cas avec l'écrasante majorité des joueurs qui ne sont pas évolués.

séquence **force**	**11**	**Délit de fuite du regard au flop !**

visibilité	★★☆	*fréquence*	★☆☆
Le regard s'écarte.		*faux-tell*	★☆☆

1 - Au flop : 7♠ 3♦ A♣. Le flop arrive à peine et le joueur (dont ce n'est pas encore le tour de parler) le regarde furtivement…
2. … puis ses yeux plongent immédiatement vers ses jetons…
3. … après quoi ses yeux vont "voir ailleurs".
4. Ses yeux peuvent revenir quelques secondes plus tard vers le flop, comme le montre la photo, ou n'y revenir que quand c'est à son tour de parler.

Précisions. Le triptyque habituel du regard se produit dès que le flop apparaît et que le joueur l'a identifié :
– plongée directe et furtive vers les jetons
– puis fuite du regard vers un ailleurs quelconque
– enfin, retour à plus ou moins brève échéance vers le flop.
Dans ce cas-ci, il est probable qu'il possède A-7, A-3, 7-7 ou 3-3. Ce qui est quasiment certain, c'est qu'il va ouvrir ou relancer. Quant à vous, si vous avez envie de le bluffer, reportez l'opération à plus tard…

Variante. La deuxième photo montre que le joueur écarte ses mains en même temps qu'il regarde ses jetons. C'est un signe supplémentaire que le joueur a touché son flop : ses mains se préparent à prendre des jetons pour les envoyer. Si, à cet instant, le joueur "cappe" ses cartes avec des jetons ou un autre objet, le doute n'est plus permis.

séquence **force**	**12**	**Je regarde à nouveau parce que j'aime ça !**

visibilité	★★☆	*fréquence*	★★☆
Il voit ses cartes en 3 fois.		*faux-tell*	★☆☆

1. Le joueur de droite regarde sa première carte dès qu'elle lui arrive.
2. Le joueur regarde sa deuxième carte dès qu'elle lui arrive.
3. Le joueur regarde à nouveau sa main, cette fois les deux cartes ensemble.

La plupart des joueurs débutants et même intermédiaires regardent leurs cartes une par une. Pourquoi une telle précipitation ? Parce qu'ils aiment jouer, pardi ! Le poker, c'est leur dada ! Plus que tout, ils ne savent pas ce que signifie le mot “discipline” et encore moins le mot “tell”.

Ce sont donc deux signes de faiblesse, et non de force. Certes. Mais le signe de force est dans le fait de regarder à nouveau les deux cartes ensuite (photo 3). Et de s'y attarder avec un air béat !

Précisions. Évidemment, il faut oppooser ici la précaution habituelle, à savoir que si le joueur opère ce processus à chaque fois qu'il reçoit des cartes, le fait de regarder à nouveau ses cartes en fin de processus n'a aucune valeur particulière. Chez ce joueur-là, vous devrez donc vous mettre en chasse d'un autre tell pour essayer de savoir s'il est fort ou faible en cartes.

Le joueur de gauche, lui, est plus conforme à ce que l'on voit sur les tables des tournois internationaux : il regarde ses deux cartes en une seule fois, en fin de distribution. Le plus souvent, même, il les regarde seulement quand c'est à son tour de parler.

Ici, exemple de vision des cartes en deux fois : le joueur regarde la première, puis la deuxième, mais ensuite il ne les regarde pas ensemble.

Cela prouve généralement une main faible. S'il s'agissait d'une main forte, il aurait plaisir à revoir les deux cartes ensemble.

séquence **force**	**13**	**Je vérifie ma force !**

visibilité	★★★	*fréquence*	★★★
Il regarde encore ses cartes.		*faux-tell*	★★☆

Situation au tableau 9♠ 2♠ 4♦ T♦ 4♣. A la river, la joueuse fait un *second checking* alors qu'aucun tirage n'est possible, ni à quinte ni à couleur. La river double une autre carte, ce qui donne une paire au tableau.

Précisions. La joueuse n'a aucune raison objective de faire un second checking. La carte qui double n'est pas la plus forte du tableau et il n'y a aucun tirage. Donc il faut voir son second checking comme une vérification du type *"Normalement, je suis encore la plus forte."* Elle peut l'être si elle possède, par exemple, A-9 et si vous n'avez jamais relancé sur le coup. Ne vous fiez pas à son air un peu perdu. D'autant que si vous relancez son ouverture, elle devinera que vous bluffez sur la paire de Quatre et saura vous payer.

séquence **force**	**14**	**Le second checking au flan !**

visibilité	★★☆	*fréquence*	★☆☆
Il revoit encore ses cartes.		*faux-tell*	★★☆

Situation au flop Q♥ K♦ 3♦. L'ouvreur est relancé au triple, puis il effectue un second checking en faisant la moue.

Précisions. L'ouvreur a vraiment un jeu, mais s'il regarde à nouveau ses cartes, c'est pour voir une chose : si son As est celui de la couleur ou non (dans notre exemple, carreau). Comme il soupçonne le relanceur d'avoir le tirage à carreau, si lui-même possède l'As de carreau, il sait que le relanceur ne peut avoir au mieux que le tirage à couleur *seconde*.
La moue n'est qu'un signe de doute envoyé à l'adversaire. Ce joueur-là possède probablement A-K, Q-Q, 3-3 voire K-K.

Variante. Une autre possibilité, dans ce cas de figure précis, serait qu'il possède la main A♦ Q♦. Il aurait alors lui-même la deuxième paire avec kicker max, plus le tirage à couleur max, ce qui le mettrait à 43% contre la main A-K et à 51% contre la main K-T.

Variante. Une troisième possibilité, toujours dans ce cas de figure, serait qu'il possède la main J♦ 10♦, ce qui lui donnerait un tirage à quinte ouvert doublé d'un tirage à couleur. Cette fois, il serait favori à 52% contre A-K et à 54% contre K-T.

Ces deux variantes ne sont pas des possibilités aléatoires. Si vous êtes les relanceur, vous pouvez, d'après ce que vous savez de l'ouvreur et de la manière dont il a joué préflop, pencher davantage pour une solution et écarter a priori les deux autres.

Le second checking effectué par un ouvreur qui s'est fait relancer préfigure souvent une sur-relance, surtout s'il s'accompagne d'une moue qui n'a qu'un seul but : faire croire à l'adversaire qu'on a un doute sur son propre jeu pour l'inciter à payer la sur-relance prochaine.

Ce tell est à la limite de la manipulation.

Attention : on a toujours davantage plaisir à faire un "second checking" sur une bonne main que sur une mauvaise. C'est pourquoi le joueur qui prend connaissance de ses cartes une par une revoit ensuite ses deux cartes ensemble quand elles forment une belle main.

séquence **force**	**15**	**Je croise mes mains en action !**

visibilité	★★★	*fréquence*	★☆☆
Il croise ses mains.		*faux-tell*	☆☆☆

Situation. Le joueur protège ses cartes avec une main et mise avec l'autre main. Pendant ce processus, les deux mlains ses croisent (la photo est prise à la fin du processus, quand la main est revenu au stack).

Précisions. Pour avoir autant de mal à se séparer de ses cartes, ce joueur y tient forcément ! Donc qu'elles forment une bonne main.

C'est une variante du tell avec le cap. Mais, ici, il y a action, donc dynamique. Le joueur préfère se gêner dans ses gestes que de lâcher ses cartes.

Ce tell est peu répandu, et par conséquent peu reproduit. Quand vous le repérerez, vous verrez qu'il sera rarement simulé.

séquence **force**	**16**	**Passons aux choses sérieuses !**

visibilité	★★★	*fréquence*	★☆☆
Il rapproche sa chaise.		*faux-tell*	★☆☆

1. Le joueur est avachi sur son jeu, sa posture est passive.
2. Après avoir vu ses cartes ou le flop, le joueur prend sa chaise à deux mains et l'avance, soit muettement, soit en disant quelque chose comme : *"Passons aux choses sérieuses."*

Précisions. Cela crève les yeux de la part d'un joueur qui patiente depuis des heures sans avoir la moindre raison d'entrer dans le jeu ! Ce tell est un des rares qui soient à la fois visibles en diable sans pour autant porter le soupçon sur ce détenteur d'une grosse main.

Variante. Au lieu d'avancer son siège, le joueur s'avance lui-même *sur* son siège, les fesses dès lors posées sur l'avant du siège et le buste penché fortement en avant.

séquence **force**	**17**	**Moi, quand je relance, je garde mon calme !**

visibilité	★★☆	*fréquence*	★★☆
Elle relance avec sérénité.		*faux-tell*	★★★

(photos ci-contre) **1.** Au flop, le joueur checke. La joueuse prend une pile de jetons et l'avance devant elle…
2. … sans aucun effet, tout en détournant les yeux, "pudiquement" en quelque sorte.

Précisions.
C'est une forme de "faible signifie fort" : la joueuse fait une ouverture discrète, sans tambour ni trompettes, calmement, comme si de rien n'était… parce qu'elle ne veut surtout pas perdre son adversaire. Pour autant, elle ne veut pas non plus checker. C'est donc qu'elle ne veut pas donner de carte gratuite. Il est probable qu'elle possède la paire max et veut la défendre.
Le "détournement d'yeux pudique" se rencontre plus souvent chez les joueuses, qui l'utilisent dans la vie courante quand elles dédaignent quelque chose ou pour s'en départir.

Ici, un mélange entre ce tell et celui du "regard fuyant". Le joueur a posé sa relance et semble se désintéresser royalement de la suite des événements.

séquence **force**	**18**	**J'ai confiance, je me tourne vers lui !**

visibilité	★☆☆	*fréquence*	★★☆
Elle pivote vers l'adversaire.		*faux-tell*	★☆☆

1. Au tableau : K♥ 4♦ 6♠ 8♣ 2♥. Le joueur regarde intensément la river. La joueuse commence à pousser son tapis (elle fait all-in).
2. La joueuse a terminé de pousser ses jetons et attend maintenant la réaction de l'adversaire, le buste légèrement tourné vers lui.

Précisions. Il y a deux choses dans cette séquence :
– Quand le joueur fixe le troisième cœur qui complète une éventuelle couleur, il se dit en lui-même : *"Mince, ce n'est vraiment pas la carte que je voulais"*. Il est évident que, s'il tirait à cœur, il se détournerait du flop dès qu'il verrait le troisième cœur tomber parce qu'il serait à la fois libéré et soulagé. Le simple fait qu'il fixe la river n'est autre qu'un signe de regret.
– La joueuse, elle, semble adorer cette carte. D'ailleurs elle attaque all-in, puis se tourne légèrement vers son adversaire en attendant qu'il se décide à payer ou à passer.

Orienter le buste vers l'adversaire est un signe d'incitation, un signe de proximité. Sans aucun doute ce Deux de cœur arrange cette joueuse :
– Soit il lui donne la couleur
– Soit il lui donne une quinte (si elle possède 5-3, pourquoi pas ?).

Si elle attaque d'entrée à tapis au lieu d'ouvrir faiblement, c'est peut-être pour donner à penser à son adversaire qu'elle "arrache" le coup. Or, sa posture indique qu'elle ne bluffe vraiment pas.
Barbu, c'est le moment de quitter le coup et de laisser tomber ta paire de Rois !

séquence **force**	**19**	**Je transfère la menace du flop !**

visibilité	★★☆	*fréquence*	★☆☆
Il profite d'un flop menaçant.		*faux-tell*	★★☆

Situation. La turn arrive et c'est une carte menaçante. La croupière n'a même pas encore fini de la poser que le joueur qui parle en premier pousse déjà ses jetons pour faire une grosse ouverture.

Précisions.
Evidemment, dans le cas précis du flop Q♠ T♥ 9♥ J♠, les possibilités de bluff sont multiples : tirage à quinte, tirage à couleur, et bien sûr quinte avec une seule carte, notamment Roi. C'est pourquoi le joueur qui possède déjà une main ouvre comme s'il improvisait un semi-bluff, comme s'il était à tirage !
J'appelle ce principe le “transfert de menace” :
– le tableau est menaçant par nature
– donc j'attaque
– ce faisant, je deviens moi-même menaçant pour mes adversaires.

Cette manœuvre marche parfaitement quand la turn apporte deux tirages à couleur, ce qui permet presqu'à coup sûr d'écarter les tirages.

Inversement, cette méthode peut s'employer quand on est soi-même à tirage, car dans ce cas le détenteur de la paire max est tenté de payer. Mais si la river est de l'une ou l'autre couleur, que l'on ait soi-même couleur ou non, nous devrons presque toujours attaquer encore une fois.

ACW
POKER770

séquence **force**	**20**	**Je montre fièrement mon jeu à mon copain !**

visibilité	★★★	*fréquence*	★☆☆
Il montre son jeu à part.		*faux-tell*	★☆☆

Situation. Un joueur montre ses cartes à un ami qui passe ou qui observe l'action depuis le début. Ce geste a lieu non pas au moment d'une enchère mais au moment des cartes (préflop, au flop, à la turn ou à la river).

Précisions. Il montre son jeu parce qu'il veut que le joueur avec qui il le partage soit le témoin de la façon dont il va traiter les enchères maintenant, dans une situation que l'autre rêve d'avoir.
C'est donc presque toujours le signe d'une grosse main, voire d'une très grosse main.
Attention : des règlements interdisent de montrer sa main à un tiers.
Cette situation diffère de celle qui figure dans la fiche "Je partage mon regret !" qui se situe préflop ou sur un flop quelconque, et qui est au contraire un signe d'impuissance.

12 séquences

Faiblesse ou bluff

> Beaucoup d'hommes sages ont des cœurs secrets et des expressions transparentes.
>
> Francis Bacon

Il peut sembler paradoxal de mélanger la faiblesse en cartes et le bluff. Nous l'avons vu dans le cadre des postures, certaines postures d'assurance sont aussi celles de bluffeurs… simplement parce qu'ils sont *sûrs* que leur bluff va fonctionner.

Il en va différemment quand on examine les séquences. Car autant il est possible de simuler la force dans la posture que l'on arbore, autant il est difficile de le faire dans un enchaînement d'actions dynamique. Les exemples inclus dans ce chapitre vous le prouvent.

L'obstacle du débutant ou médiocre

Certains joueurs posent problème : les joueurs débutants ou médiocres. Ceux-là peuvent émettre un signe de force alors que leur main est authentiquement faible.

C'est le cas quand ils détiennent une petite paire, par exemple 5-5, et que le flop est Q-7-3. Un débutant tombera toujours dans le piège : il va s'imaginer fort alors qu'il est en grand danger dès qu'un adversaire montre la moindre velléité. Dès lors, étant objectivement faible, il va émettre des signes de force.

C'est encore plus vrai pour le joueur qui possède la main A-3 et qui rencontre le flop 3-4-5. Il est aveuglé par sa (troisième) paire et par son tirage (ventral) à quinte. Mais il est en grand danger car sa carte de chance est le Deux. Si un Deux arrive à la turn, il perd face au détenteur d'un Six, qui a une meilleure quinte, et partage le pot face avec le détenteur d'un As. Malgré ces inconvénients majeurs, ce joueur va émettre des tells de force ! Pensez au critère du *tri* des joueurs observés : évitez ceux dont les signes ne sont pas assez fiables.

séquence **faiblesse/ bluff**	**21**	**Le sourire traitre !**

visibilité	★☆☆	*fréquence*	★☆☆
Elle sourit mais elle tue.		*faux-tell*	★★☆

Situation. La joueuse vient de relancer et abore un sourire crispé tout en regardant son adversaire.

Précisions. Le sourire ne ment pas. Un sourire fait à contre-cœur est toujours crispé !
Moralité : quand vous bluffez, ne souriez jamais !
Certains joueurs, pour savoir si l'adversaire bluffe, le regardent intensément en souriant légèrement. L'adversaire naïf leur rend leur sourire, mais si celui-ci est crispé, l'affaire est pliée et la relance ne tarde jamais. Si le sourire est franc, le joueur jette ses cartes.

Il est possible d'obtenir le tell du "sourire crispé" sur sollicitation, mais aussi sans se donner la peine de le solliciter.

Ici, par exemple, l'attaquant sourit de lui-même comme s'il voulait exprimer un contentement intérieur.

La photo ci-dessous montre ce que voit le joueur de droite qui observe et réféchit.

séquence **faiblesse/ bluff**	**22**	**Près ou loin, et doucement et fort !**

visibilité	★☆☆	*fréquence*	★★☆
Il mise près ou fort.		*faux-tell*	★★☆

Situation. Le joueur ouvre. Il ne pousse pas ses jetons comme d'habitude, en pile (photo du bas), mais il les "jette" et ils s'étalent.

Précisions. Il y a deux choses dans ce tell que l'on rencontre souvent. Curieusement, ces deux choses sont contradictoires :

– Tout d'abord, une notion de *distance*. De même que plus un joueur est tendu vers l'avant et plus il est à l'attaque, ici plus il porte ses jetons vers le milieu du tapis et plus il est confiant.

– Ensuite, une notion *d'étalement*. Plus un joueur cherche à faire occuper du territoire aux jetons qu'il mise, plus il veut montrer que sa mise est menaçante... plus il est probable qu'il bluffe. C'est une des illustrations les plus évidentes de la loi sacro-sainte n°3, "Faible signifie fort et fort signifie faible".

Entre ces deux photos, celui que je crains le plus, a priori et toutes choses égales par ailleurs, est celui qui pousse sa mise en une pile, et qui semble incarner la "force tranquille".
Mais d'un autre côté, si ce joueur mise toujours de cette manière et si, cette fois, il pousse sa pile moins loin que d'habitude, j'en déduirai qu'il possède une main plutôt faible.
Encore une fois, nous observons dans ces fiches des tells isolés. Il va de soi, comme je l'ai précisé à plusieurs reprises, que tous ces signes doivent être validés par des "tells de renfort" qui vont dans le même sens, sans quoi il ne faut pas en tenir compte.

séquence **faiblesse/ bluff**	**23**	**Si je recule c'est pour amortir la claque !**

visibilité	★★☆	*fréquence*	★★☆
Il se recule sur son siège.		*faux-tell*	★☆☆

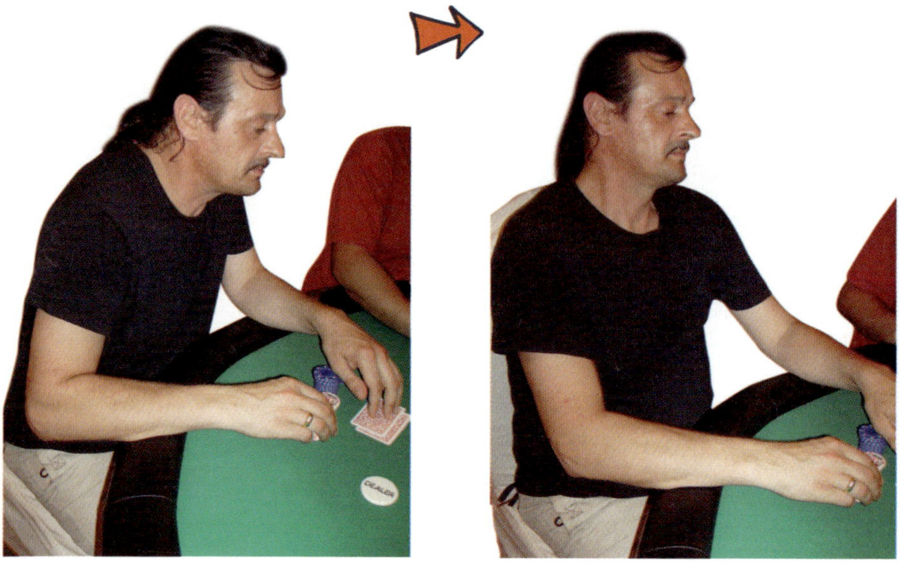

1. Situation au flop 5♥ T♠ 8♣. Le joueur ouvre.
2. Il se fait relancer au double par l'adversaire. Immédiatement, le buste de l'ouvreur recule.

Précisions. Le buste qui recule devant une relance, même imperceptiblement, est toujours un signe de *crainte*. Sur ce petit flop anodin, on peut penser que si l'ouvreur fait un continuation bet avec, par exemple, A-Q en main, il est profondément contrarié de se voir relancé. Car avec quoi l'adversaire peut l'avoir suivi, sinon quelque chose comme 5-5, 8-8 ou T-T, ce qui lui donne brelan, ou éventuellement J-9 (pour un tirage) ou T-8 (pour deux paires) ?
D'une manière générale, tout signe de *recul* signale la faiblesse.

DEALER
DEALER

séquence **faiblesse/ bluff**	**24**	**Je touche mes cartes !**

visibilité	★★★	*fréquence*	★★☆
Il s'apprête à passer.		*faux-tell*	★★★

Situation. Un joueur réfléchit, au besoin il fait un *second checking* (comme sur la photo). Mais le joueur qui suit a déjà pris sa décision, comme l'indique sa main : il est prêt à jeter ses cartes.

Précisions. L'anticipation est ultra-courante au poker et elle induit un biais à l'action. Car ici, qui est sincère et qui ne l'est pas ?
– Celui qui réfléchit peut prendre son temps pour essayer de susciter un geste de détente ou d'attaque de la part du joueur suivant.
– Celui qui se prépare à passer peut esquisser le geste pour que son prédécesseur se dépêche d'agir car il est impatient.
Ajoutons à ces possibilités les cas de manipulation (voir le "Manipulorama").

séquence **faiblesse/ bluff**	**25**	**J'aime bien les paris à part !**

visibilité	★★★	*fréquence*	★☆☆
Il parie avec un tiers.		*faux-tell*	☆☆☆

Situation. Un joueur discute avec un autre joueur de paris à part, voire il fait des paris à part avec lui. Ce joueur est forcément plus tourné vers la *flambe*, donc il aime "voir de la carte" et s'attache moins à gagner des coups qu'à former des combinaisons.

Précisions. Ce joueur est une aubaine pour les pros et pour les joueurs serrés car il tend à payer les relances pour compléter son tirage. C'est souvent un joueur agréable car, comme il aime le jeu en propre, il est de bonne humeur quand il est à la table de poker. L'idéal pour vous est qu'il touche quelques gros pots car, de fait, l'argent ne fera que transiter par son tapis.

séquence **faiblesse/ bluff**	**26**	**Ouf, j'ai quand même gagné !**	
visibilité	★★☆	*fréquence*	★☆☆
Il est soulagé de gagner.		*faux-tell*	★☆☆

1. Situation au tableau Q♥ K♦ 3♦ 8♣ 7♦. Le joueur ouvre à la river, son adversaire passe. Le joueur ramasse le pot sans montrer ses cartes mais esquisse une moue qui exprime son soulagement d'avoir gagné, qui signifie aussi *"Je n'aurais jamais payé si tu m'avais relancé"*.
2 (facultatif)**.** Le gagnant se tourne vers son adversaire.

Précisions. *Les secondes qui suivent l'action font encore partie de l'action !* Le bon chasseur de tells le sait. Et pendant que d'autres joueurs y vont de leurs commentaires, le chasseur reste à l'affût d'un signe, comme celui-ci, qui exprime sans ambiguïté que l'ouvreur ne pouvait en aucun cas supporter de relance adverse... donc qu'il était soit en bluff, soit avec un petit jeu.
La deuxième étape, celle où le gagnant regarde le perdant, n'a pas toujours lieu. D'une manière générale, quand un joueur gagne, il s'emploie à rassembler ses jetons tout en regardant ses piles se former. Après quoi arrivent immédiatement les cartes du coup suivant. Il n'a donc pas le temps de regarder le joueur battu – c'est d'ailleurs une chose que ne font généralement pas les joueurs.
Mais dans le cas du joueur qui gagne avec soulagement, j'ai remarqué que le "regard au perdant" est plus courant. Probablement parce qu'inconsciemment, le gagnant lui est reconnaissant de ne pas avoir contre-attaqué.

Le joueur de droite a passé après la dernière relance du joueur de gauche.
"Ouf ! J'ai eu chaud !" semble dire le joueur qui gagne le pot, sous l'œil noir de son adversaire... lequel ne se soucie apparemment pas de ce tell pourtant précieux.

séquence **faiblesse/ bluff**	**27**	**Je double-checke préflop !**

visibilité	★★★	*fréquence*	★★☆
Il regarde encore ses cartes.		*faux-tell*	★★★

Situation. Le petit blind fait une relance à 5 fois le surblind. Le surblindeur, qui avait déjà vu sa main, fait un *second checking*.

Précisions

Le second checking est :

– soit un aveu de faiblesse

– soit (plus rarement) le signe d'un joueur qui simule et qui va relancer.

Ici, c'est un aveu de faiblesse devant la taille de la relance adverse qui fait peut-être regretter le "second-checker" de devoir abandonner une main du type J♦ T♦.

séquence **faiblesse/ bluff**	**28**	**Je vérifie si j'ai le tirage à couleur !**

visibilité	★★★	*fréquence*	★★☆
Il regarde encore ses cartes.		*faux-tell*	★★☆

Situation au flop, à cœur. Un joueur fait un *second checking*.

Précisions. Le joueur ne possède probablement pas la couleur mais un As ou un Roi rouge et veut vérifier qu'il est à la bonne couleur. Sa physionomie à cet instant peut révéler son type de jeu.
Dans ce cadre-là, ce tell est significatif quand le flop ne comporte pas de grosse carte (de Valet à As), car sinon le joueur peut faire un second-checking pour vérifier s'il n'a pas *à la fois* paire et tirage.
Attention à la simulation de la part du véritable détenteur de la couleur. Mais un débutant ou un joueur moyen en est bien incapable.

séquence **faiblesse/ bluff**	**29**	**J'avais déjà prévu de relancer !**

visibilité	★★★	*fréquence*	★☆☆
Elle anticipe la relance.		*faux-tell*	★★☆

1. Au flop, à la turn ou à la river, le joueur de gauche checke. La joueuse le dévisage intensément pendant ce temps tout en tenant une pile de jetons.
2. *Sans quitter des yeux son adversaire*, la joueuse jette ses jetons devant elle, ce qui représente une grosse ouverture (environ la hauteur du pot).

Précisions. C'est une des illustrations les plus brutales de "Fort signifie faible". Comment penser une seule seconde que cette joueuse, agressive depuis le début de l'action au point d'avoir préparé à l'avance son ouverture, possède un gros jeu ?
Si le flop est menaçant, elle peut utiliser cette brutalité pour intimider, et il faut bien avouer que cela fonctionne presque toujours.

Variante simulée. Si la joueuse a identifié son adversaire comme un joueur aguerri, elle peut évidemment jouer la scène sous forme de faux tell en inversant les données, donc en possédant un gros jeu, comme un brelan.

séquence **faiblesse/ bluff**	**30**	**Je partage mon regret !**	
visibilité	★★★	*fréquence*	★★☆
Il montre sa main à un tiers.		*faux-tell*	★☆☆

Situation à la turn, avec deux tirages à couleur. Un joueur ouvre, l'autre montre ses cartes à un ami qui passe par là ou qui regardait le jeu depuis le début.

Précisions. Celui qui montre le fait par dépit. Il possède probablement deux grosses cartes assorties, par exemple A♣-Q♣. Il ne peut plus se permettre de suivre la grosse ouverture et il se prépare à passer. Mais avant de le faire, il veut qu'un tiers soit le témoin de son infortune ou, éventuellement, de sa force de caractère qui le pousse à passer cette main (ego).

Ce geste est souvent le fait d'un joueur qui aime "voir de la carte", un joueur qui n'est pas dominateur mais plutôt suiveur, de ceux qu'on qualifie aussi de "*calling stations*", ou *éléphants*.

Cette situation diffère de celle qui figure dans la fiche "Je montre fièrement mon jeu à mon copain !" qui se situe préflop, ou sur un flop quelconque, et qui est au contraire un signe de puissance.

LE "KIBITZER TELL"

Dans le langage des cercles américains, un "kibitzer" est une personne qui observe ce qui se passe à une table. Ce peut être aussi une personne qui accompagne un des joueurs et qui s'est assise derrière lui.

Le plus souvent, les adversaires n'aiment pas trop ça car l'accompagnant peut éventuellement être de mèche avec un autre joueur de la table et lui transmettre par signes discrets le jeu du joueur observé.

En-dehors de cette réserve, un accompagnant peut devenir un fournisseur de tells précieux. Le joueur observé ne pouvant pas, par définition, contrôler les mimiques de l'accompagnant, celui-ci peut *pendant des heures émettre tous les tells de la terre* que l'autre se garde bien d'émettre !

A chacun de se faire une idée sur le profil de l'accompagnant : est-ce vraiment un "méconnaisseur" total du poker ou, au contraire, un roi du faux-tell ? Une observation précise va forcément vous le prouver au bout de quelques instants.

Certains duos sont redoutables, surtout quand l'accompagnant est, par exemple, une jolie blonde au comportement écervelé, de laquelle on ne se méfie pas de prime abord.

séquence **faiblesse/ bluff**	**31**	**L'ouverture qui tue, celle du flop !**

visibilité	★★★	*fréquence*	★☆☆
Il fait un continuation bet.		*faux-tell*	★★☆

Situation au flop K♠ 4♥ 9♠**.** Le pot a été relancé préflop et le flop est dangereux : tirage à couleur possible et Roi. Le relanceur préflop prépare son "continuation bet", en trois temps :
– il observe le flop
– il prend les jetons
– il les dépose devant lui, c'est son ouverture.

Précisions. Nous ne voulons montrer aucun tell particulier dans cette séquence.
En revanche, je tiens à insister sur une chose. C'est que cette situation est probablement une des situations-clés du Texas hold'em no limit en matière d'observation des tells :
– elle concerne le premier joueur, qui est aussi le relanceur préflop
– or, sur un flop sans paire, ni couleur possible, ni quinte possible, il améliore sa main seulement une fois sur 3 s'il part avec A-K, par exemple; et s'il part avec une paire, il améliore à brelan seulement une fois sur 9 !
Ce qui signifie qu'*au moins 2 fois sur 3, l'ouvreur bluffe !*
C'est pourquoi un des "moves" les plus classiques envers le joueur moyen consiste à le relancer ensuite :
– S'il n'a pas au moins la paire max, il devra systématiquement passer.
– Mais si c'est un joueur chevronné et s'il a au moins une paire ou un tirage, il tendra à sur-relancer pour "contrer le contre".
Si vous affrontez ce joueur, votre *observation passée* vous dit s'il est capable de contrer et votre *observation présente* vous dit s'il est capable de bluffer à cet instant.

Un moment est crucial dans l'exploitation des tells :

Celui où le relanceur préflop ouvre au flop en étant premier à parler, en particulier sur des flops sans paire, sans quinte possible et sans couleur possible.

séquence **faiblesse/ bluff**	**32**	**Je t'examine au flop !**

visibilité	★★☆	*fréquence*	★☆☆
Il scrute le joueur, pas le flop.		*faux-tell*	★☆☆

Situation. Au flop, le joueur qui a la position (donc celui de droite, le bouton étant situé *avant* le joueur de gauche) ne s'occupe même pas du flop que vient de servir la croupière. Il aura tout le temps de le voir après.
Ce qui l'intéresse, c'est la physionomie et la posture de son adversaire qui, quoi qu'il fasse, devra s'exprimer avant lui.

Précisions. Le premier à parler au flop est toujours la cible des regards inquisiteurs de ses adversaires aguerris. Je précise bien *aguerris*, car un joueur qui ignore les tells n'aura jamais le réflexe d'observer son adversaire de cette manière à ce moment-là. Cette observation n'est pas naturelle, comme il n'est pas naturel d'attendre d'avoir la parole préflop pour découvrir ses cartes.
C'est aussi une façon de *provoquer* le tell chez l'adversaire qui doit parler.

Deux travers :

1. Si l'observé est malin, il peut simuler la faiblesse en cartes.

2. Si le joueur observe, c'est justement parce qu'il a lui-même un petit jeu ! S'il avait si gros jeu, aurait-il vraiment besoin d'informations sur son opposant ?

C'est en cela que c'est un tell de faiblesse.

25

Comment ne pas émettre de tells

Bon, maintenant j'ai mémorisé tous les tics dont tu m'as parlé, je les ai bannis, je ne me touche plus les doigts, ni mes petites perles blanches avec mon ongle. Mais si je veux gagner ce tournoi, il faut que tu me dises si j'ai un autre de ces tics mortels…

Max Allan Collins
Maverick

Comment ne pas émettre de tells : le titre est sans équivoque. Mais s'il s'agit de donner une recette, le chef cuisinier est encore à trouver. Car comme vous l'avez bien compris si vous avez lu le Niveau 1, nous sommes tous inégaux devant les tells… car nous sommes tous différents les uns des autres.

Or, il est aussi important de savoir lire les tells des autres que de ne pas en émettre soi-même.

Comment alors répondre à la détresse d'un joueur de poker qui passe son temps à se voir railler ses manies et ses tics par ses partenaires de jeu, qui sont au demeurant d'assez bons camarades pour le lui faire remarquer ?

La vérité est qu'il existe différentes manières, différentes approches pour tenter de réduire les tells émis. Et pour ce faire, il faut commencer par faire un diagnostic.

Diagnostiquez vos tells via la vidéo

Les grands champions disposent d'un diagnostic tout fait : les programmes télé. Il suffit qu'il se regardent en train de jouer pour se "*débriefer*" et juger par aux-mêmes ce qu'il faut changer dans leur comportement. C'est l'apanage des gens surmédiatisés que sont ces grands pros : leur image est omniprésente sur les médias spécialisés (il existe plusieurs chaînes qui ne diffusent que du poker 24 heures sur 24).

Eh bien, à vous de faire la même chose. Il est évidemment hors de question de proposer au cercle dans lequel vous jouez de recevoir la visite de caméras qui vont rester plantées autour de votre table. Ce n'est pas, mais alors pas du tout le genre de la maison !

Organisez plutôt une partie privée, chez vous, et installez un camescope numérique au bon endroit qui vous filmera pendant de longues heures. Vous verrez qu'au début, la caméra va forcément vous gêner, vous ne serez pas "dans la partie". Mais après deux ou trois échauffements, vous n'y penserez plus.

Car le secret est là : il faut impérativement que vous soyez *naturel* à l'image pour avoir des séquences vidéo criantes de vérité, que vous exploiterez ensuite.

"L'usage de la vidéo dans l'observation des phénomènes humains a amené certains commentateurs à considérer cette démarche comme révolutionnaire. Ils jugent ainsi les super-communicateurs sur ce qu'ils font et non sur ce qu'ils disent faire." (De Lassus)

Et les autres ?

Reste la question des autres joueurs. Vont-ils accepter la présence de cette caméra ? Je crois qu'à ce sujet, il faut jouer cartes sur table avec eux, si j'ose dire. Et leur expliquer dès l'invitation que vous devez vous filmer pour analyser votre comportement pokérien. C'est sibyllin, je sais, mais au moins c'est la vérité, et celle-ci n'est jamais tout à fait ridicule.

Maintenant, avec la multiplication des clubs locaux relayés par les blogs et les sites internet, vous n'aurez aucun mal à trouver assez de joueurs qui acceptent de figurer sur une table dont une partie seulement sera filmée.

Par ailleurs, il peut être amusant de vous filmer les uns après les autres au fil des parties et de partager vos connaissances en matière de comportement à la table de poker. Vous jouerez mieux tous, et vous pourrez ensuite, pourquoi pas, former un pool de joueurs. Mais j'anticipe...

Êtes-vous cinégénique ?

Après la séance vidéo, vous disposerez d'un matériel exceptionnel. Son exploitation nécessite de longues heures de visionnage, longues mais passionnantes. Je vous conseille de rassembler les séquences qui vous semblent "pathologiques" en termes de tells. C'est la meilleure manière d'avoir un concentré vidéo, qu'en plus vous pourrez visionner sur votre ordinateur de temps en temps pour mieux y travailler.

Pour la première fois vous allez vous visionner, vous voir comme les adversaires eux-mêmes vous voient jouer. Et vous allez affronter deux choses :

– votre apparence physique telle que vous ne l'avez jamais vue auparavant, celle du joueur de poker qui est en vous, à l'œuvre

– le fait que vous apparaissiez forcément *différent* de ce que vous êtes, du moins le croyez-vous, ce qui va vous pousser à travailler votre apparence physique et à éliminer les gestes qui vous déplaisent, voire qui vous *trahissent.*

C'est notamment après des séances vidéo de cette sorte qu'on décide ou non de porter des lunettes noires, de changer la façon dont on range ses jetons, de modifier sa façon de regarder ses cartes, d'opter pour des postures simplifiées, etc.

Les remèdes

Il n'y a rien de plus désagréable, quand on fait des efforts pour ne pas émettre de tells, de s'entendre dire par un joueur insignifiant qu'on *"émet un tell infaillible".* D'abord, quel est ce tell, intrigant ? Et surtout, est-ce que tu en aurais vu d'autres, par hasard ? Et enfin, sache que moi, ce n'est pas UN mais CENT tells que j'ai sur toi !

Le fait est qu'enrayer les tells n'est pas chose facile. Si vous en avez repéré grâce au diagnotic préventif, à vous de prendre les décisions qui s'imposent. Il faut vous amender.

Par exemple, voici une liste qui peut vous éclairer :

1. Ne plus parler à tort et à travers.
2. Ne plus faire de "mouvements parasites" avec mes mains.
3. Ralentir mon rythme de prise de décision.
4. Porter des lunettes noires.
5. Opter pour la "posture Navarro" récurrente.
6. Opter pour un rituel de prise de connaissance de mes cartes.
7. Opter pour un rituel de réaction verbale.
8. Opter pour un rituel de relance.
9. Ne plus être figé quand je bluffe.
10. Ne plus changer de posture en permanence.

La liste n'est évidemment pas limitative.

Les rituels

Une piste intéressante consiste à *ritualiser* les gestes que l'on fait.

Si vous êtes un joueur chevronné, je suis sûr qu'il vous vient immédiatement une objection : si je ritualise mes mouvements, je vais devenir *lisible*, or je fais évidemment tout pour ne pas l'être.

C'est vrai et faux à la fois.

– *C'est vrai :* si vous êtes pris dans une folie ritualisante, vous allez évidemment devenir lisible, car non seulement vous allez relancer toujours de la même manière, mais en plus vous allez le faire toujours pour un même montant selon telle ou telle main que vous possédez. C'est évidemment dommangeable et il ne faut pas que vous prêtiez le flanc à ce travers, nous en sommes d'accord.

– *C'est faux :* il ne s'agit pas de ritualiser l'ossature interne de votre jeu. Si celui-ci est gagnant, conservez-le, et tous les éléments de variabilité qui vont avec. Je veux parler notamment des hauteurs d'enchères. Il s'agit plutôt de ritualiser vos gestes à des moments précis.

Pour résumer, les rituels sont positifs quand il s'agit de procédure et néfastes quand il s'agit de stratégie.

C'est là qu'intervient mon confrère Joe Navarro, retraité du FBI. Dans son livre (voir bibliographie), il a eu l'intelligence de proposer un rituel de prise de connaissance de la main et de posture que je trouve simple et fort. La “posture Navarro” est amplement présentée dans le chapitre consacré aux postures diverses, dans les pages précédentes.

Je vous rappelle qu'elle prend cette forme :

En fait, cette posture n'est qu'un maillon d'une procédure qui inclut la prise de connaissance de la main, la dépose des cartes, la réflexion, la décision, etc.

LIMITE DES RITES

Les rites peuvent être néfastes en période de stress car le joueur peut commettre l'erreur de s'y raccrocher désespérément, ce qui va réduire considérablement la qualité de son jeu et augmenter sa lisibilité.

Randy Burgess, lui, propose quatre profils pour échapper à l'émission de tells :

1. L'acteur
2. Le cinglé
3. Le robot
4. Le robot avec actions inversées

Jouer un rôle peut être difficile au début, mais après tout, avec le temps, on peut imaginer qu'un joueur de poker peut être comme quelqu'un qui joue une pièce de théâtre. L'essentiel est d'endosser le personnage. A chacun ses goûts…

Les lunettes noires

Quand on veut tout faire pour éviter d'émettre des tells, les lunettes noires peuvent s'avérer précieuses.

Un long débat a eu lieu au début des années 2000 pour savoir s'il fallait ou non les supprimer. Depuis, les capuches sont apparues et ce genre de débats n'a plus cours.

Je vous renvoie au chapitre sur les accessoires dans lequel il est évidemment question, entre autres, des lunettes noires. Celles-ci ont l'avantage de masquer tous les tells oculaires, et ils sont nombreux. D'autant que le regard est un redoutable révélateur de la pensée.

Les avantages cachés des lunettes noires

Les lunettes noires n'ont pas que l'avantage de cacher les tells oculaires de celui qui les porte. Elles ont par ailleurs trois avantages inattendus :

– Elles contribuent à sécuriser mentalement le joueur car il se sent isolé de son environnement.

– Elles réduisent la tentation qu'a un adversaire de vous adresser la parole.

– Quand vous parlez, elles peuvent mettre votre interlocuteur mal à l'aise, justement parce qu'il ne sait pas où vous dirigez votre regard, ce qui le déstabilise. C'est un atout à la table de poker.

A propos maintenant d'un joueur qui porte des lunettes noires, la première question à se poser est : pourquoi a-t-il décidé d'en porter ?

Essayons de répondre :

– parce qu'il sait qu'il émet des tells oculaires ?

– pour en imposer à la table ?

– pour se sentir plus confortable ?

– à cause de la fatigue de ses yeux ?

Vous pouvez même lui poser la question, la réponse peut s'avérer intéressante...

Les autres camouflages

Phil Hellmuth porte un blouson dont il relève le col pour éviter de montrer sa carotide.

Beaucoup de joueurs portent la fameuse capuche, également pour limiter la surface de leur corps montrée. Mais aussi pour se faire une armure.

Signalons enfin les joueurs qui "noient le poisson" en arborant un accoutrement fantaisiste qui attire l'œil et peut, effectivement, "brouiller les pistes" et vous gêner dans la lecture des tells.

Que faire si vous pensez vous trahir par un tell ?

Cette idée peut vous venir d'un joueur qui a payé une de vos relances de bluff, alors que vous avez monté un bluff techniquement parfait, sans faute tactique.

Procédez en trois temps :

– Sachez d'abord que ce tell n'a pas forcément été remarqué par tous, mais plutôt par un seul joueur.

– Ensuite, essayez de deviner de quel tell il s'agit. Le seul fait de connaître le chasseur peut aider à savoir quel type de tells il piste. Si vous ne trouvez pas le tell, essayez au moins de connaître l'organe qui l'émet.

– Préventivement, s'il s'agit d'une partie de cash, prenez la seule décision qui s'impose : *quitter la partie*. Si c'est un tournoi, prenez votre mal en patience. Et essayez – pourquoi pas ? – de dépister un tell chez le chasseur de tell qui vous a coincé, on ne sait jamais.

Ne mordez pas aux hameçons

Quand leur gibecière n'arrive pas à se remplir, les chasseurs de tells ont recours à des moyens détournés pour provoquer les tells adverses. A ce titre, ils changent de sport et deviennent *pêcheurs*. A vous de ne pas mordre à l'hameçon. Comment s'y prennent-il ? Plusieurs techniques :

– La question

Si le joueur vous pose une question, c'est d'abord pour connaître le son de votre voix. Plus haute, tremblante, chevrottante... vous êtes probablement en bluff. C'est aussi pour vérifier si vous allez avaler votre salive. Nous avons déjà vu qu'il était difficile de parler quand on était crispé, en action de bluff. Il est donc tout aussi difficile de répondre.

Solution : Il ne faut pas répondre aux questions qui sont de toute évidence des attaques sournoises. Il faut rester silencieux.

– Le regard inquisiteur

Le “Manipulorama” regorge d'actions de “pêche aux tells” qui font intervenir le regard appuyé du pêcheur de tells. Celui-ci cherche à lier la communication, à la provoquer, dans un moment de tension extrême, justement pour essayer de déclencher un tic nerveux ou de voir un sourire crispé, ce qui est révélateur.

Solution : Optez pour le regard plongeant et fixe vers les jetons, ou pour les lunettes noires. Si vous ne souhaitez pas porter de lunettes noires, vous pouvez en garder une paire dans votre poche et ne les porter qu'aux moments où vous êtes assailli par un regard inquisiteur. Cela a en plus un effet amusant qui devrait contribuer à détendre l'atmosphère.

– L'attente simple

Le simple fait d'attendre est vécu comme une véritable torture chez le joueur qui vient de relancer en bluff. Mais il y a attente et attente : l'attente passive peut ne pas être voulue comme une action de “pêche”, mais comme un temps nécessaire à la réflexion. Mais l'attente avec manipulation de jetons, manipulation de cartes, mimiques, est évidemment différente et devient manipulatrice.

Le joueur à l'affût des tells adverses ne recherche pas forcément un tell direct pour le coup en cours. Il a peut-être déjà quitté le coup mentalement car il est tellement faible en cartes qu'il ne peut même pas payer un bluff. Dans ces cas-là, il profite de l'occasion pour provoquer un tell qui lui sera utile plus tard.

A contrario, il y a aussi le cas du joueur qui sait qu'il va payer ou relancer, mais qui, là encore, souhaite obtenir un tell de votre part.

Solution : Essayez de vous détendre intérieurement, visualisez des images qui vous bercent, qui vous calment. Restez immobile. Mais si vous ne le pouvez pas, changez de position pour en prendre une qui aille vers l'ouverture, vers le délassement, et non vers le recroquevillement. Si vous ne tremblez pas à cette seconde, prenez quelques jetons et jouez avec : c'est un signe de force. Ou encore, ajoutez des jetons sur vos cartes, ce qui là aussi est un signe de force en cartes.

26

Comment rentabiliser les tells adverses

> Vous devez retenir le genre de main que ce type abat, comment il mise, observer les veines de son cou, ses yeux, la façon dont il transpire.
>
> Johnny Moss en 1975

Le joueur de poker doit profiter de tout avantage autorisé. Les tells en font partie.

Financièrement parlant, deux tendances vont dans le même sens :

– vous augmentez vos profits en connaissant les tells adverses

– vous baissez vos pertes en n'émettant pas de tells vous-même.

D'ailleurs, l'effet de levier financier existe bien : plus grosse est la partie, plus précieux sont les tells… et plus précieux sont les tells, plus gros sont les profits.

Nous sommes donc tout à fait d'accord : combattre les tells n'est pas du snobisme, cela concourt au profit direct !

L'exemple de Francis

Francis, un joueur français de talent que je connais depuis de longues années maintenant, m'a donné son point de vue sur la question. Entre parenthèses, l'homme est le joueur qui exploite le plus les tells parmi tous ceux que je connaisse. Et cela lui réussit bien dans les tournois de dimension internationale.

Selon lui, grâce aux tells, dans une épreuve de taille moyenne :

– Le joueur va gagner deux coups qu'il n'aurait pas dû gagner.

– Le joueur va jeter deux fois ses cartes au lieu de payer.

Cela change tout dans le tournoi ! En effet, n'oublions pas qu'il s'agit de *no limit,* donc qu'un seul coup raté peut coûter le tournoi. Alors *deux* coups, vous pensez !

Un coup vécu par Francis

Francis a Q-Q, et vient le tableau : A-J-9-5-3. L'adversaire a attaqué préflop, Francis a payé. L'adversaire relance all-in à la fin.

Analyse tactique :

– s'il avait eu As il aurait attaqué au flop, et ne l'a pas fait

– s'il avait A-A il ne le ferait pas

– s'il avait J-J il aurait attaqué avant, et ne l'a pas fait

– donc il a K-K (on n'envisage pas Q-Q) et on doit passer.

Analyse gestuelle (tell de renfort) :

– il est debout, droit comme un "i"

– il a le regard fixe et vitreux, donc il ressent de la crainte, probablement tout en se sachant avoir de bonnes chances de gagner.

Donc Francis passe en disant : *"Tu as les Rois, moi j'ai les Dames."* Et l'adversaire retourne effectivement ses Rois.

Cela pour répondre définitivement aux quelques joueurs qui pensent que connaître les tells n'a rien d'un avantage secondaire. Je ne prétends pas que c'est le seul – je ne l'ai jamais fait et je ne le ferai jamais –, mais j'estime qu'il est décisif. D'ailleurs, cet exemple comporte aussi de l'analyse tactique, indispensable elle aussi.

Acharnez-vous là où ça fait mal

Quand vous avez repéré un tell chez un joueur, il faut l'exploiter.

Ce tell peut être de diverses natures :

– Il trahit la hauteur de sa main.

– Il trahit l'état d'esprit adverse (timoré/assuré).

– Il trahit ce qu'il s'apprête à faire.

Quand j'ai découvert mon fameux tell sur Doyle Brunson (respect, Doyle – voir chapitre sur les signes corporels) ainsi que sa signification, je l'ai bien sûr exploité immédiatement, après m'être assuré qu'il était bien réel.

De cette manière, vous devez concentrer vos attaques et vos efforts stratégiques vers les joueurs qui ont des *failles*, donc sur lesquels vous avez des *tells.*

Inversement, vous devez éviter, autant que faire ce peut, de combattre les joueurs sur lesquels vous n'avez *aucun tell.* Sauf, bien sûr, si vous avez un avantage d'une autre nature contre eux (stratégique, financier, de position, etc.).

Devenez "tilteur" !

En harcelant les émetteurs de tells là où ça fait mal, vous les déstabilisez encore plus. L'idée est de les pousser dans leurs derniers retranchements.

Pour ce faire, toutes les armes sont à votre disposition, y compris celle de la manipulation mentale la plus poussée (voir Niveau suivant).

Restez discret sur vos démarches guerrières

Exploiter un tell, c'est comme exploiter un espion en période de guerre. Si l'ennemi peut être amené à connaître vos forces logistiques et en hommes, il devrait rester à ignorer vos forces de renseignement, les tells.

Si un joueur vous demande si vous avez un tell sur lui et si vous en avez effectivement un, *n'en dites rien !*

Il n'a pas à connaître l'avantage secret que vous avez sur lui. Et si vous ne voulez pas lui dire cet avantage (encore heureux !), il est toujours bon de rester mystérieux sur cette question ultra-personnelle qui touche l'ego.

S'il vous parle lui-même de tells, cela signifie aussi par ailleurs qu'il *sait* ce qu'est un tell. Donc qu'il est piégeable avec de faux tells !

La révélation qui tue

La fameuse révélation qui tue *"J'ai un tell sur toi"* doit rester comme un cinquième As dans votre manche. Vous ne devez l'utiliser qu'au moment opportun, et pas avant.

A un moment précis, par exemple quand vous aurez réussi un "call" d'enfer en identifiant son action comme une action de bluff, vous le payez avec la troisième paire… lui-même n'a qu'un tirage non complété.

L'heure critique a sonné. Il faut maintenant lui déclarer la terrible vérité qui devrait le faire tilter complètement.

Cette déclaration a un double avantage :

– elle tilte l'adversaire, qui se rapproche de la fin fatale

– elle inquiète les autres joueurs.

En revanche, cette fois vous êtes certain que tout le monde à la table sait que vous êtes un chasseur de tells. Donc attendez-vous à subir des attaques de nature à déstabiliser un chasseur de tells et à capter des palanquées de faux tells.

Un 'truc" utile

Si vous avez la chance d'avoir décelé un tell sur un adversaire, ne faites pas n'importe quoi. Exploitez-le *intelligemment.*

Si vous avez deviné par exemple que votre adversaire bluffait, comme vous l'avez parfaitement "lu", vous êtes naturellement tenté de faire un "call" rapide et confiant.

C'est l'erreur à ne pas faire, malheureux !

Parce qu'il va peut-être comprendre à demi-mot et risquer de ne plus jamais vous bluffer après. Autrement dit, l'inverse de ce que vous recherchez !

Non, vous devez au contraire *simuler l'hésitation, puis payer.* Et si vous devez relancer, "amortissez" l'effet en doublant l'enchère et en disant quelque chose comme *"Allez, je tente ma chance"* (ça sent mauvais, c'est vrai, mais avec un peu de réussite il va faire tapis après).

L'inverse est aussi vrai. Si vous repérez un tell de force, ne jetez pas vos cartes illico. Là encore, faites-le après une longue hésitation.

Un autre "truc" utile

Un adversaire vous dit : *"Je connais les tells mais je ne m'y attache pas. Je trouve que c'est de la blague."*

N'en croyez rien. Neuf fois sur dix, c'est l'ultime manipulation et vous n'allez pas sauter dedans à pieds joints !

Mise en garde !

Le problème avec *nos* tells est qu'ils sont toujours inconscients jusqu'à ce que nous les découvrions accidentellement ou que quelqu'un nous en informe.

Le fait d'agir comme si on possédait une main ne suffit pas. Les bons joueurs, chasseurs de tells émérites, ignoreront votre action mais s'intéresseront à lire vos tells.

Vous-même, quand vous serez un chasseur de tells chevronné, vous vous intéresserez davantage aux *gestes* du joueur qu'à ses *faits*. Donc si un joueur relance en émettant un tell de faiblesse, ce n'est pas la menace de la relance que vous remarquerez mais le tell de faiblesse, que vous validerez avec les tells de renfort habituels.

Si c'est le cas, vous pourrez payer mais avec la deuxième paire seulement. Et c'est de cette manière que vous rentabiliserez votre connaissance des tells.

26

Les joueuses auront la peau des joueurs

> Le jeu avait changé. Il n'avait plus rien de calme ni de tranquille. Lucinda ne jouait plus avec le dos bien droit. Elle se penchait en avant. Elle se frottait le cou. Elle faisait, rien que par ce simple geste, apparaître des rougeurs sur sa peau.
>
> Peter Carey
> *Oscar et Lucinda*

Pour clore le Niveau 2, j'aborde la question de la disparité homme/femme. C'est un terrain glissant et je n'entends pas me planter joyeusement dans ce chapitre, mais apporter des éléments qui prouvent *sans équivoque* que les femmes finiront par avoir la peau des hommes au poker… notamment à l'aide des tells et de la manipulation.

D'abord, quelques faits :

– Le 24 septembre 2006, l'Anglaise *Victoria Coren* remporte l'European Poker Tour de Londres. C'est la première femme à le faire. Elle bat 398 joueurs.

– Le 19 juin 2007, l'Allemande *Katja Thater* remporte le WSOP Razz à Las Vegas. Elle triomphe de 341 joueurs.

– Le 17 septembre 2007, la Norvégienne *Annette Obrestad*, 18 ans, remporte le premier WSOPE de l'histoire du poker, à Londres. Elle arrive à bout de 362 joueurs.

Dans les trois cas, chacune était *la seule femme* en table finale. Seule contre huit joueurs de sexe opposé, bien disposés à faire de vous de la pâtée pour chien…

Le plus frappant, c'est que dans les trois cas, les femmes ont décroché la première place et non une simple place d'honneur. C'est justement

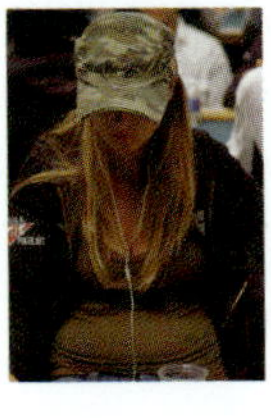

cela qui me fait penser qu'à terme, les femmes auront la peau des hommes au poker !

Admettons, mais comment cela s'explique-t-il ? J'y vois dix raisons.

1. Le cerveau féminin est différent

Le cerveau féminin est polyvalent. Le corps calleux qui relie les deux hémisphères est plus abondant, ce qui permet à davantage d'informations de transiter de l'un à l'autre. Les femmes sont capables de traiter plus d'informations à la fois que les hommes. Le cerveau féminin est mieux organisé que le cerveau masculin pour communiquer.

Il comporte quatorze à seize zones pour cette fonction alors que le cerveau masculin n'en comporte que quatre à six. Schématiquement, les femmes pensent en parallèle, les hommes pensent en série !

Ce n'est pas qu'une boutade. Les femmes sont plus capables que les hommes de tenir une conversation tout en faisant autre chose… et aussi, de faire plusieurs choses à la fois.

– *A la table de poker :* Il faut traiter des dizaines d'informations à la fois, en permanence. La joueuse est plus capable de le faire avec une fatigue moindre.

2. Les femmes ont une vue panoramique

De par leur rôle ancestral de "gardiennes du nid", les femmes sont faites pour parer à tout danger. Elles se sont donc dotées d'une vue panoramique au fil des millénaires. Les hommes, eux, devaient traquer le gibier et le voir de loin. Donc leur vue s'est spécialisée pour se concentrer sur un point en ignorant les alentours. Schématiquement, les femmes voient moins loin mais plus large que les hommes.

Quand une femme roule en voiture, elle verra plus tôt l'autre voiture arrivant de la droite, sur la route qui coupe celle où elle roule.

– *A la table de poker :* Cette qualité est utile pour l'observation des tells dans la mesure où aucun geste n'échappe à la joueuse.

3. Les femmes ne recherchent pas le leadership

Les femmes penchent davantage vers la collaboration sociale que vers la recherche du leadership. Les hommes ont la folie du leadership. Or, le poker est un jeu de leadership.

– *A la table de poker :* Même s'il ne fait aucun doute que les joueuses de poker aiment aussi le leadership, en période de stress intense comme dans une finale de tournoi mondial, cette permanence va moins les aveugler que les hommes.

4. Les femmes ne sont pas en compétition entre elles

Pour le moment, les joueuses sont encore rares dans les tournois, ce qui explique qu'elles affrontent surtout des hommes. Les hommes, eux, sont constamment en compétition entre eux. Se posent alors des questions d'ego qui injectent une variable de plus dans la difficile équation qui gouverne la prise de décision.

– *A la table de poker :* La joueuse n'a aucune question d'ego à se poser. En revanche, le joueur se doit de ne pas se faire battre par une femme, donc il a une pression de plus.

5. Les femmes sont plus intuitives que les hommes

Tout le monde le sait, ce n'est pas qu'un adage populaire. A quoi cela tient-il ? Peut-être au fait que leur corps fabrique la vie et pas celui des hommes, ce qui le dote probablement d'un "bonus" inconnu.

– *A la table de poker :* Le calcul et la technique ne font pas tout. Les joueurs qui réussissent le mieux au poker sont aussi les plus intuitifs. Le "coup de génie" est toujours déclenché par une intuition.

Preuve que les femmes sont plus intuitives : le Dr Simon Baron-Cohen, de l'université de Cambridge, a présenté une série de 25 photos de visages aux yeux masqués à des participants qui devaient qualifier les expressions : détendu, amical, hostile, inquiet… Parmi les réponses, les hommes ont eu en moyenne 76% de bonnes réponses, et les femmes… 88%. Différence constatée mais non expliquée. (Pease)

6. Les femmes mentent mieux que les hommes

C'est prouvé par des recherches scientifiques (voir ci-dessous). La femme qui ment préfère s'affairer. L'homme qui ment va s'empêtrer dans des arguments verbaux vaseux.

Par ailleurs, les hommes disposent d'un tiers de la gamme d'expressions faciales dont dispose une femme. C'est ce qui donne à tant d'hommes en situation d'écoute un air hiératique (poker face). Le visage d'une femme auquel on s'adresse peut changer jusqu'à six fois d'expression en dix secondes pour refléter et renvoyer les émotions de celui qui parle. (Pease)

– *A la table de poker :* Simuler les tells est forcément plus facile pour elles.

7. Les femmes décèlent mieux le mensonge que les hommes

C'est prouvé par des recherches scientifiques (voir ci-dessous). Quand nous avons l'intuition que quelqu'un nous ment, c'est souvent parce que nous décelons inconsciemment une contradiction entre ce qu'il dit et ses gestes.

– *A la table de poker :* Dévoiler une manipulation adverse leur est plus facile.

8. Les femmes connaissent mieux les travers des hommes que les hommes eux-mêmes

En tant qu'adversaires d'hommes, les femmes ont une meilleure capacité à trouver des solutions en-dehors du problème.

– *A la table de poker :* Elles analysent les situations pokériennes pas seulement en termes stratégiques, mais aussi en termes psychologiques, selon le comportement masculin.

9. Les femmes sont plus disciplinées que les hommes

Quand il s'agit d'observer une discipline et s'y conformer au plus près, les femmes sont imbattables.

– *A la table de poker :* Elles improvisent moins de solutions fumeuses à des situations problématiques passagères et s'en tiennent mieux à leur ligne de conduite.

10. Les femmes déstabilisent plus les hommes que l'inverse

Il est vrai que certains hommes essaient de déstabiliser les joueuses en scrutant leur décolleté. Mais cela ne marche pas toujours et ils sont rares. Et elles sont bien plus nombreuses à déstabiliser par leur décolleté. Cela étant, il est beaucoup plus valorisant pour une femme de battre les hommes sur leur terrain et de plus en plus de femmes s'habillent sans exagération à la table.

– *A la table de poker :* L'environnement propre aux tables de poker est favorable aux femmes. Bien que sur un pied d'égalité en tant qu'adversaires, elles possèdent des atouts qui peuvent déstabiliser des adversaires (silhouette, parfum, esthétique, etc.).

De nombreuses championnes, en tête desquelles on trouve Annie Duke, déplorent l'existence de tournois féminins.

Le regard que l'on détourne

Détourner le regard est communément interprété comme un signe de mensonge, mais ce n'est pas toujours vrai.

Des expériences filmées menées par Allan Pease ont donné des résultats édifiants :

	Menteurs détournant les yeux : 30 %	**Menteurs fixant les yeux : 70 %**
% de femmes détectant le mensonge	90 %	70 %
% d'hommes détectant le mensonge	35 %	15 %

L'expérience a consisté à demander à des hommes d'émettre un mensonge en parlant à des femmes.

30% des hommes ont détourné les yeux.

Les femmes ont presque toutes détecté le mensonge (90%) quand les hommes détournaient les yeux, alors qu'elles ont été 70% à détecter le mensonge chez ceux qui ne détournaient pas les yeux.

Ensuite a eu lieu l'expérience inverse.

Et ça a été la cata complète !

Seulement 35% des hommes ont détecté le mensonge auprès des femmes qui détournaient les yeux, et seulement 15% auprès des autres...

Ce qui permet de constater une fois de plus que les femmes sont plus performantes quand il s'agit de détecter les menteurs. Et qu'elles peuvent rouler les hommes dans la farine en leur racontant des bobards. Sans doute parce qu'elles se basent, consciemment ou non, sur d'autres éléments qui trahissent le mensonge, d'autres éléments qui font probablement partie du "ressenti".

Tout joueur de poker, même débutant, cherche un tant soit peu à manipuler ses adversaires. Mais il y a un monde entre la manipulation improvisée, à la petite semaine, et celle, massive et hyper-efficace, d'un joueur de dimension internationale face à des adversaires, eux-mêmes maîtres en la matière. Pour la première fois, un livre sur le poker approfondit ce sujet qui compte tant dans la victoire.

- Niveau 3 -

La manipulation de l'adversaire

28

Tells, faux tells et manipulation

> Quand il était en fureur, il était impossible de savoir s'il avait dans la main trois As ou une menace de mort.
>
> G. William Marshall
> *La combine*

Dans un livre consacré aux tells, le joueur de poker moyen peut être amené à penser a priori que la manipulation réside dans l'utilisation des faux tells. Autrement dit, de tells *simulés*.

Exemple

Je relance au flop et j'ai juste un tirage à couleur. Mais je veux prendre ce coup car il y a eu relance préflop, donc il y a des jetons à encaisser. Pour augmenter mes chances de dissuader mon adversaire de payer ma relance, je vais simuler la force en cartes : j'arbore une posture ouverte, je regarde ailleurs, je protège mes cartes en posant un objet dessus…

Et l'adversaire finit par jeter ses cartes, certain que je possédais plus que sa paire, qui était pourtant max.

Sans mon faux-tell, ou *tell simulé*, il aurait peut-être suivi et cela ne m'aurait pas arrangé car j'aurais touché ma couleur juste une fois sur trois à la turn et la river réunies. Ou, pire, il m'aurait relancé et je n'aurais jamais pu le payer, évidemment.

En me faisant passer pour fort alors que j'étais faible, j'ai bluffé, chose classique, mais j'ai renforcé mon bluff par une attitude gestuelle qui est celle du joueur sûr de lui. Ce faisant, comme j'avais auparavant identifié mon adversaire comme *sachant lire les tells*, il a mordu à l'hameçon et a joué la carte de la prudence.

Paradoxalement, contre un joueur débutant pour qui les tells ne veulent rien dire, je n'aurais pas pris ce risque car la probabilité qu'il me paie aurait été autrement plus élevée.

Les faux tells ne sont pas tout

Comme je l'écrivais en début de chapitre, les tells simulés ne sont qu'une *partie* de la manipulation.

– Par exemple, le joueur qui empiète physiquement sur le territoire adverse exerce une manipulation permanente sur ses adversaires.

– Autre exemple : celui qui dit *"Si tu as la couleur à trèfle, je sens que je suis mal, mais je vais quand même te payer"* ne commet pas non plus un faux tell, mais manipule l'adversaire, cette fois verbalement.

En manipulant ses adversaires, le joueur exerce un contrôle *supplémentaire* sur son destin. Il dirige ses adversaires vers ce qu'il veut qu'ils fassent. Il les téléguide en partie.

C'est aussi en cela que le poker est un jeu de leadership.

Les racines de la manipulation

Il y a manipulation mentale quand un individu tente de prendre le contrôle de l'esprit et/ou du comportement d'une personne ou d'un groupe, en usant de techniques dites de persuasion ou de "suggestion mentale", en cherchant ou non à contourner les capacités critiques et/ou d'auto-critique de la personne.

Parmi les plus grands manipulateurs, on trouve les gourous, les chefs politiques, mais aussi les marques avec leurs campagnes marketing. La création artificielle de nouveaux besoins, qui est l'une des missions du marketing, est une opération de *manipulation de masse* qui s'abat sans relâche sur le consommateur via les médias.

Le modèle classique en ce domaine s'appelle AIDA :

– attirer l'Attention
– provoquer l'Intérêt
– susciter la Décision
– enregistrer l'Achat.

A chaque étape correspond une action marketing. Le consommateur est pisté à chaque mouvement, pris en charge de A à Z grâce aux relais de la communication commerciale. Dans la rue, chez vous, sur le lieu de vente, dans votre boîte aux lettres, tous les médias sont bons.

Ce modèle a été adapté pendant la guerre froide par les services secrets américains. Il portait le nom de MISE (Money, Ideology, Sex et Ego) et servait d'échelle d'actions pour obtenir la collaboration d'agents ennemis : acheter leurs services, les convaincre idéologiquement, les compromettre par exemple par le sexe, et enfin par la flatterie (ego).

Les images subliminales dans les messages publicitaires sont interdites car manipulant le subconscient. De fait, aucune scène de moins de 4 images (environ 0,16 seconde) n'est autorisée dans les spots télé.

De personne à personne, les techniques de manipulation sont connues et étudiées depuis longtemps par les psychologues. Le chien de Pavlov en est un exemple.

Le phénomène des carpes l'est aussi. Si vous soupçonnez qu'un étang contient des carpes, préparez chaque jour une "pâtée" à base de féculents et de farine, et jetez-la à un endroit de l'étang, le lundi à une heure précise. Le mardi, même chose, même endroit, même heure. Idem chaque jour jusqu'au samedi inclus. Et jour après jour, vous allez voir vos carpes venir de plus en plus nombreuses. Si vous avez un quart d'heure de retard, vous allez les voir sauter d'impatience. Et dimanche à la même heure... coup de filet.

Certains individus sont "naturellement" davantage portés à manipuler les autres. Les enfants qui subissent des injustices pendant longtemps en feraient partie et deviendraient de redoutables manipulateurs plus tard. Ils seraient atteints d'un trouble de la personnalité constant qui modifie la façon de penser dans le sens où ils essaient de tirer le maximum des autres en les "incitant" sans violence à les faire agir selon leur intérêt.

"Tant que tu y es" et double contrainte

Rares sont les jours où nous-même n'utilisons pas la manipulation. Par exemple, si je suis paresseux et si je veux que mon épouse parte chercher du pain à ma place, je vais lui demander d'aller poster une lettre, la boîte étant à 30 mètres de la maison. Et je vais ajouter d'un ton mielleux : *"Tant que tu y es, tu pourras me ramener une baguette de pain?"*

Le principe du "Tant que tu y es" est très utilisé dans les familles.

La double contrainte est aussi une manipulation classique. Le patron a demandé à sa secrétaire de ne pas répondre au téléphone après 18h pour éviter les appels des représentants qui veulent vous vendre tout et n'importe quoi, et dont on ne peut pas se dépêtrer. Mais ce matin-là, il lui dit juste avant de partir en province : *"Michelle, le client Truc-muche va appeler vers 18h15 ce soir. Surtout soyez là pour prendre la communication."* Dans la journée, Michelle se fait un sang d'encre : son patron est injoignable et le combiné téléphonique n'affiche pas le numéro appelant, donc aucun contrôle possible. Le patron la met à l'épreuve, il la teste.

Les manipulateurs de génie utilisent à fond les faiblesses émotionnelles de leurs proies : la culpabilité, la peur, la honte sont autant de ressorts qui servent leurs desseins.

Diverses manipulations

Robert-Vincent Joule est un des grands théoriciens de la manipulation (voir bibliographie). Son livre, qui fait autorité et que je vous suggère de lire, explique par le menu les différents mécanismes qui gouvernent les manipulations efficaces. En voici quelques-uns :

– *L'engagement*

L'efficacité des stratégies de manipulation repose pour l'essentiel sur le processus d'engagement. Une personne qui a l'habitude de s'engager dans ce qu'elle fait fera un excellent manipulé.

– *La sensibilité*

Les joueurs plutôt imaginatifs (cerveau droit) sont plus réceptifs aux revers de fortune. Les artistes qui jouent au poker, par exemple, sont souvent victimes de tilts, parfois du fait d'une manipulation adverse.

– *Stratégie du pied-dans-la-porte (ou doigt-dans-l'engrenage)*

Il s'agit de demander à quelqu'un une petite requête, puis de lui demander une requête nettement plus engageante mais qui utilise le même procédé que la première, ce qui abaisse sa résistance. Le but est bien sûr d'arriver à la deuxième requête, la première n'étant qu'un prétexte. Cette manipulation fait passer le taux de réussite de 16% à… 76% !

– *Au poker :* le joueur suit une petite relance préflop. Puis on en fait une double au flop, alors qu'on est max.

– *Stratégie de la porte-au-nez*

C'est l'inverse du précédent : il s'agit de demander une chose qui s'avère trop forte à réaliser, alors on réduit le niveau de la demande. L'être humain procède par comparaison. Ici, formuler la deuxième requête d'entrée de jeu aurait été voué à l'échec. La formuler après avoir formulé une première requête exorbitante la rend d'un seul coup, par comparaison, raisonnable !

Exemple : proposer un aspirateur à 699 euros et argumenter. Puis, voyant que le client ne va pas signer, lui proposer un autre modèle à "seulement" 299 euros. Le prix va soudain paraître plus modique que si on avait proposé directement le modèle à 299 euros.

– *Au poker :* Avec le jeu max, dire : *"Je pense que je vais relancer à 1.000"*, puis ajouter : *"Non, finalement je ne relance qu'à 500."*

– *Technique de l'amorçage*

On obtient une première acceptation sur une demande réduite concernant un *principe*, puis on termine par une intensification de la demande. C'est l'exemple de la lettre et de la baguette de pain. Il va de soi que la boulangerie était beaucoup plus loin que la boîte postale !

– *Au poker :* Dire à l'adversaire : *"Tu veux passer à la river ? Mais tu as déjà payé trois tours d'enchères !"*

– *Technique de la crainte-puis-soulagement*

On fait craindre une chose à une personne, puis elle comprend que cette crainte n'était pas fondée, ce qui la met dans un état mental plus conciliant après.

– *Au poker :* Dire avant la partie : *"Tu sais Jean, j'ai un tell sur toi ! Mais l'avantage, c'est qu'il n'y a que moi qui le connaisse !"* Plus tard : *"Rassure-toi Jean, je ne le révélerai à personne, ton tell !"*

– *Technique de l'étiquetage*

En deux temps :

– on dit à des enfants qu'il ne faut pas jeter de papiers par terre quand on est propre et ordonné

– puis on leur dit qu'ils sont propres et ordonnés.

On ne leur donne pas de directive , ils prennent eux-mêmes la décision de ne pas jeter de papier par terre. Cette manière de faire donne de bien meilleurs résultats que l'interdiction autoritaire.

– *Au poker :* Dire avant la partie : *"C'est vrai, il n'y a que les caves qui prennent le moins de caves possible !"* Et pendant la partie, on s'aperçoit qu'effectivement, peu de joueurs se cavent au minimum...

– *Technique du "mais vous êtes libre de"*

Quand on veut obtenir quelque chose de quelqu'un, on lui dit ce qui est la norme, puis on lui dit qu'il est libre de faire comme il lui plaît. Cette simple technique permet d'augmenter de 25% le taux d'acceptation.

Les enfants connaissent cette technique instinctivement :

– Papa, tu veux bien faire un ping-pong avec moi ? Je sais que tu as beaucoup de travail, mais tu es libre de venir ou pas.

Eh, eh…

– Au poker : Dire : *"Je relance au triple mais je tiens à préciser que vous êtes libre de jeter vos cartes et de m'abandonner le pot !"*

Une soumission librement consentie

Dans presque toute manipulation, il y a l'idée de "soumission librement consentie".

En matière de poker, quand un joueur manipulé verbalement par son adversaire finit par jeter ses cartes, il accepte de se soumettre. Si l'autre lui a promis qu'il lui montrerait ses cartes s'il le faisait, il s'agit en plus d'une "carotte", comme pour un enfant.

C'est incroyable mais ces situations se répètent à la table de poker, entre adultes sains de corps et d'esprit !

Extorquer dans des conditions contrôlées un premier comportement à seule fin d'en obtenir d'autres, c'est de la manipulation.

Prenons l'exemple d'un joueur qui a payé 20% de son tapis préflop, puis 20% au flop, et enfin 30% à la turn. A la river, l'adversaire, qui possède le jeu max, aura beau jeu de lui dire :

– Remarque bien que tu as quand même déjà mis 70% de ton tapis dans ce coup.

Stratégie classique du pied-dans-la-porte…

Le regard

Il est courant qu'un menteur vous regarde avec insistance dans les yeux pour paraître convaincant. Au poker, le regard a beaucoup d'importance dans le cadre de la manipulation, comme vous pouvez le constater dans notre "Manipulorama".

Pour regarder un adversaire dans les yeux… eh bien, *ne le regardez pas dans les yeux !* Car le regard direct est très difficile à supporter, ce qui en l'occurrence gêne davantage le manipulateur que le manipulé.

Pour donner l'impression que le manipulateur regarde dans les yeux de quelqu'un, il doit plonger son regard dans ce que Pease appelle la "*zone de pouvoir*". Il peut même le faire tout en parlant.

L'effet sur le sujet sera le même que si vous le regardiez *vraiment* dans les yeux, à ceci près que vous aurez moins l'envie de détourner le regard (le regard dans les yeux est une agression – faites-le, comme ça

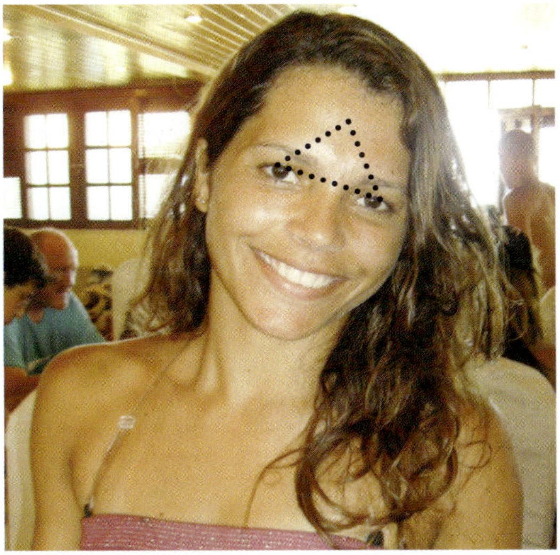

Si vous souhaitez plonger votre regard dans celui d'Eli, faites-le de façon subtile !

Ne fixez pas ses propres yeux mais sa "zone de pouvoir", située au centre du triangle formé par le point qui se trouve au milieu de son front et ses deux yeux.

pour voir, à un gorille des montagnes et il vous arrachera la tête d'un coup de patte rageur !).

Ne regardez pas la bouche, même si c'est ce qu'on peut faire de façon naturelle. Fixez la zone de pouvoir et ne clignez pas des yeux, ne détournez pas votre regard tout en gardant vos yeux bien ouverts.

Où se trouve cette fameuse "zone de pouvoir" ?

Imaginez un point au milieu du front, et tracez un triangle imaginaire avec ce point et chaque œil.

Fixez dès lors le *milieu* de cette zone.

La consistance comportementale

La consistance comportementale soutient que les individus tendent à se comporter de manière identique dans des situations identiques, mais de façon différente les uns les autres.

C'est aussi ce qu'on appelle la *personnalité*, qui se définit ainsi : *"Ensemble des facteurs internes plus ou moins stables qui font que les comportements d'un individu sont constants dans le temps et différents des comportements que les autres personnes pourraient manifester dans des circonstances semblables."* Child, *Personnality in culture*, 1968

Ce point est important dans le cadre des tells et de la manipulation. Il signifie que vous allez avoir des manifestations propres à chaque joueur, mais qu'il existe une permanence de ces réactions pour chacun.

Si vous devenez chasseur de tells puis manipulateur, cette question sera essentielle pour vous, car elle signifie simplement que si un joueur donné a son propre système gestuel, il peut être différent d'un autre joueur. Donc il convient de ne pas utiliser les mêmes simulacres avec lui qu'avec un autre.

20

Exemples de manipulations

> Il a dit : "Fils, j'ai passé ma vie à dévisager les gens, à connaître leurs cartes selon la position de leurs yeux".
>
> Kenny Rogers
> *The Gambler*

Le "Manipulorama" présente une trentaine de manipulations visuelles. D'autres sont moins visuelles. Ce sont elles que j'ai réunies dans ce chapitre.

Il n'y a pas d'ordre particulier, comme dans la vraie vie !

La main qui mise sans miser

Le joueur fait face à une grosse ouverture au flop. Il prend ses jetons en main, amène la main au-dessus du tapis, s'apprête à poser les jetons, mais au dernier moment, dans un mouvement circulaire, il récupère ses jetons et jette ses cartes.

Pendant toute l'opération, il n'a cessé de regarder l'adversaire.

Deux interprétations :

– le joueur n'a rien et a déjà décidé de passer mais il veut impressionner l'adversaire avant

– le joueur a un jeu qui n'est pas max et veut savoir si son adversaire est supérieur (A-A splittée par exemple) – il faut savoir interpréter.

Le move peut se compléter d'une annonce verbale, comme :

– *"Tu as les As, c'est ça ?"*

Le jeu du miroir

Le joueur fait exactement ce que fait l'adversaire d'un point de vue gestuel. Cela a deux avantages :

– le déstabiliser car il se voit devant lui et sent qu'on le provoque

– se mettre "dans ses bottes", ce qui peut aider à ressentir ce que lui-même ressent et mieux comprendre ce qu'il fait.

Territorialité

Certains joueurs agressifs essaient de vous déstabiliser en mettant "accidentellement" de petits objets dans votre territoire.

Cela vient s'ajouter à leur empiètement tendanciel sur le territoire des voisins.

Les gros jetons

Dans un tapis, il y a les gros jetons et les petits jetons.

Misez toujours les gros jetons pour impressionner l'adversaire.

En plus, cela laisse plus de jetons au tapis, ce qui lui donne une apparence plus impressionnante qu'il n'a en réalité.

L'*early check*

Le joueur checke avant même que la carte arrive au tableau.

Attention, ce peut être un check & raise. En gros, quand un joueur est max à la dernière et qu'il doit parler en premier, il a trois solutions :

– Soit il ouvre bas ("*oak play*") en espérant que son adversaire possède un petit jeu

– Soit il ouvre très haut, voire à tapis, pour simuler un bluff

– Soit il checke en espérant que cela va inciter l'adversaire à improviser un bluff de fin de coup. Ce faisant, il court le risque de faire checker son adversaire et de devoir abattre un jeu qu'il sera jugé comme ayant mal joué.

L'*early bet*

Le joueur ouvre avant même que la carte arrive au tableau.

Déclaration de guerre. Il est tellement sûr de lui qu'il ouvre d'avance, et joint le geste à la parole. Le manipulateur veut plafonner l'enjeu.

L'*early call*

Avant même de voir la carte, le joueur annonce qu'il va payer n'importe quelle ouverture de son adversaire.

Là aussi, l'homme veut limiter l'enjeu… mais il est peut-être max !

Prétendre jouer "in the dark"

Vous prétendez jouer sans connaître vos cartes. Personne ne vous a vu les regarder donc tout le monde vous croit ! Pourtant, *vous connaissez vos cartes*. Comment est-ce possible ?

Vous les avez vues furtivement à un moment faible. Cela demande une certaine habitude. Prétendre jouer dans le noir est un énorme avantage psychologique car cela incite les adversaires qui possèdent un jeu minimum à payer.

Calibrer l'attaque selon la nature du tapis adverse

Si on doit parler en premier et si on veut attaquer en bluff, il y a un moyen qui vient des jetons adverses.

Si l'adversaire a par exemple 5.500 (5x1.000 et 5x100), on va ouvrir *un peu plus* que ses petits jetons, soit 550 ou 600.

S'il envisage de suivre, il le fera, mais s'il hésite, ce petit obstacle pourra le faire renoncer. C'est idiot, mais comme souvent le fait de suivre tient à peu de chose, cette petite difficulté peut le dissuader de payer.

Soyez généreux, aidez les joueurs à tilter !

Les adversaires s'auto-manipulent sans le savoir.

Un adversaire décide de ne pas payer une de vos relances et abat sa main pour vous montrer qu'il avait une bonne main et qu'il est capable de la jeter.

A vous d'être malin et d'abattre *une seule de vos cartes* qui vous donne un jeu moins fort que lui (par exemple, si vous avez deux paires splittées, montrez la plus faible).

Cela lui fera regretter son geste, et cinq coups plus tard, il vous en parlera encore ! Bref, le tilt ne sera plus très loin…

La supplique habituelle

Quand un adversaire vous supplie littéralement pour savoir ce que vous aviez comme jeu en main après qu'il a lui-même passé sur votre relance, libre à vous de lui dire la main de votre choix.

Et en tout cas, celle qui va le plus le déstabiliser.

Le stop & go

Revenez momentanément sur votre décision de payer, de relancer ou de passer. En clair, si vous avez décidé de jeter vos cartes, arrêtez votre geste de jet des cartes, reposez-les, scrutez l'adversaire, puis reprenez vos cartes et jetez-les vraiment cette fois. Vous obtiendrez de nombreux tells de cette manière.

Cela vaut aussi si vous décidez de payer ou même de relancer !

Dave "Devil Fish" Ulliott dans ses œuvres

Le joueur qu'il a relancé à sur-relancé all-in, et Devil Fish a pris un long temps de réflexion avant de jeter.

Il avait évidemment pris très tôt la décision de passer mais il l'a fait après un temps d'attente. Il y a deux raisons à cela :

– Soit il veut sauver la face devant l'adversaire pour lui faire comprendre qu'il hésite à jeter sa main, qui *serait* de qualité.

– Soit il veut faire suer un peu son adversaire.

Dans les deux cas, le gagnant financier est l'adversaire, mais le gagnant psychologique est… Devil Fish ! Car l'adversaire a compris qu'il était hautement dangereux et qu'il ne se démontait pas pour si peu.

En procédant de cette manière, Devil Fish s'est donc donné des armes pour l'avenir proche.

Daniel Negreanu et les tells

Le champion canadien a une règle simple quand on l'observe. Plus son adversaire est fort et moins il en fait :

– S'il le sait débutant ou moyen, il n'hésitera pas à lui envoyer des faux tells à tire-larigot

– S'il le sait aguerri, il ne va pas trop s'amuser à le faire car l'autre peut très bien comprendre de quoi il retourne.

Les accoutrements

La façon dont un adversaire s'habille peut exercer une influence sur votre jeu. Ce n'est pas une manipulation directe mais elle a le mérite d'être permanente si vous avez la malchance d'être assis à la table d'un de ces excentriques ! En voici des exemples, tirés de l'édition 2007 du Championnat du monde WSOP :

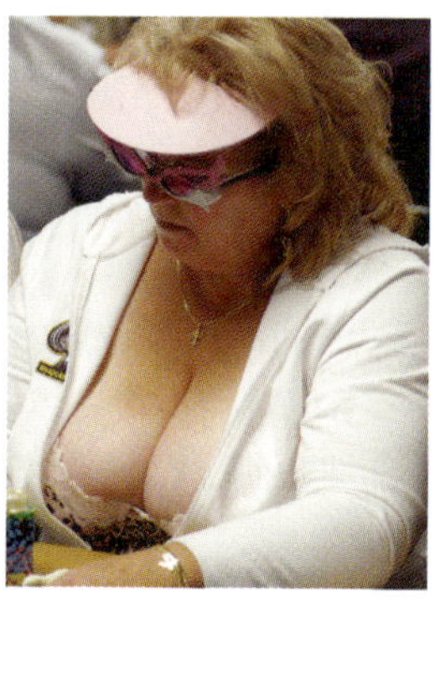

30

MANIPULORAMA

13 MANIPULATIONS DE BASE

> L'exaspération lui fit claquer les mains l'une contre l'autre.
>
> Clifford Simak
> *Le pêcheur*

Bienvenue dans le premier "Manipulorama" jamais réalisé au monde dans le domaine du poker ! Vous allez voir, ça ne va pas être triste. J'ai réuni ici ce que je connais de visuel dans le poker en matière de recherche de domination, quitte à passer par des moyens quasi-illégaux.

Ce chapitre présente les manipulations les plus basiques, dont certaines sont déjà d'un bon niveau.

Le chapitre suivant, lui, plonge dans les arcanes de la manipulation de pointe. Il va sûrement vous apporter des réponses immédiates sur le comportement curieux que vous avez déjà relevé chez certains adversaires. Et, surtout, il devrait vous donner des pistes pour doubler votre jeu "sincère" d'un jeu manipulatoire.

Pas toutes !

Inutile d'essayer de réaliser toutes ces manipulations. Certaines suffisent, celles dans lesquelles vous vous sentez le plus à l'aise. Et croyez-moi si vous voulez, certains champions n'en utilisent aucune…

Les fiches présentent trois critères :

– *Puissance* : note l'efficacité de la manipulation; certaines n'ont pas un fort impact, ce qui n'est pas le cas d'autres, quasiment dévastatrices.

– *Fréquence* : critère habituel, qui indique si la manipulation se rencontre fréquemment ou non.

– *Faisabilité* : note le degré de difficulté à réaliser la manipulation. Certaines nécessitent du culot ou ne conviennent qu'à certaines personnalités, alors que d'autres sont faisables par tous.

manipulation	1	Sur le grill !

puissance	★★☆	fréquence	★★☆
Il scrute pour déstabiliser.		faisabilité	★★★

1. Le joueur de gauche vient de poser une ouverture et le joueur suivant est en pleine réflexion. Rien dans ses gestes ne laisse présager la décision qu'il s'apprête à prendre. Il regarde intensément l'ouvreur.
2. Le joueur de droite, après un moment, prend ses cartes et finit par les jeter.

Précisions. Cette manipulation est courante chez les joueurs aguerris. Elle met en lumière deux choses :

– *Le paraître :* il réfléchit et essaie de scruter son adversaire pour deviner s'il bluffe ou non.

– *La réalité :* il a déjà décidé de passer. Mais comme il veut rester inquiétant pour ses adversaires, un joueur que l'on ne déstabilise pas facilement et que l'on n'éjecte pas du ring en une seconde, il compte mentalement jusqu'à 5 ou 10 avant de passer.

Cette deuxième fonction est d'ailleurs très utile pour l'image, mais elle a aussi deux autres avantages :
– Elle peut déstabiliser en partie l'ouvreur.
– Elle peut pousser l'ouvreur à émettre un tell.

Cette manipulation vaut aussi bien pour une ouverture que pour une relance.

manipulation	**2**	**Je pleurniche comme une gamine !**

puissance	★☆☆	*fréquence*	★☆☆
Il implore son adversaire.		*faisabilité*	★★★

1. Le surblindeur fait une grosse relance préflop en disant : *"Allez, tu vas quand même me laisser le gagner, ce coup !"*
2. L'adversaire n'y entend rien et paie. L'attaquant croise les bras, comme renfrogné.
3. Au flop 8♣ 6♥ 3♠ l'adversaire ouvre.
4. L'attaquant jette ses cartes.

Précisions. Qui manipule l'autre ? Au départ, c'est le pleureur. Mais ensuite, dès que le pleureur croise les bras, signe de faiblesse confirmé par la non-protection des cartes, c'est l'adversaire. Lequel exploite un flop qui n'a rien de menaçant. Un bluff facile !

manipulation	3	Moi j'aime faire la moue !

puissance	★★☆	fréquence	★★☆
Il fait une moue de dépit.		faisabilité	★★★

1. Il y a eu attaque préflop. Le flop s'ouvre, un flop technique à jouer (avec paire, tirage à couleur ou quinte). Le relanceur le regarde fixement avec une moue de dépit.
2. Puis le joueur porte sa main à ses jetons et mise.

Précisions. Manipulation courante, le "coup de moue" ou "coup du soupir" (c'est selon, et le mobile est identique) est un piège grossier dans lequel des centaines de joueurs tombent tous les jours que le dieu du poker fait !

Il est évidemment grossier quand le joueur le fait seulement s'il a du jeu. Dans ce cas, un vrai chasseur de tells ne s'y laissera pas prendre dans la mesure où il s'agit alors d'un simple tell inversé (une simulation).

Mais les choses se gâtent quand le joueur a cette expression frustrée *à chaque fois*. C'est ce qui m'est arrivé dans le shootout WSOP 2007, où seul le vainqueur de la table devait passer au stade supérieur. Nous n'étions plus que deux et mon adversaire arborait constamment cette moue devant les cartes. Il a fini par m'avoir !

Variante. Le joueur prend le donneur pour témoin, comme pour lui faire un reproche simulé, ce qui d'ailleurs amuse généralement le "fautif".

Variante

Le joueur regarde la donneuse d'un œil navré, souvent en lui disant quelque chose comme "J'aurais quand même préféré un autre flop, mademoiselle"...

manipulation	4	**La moue sur deux cartes successives !**
puissance ★★☆		*fréquence* ★★☆
Il fait deux moues de dépit.		*faisabilité* ★★★

1. Le joueur fait la moue en recevant et regardant sa première carte.
2. Le joueur fait la moue en recevant et regardant sa deuxième carte.
3. Le joueur s'apprête à jeter sa main. Son adversaire est tenté d'attaquer pour prendre les blinds.

Précisions. Cette manipulation est un dérivé de la précédente, avec cette fois la simulation directe et nette d'une défection du coup, et une main découverte carte à carte.
Remarquons que cette séquence vicieuse s'engage très bien si la première carte est un As, car alors tous les espoirs sont permis pour le simulateur :
– Si la deuxième carte est nulle, il sera libre de quitter vraiment le coup.
– Mais si elle est excellente (As, Roi ou Dame), il faut ajouter une quatrième photo : celle de la relance sur l'attaque adverse.

Variante. Le joueur fait la moue sur une main qui est *vraiment* nulle, ce qui déclenche l'attaque de l'adversaire même si celui-ci n'a pas de main valable.
Etape suivante : le simulateur relance, bien que n'ayant rien en main, ce qui fait dire au simulateur : *"Tu m'as bien eu avec tes mimiques à la noix !"*
C'est donc une manipulation à trible détente :
– d'abord, fausse simulation de jeu faible
– puis, incitation du bluff de l'adversaire
– enfin, relance de contre-bluff.
Déroutant et illisible !

manipulation	5	Je joue au dictateur muet mais efficace !

puissance	★★☆	fréquence	★★☆
Il scrute le petit blindeur.		faisabilité	★★★

Situation. Préflop, la parole est revenue au petit blind, qui réfléchit. Pendant ce temps-là, le surblindeur ne le lâche pas des yeux. Il n'a pas encore regardé ses cartes.

Précisions. Cette situation aurait pu figurer dans les tells de force mais ici le surblindeur n'a pas encore vu ses cartes.
Il s'agit ni plus ni moins d'une de ces nombreuses actions de pression que l'on peut exercer sur un adversaire que l'on sait timoré ou peu sûr de lui. Plus le joueur est stressé et plus il est à même d'émettre de stells sincères (loi sacro-sainte n°7 !).
Le cas du surblindeur dictateur est le plus typique, d'autant que cette situation va se répéter inlassablement à chaque tour de donne !

manipulation	**6**	**Je checke avec mes jetons !**	
puissance	★★☆	*fréquence*	★☆☆
Il fait un geste double.		*faisabilité*	★★★

Situation. Le joueur doit parler au flop, à la turn ou à la river. Personne n'a ouvert. Il prend une pile de jetons et, les gardant en main dans son poing quasiment fermé, il frappe la table avec, signifiant qu'il checke.

Précisions. Manipulation toujours efficace, habituelle chez les pros. Pendant qu'il tient les jetons en main (des jetons chers de préférence), le joueur peut à loisir observer les réactions des joueurs encore en lice.
En fait, au moment où il prend ses jetons, il peut avoir en tête de les utiliser pour ouvrir. Mais ce qu'il capte comme tells environnants peut l'en dissuader et le limiter à checker. Le joueur qui checke toujours comme cela finit par déclencher des réflexes pavloviens.

manipulation	7	J'intoxique à fond mon adversaire !

puissance	★★★	*fréquence*	★☆☆
Elle parle pour piéger.		*faisabilité*	★★★

1. Situation au flop 4♥ T♦ 4♣. Le premier joueur ouvre.
2. Le deuxième réfléchit, puis finit par payer en disant : *"J'espère que tu n'as pas le Quatre".*

Précisions. La manipulation par la parole est efficace car elle a toujours un impact sur l'adversaire, et qui dit impact dit forcément tell – visible ou non. Et cela, même si le parlant ne pose pas une question mais affirme quelque chose ou "pense tout haut".

Ici, comme vous l'avez évidemment compris, le manipulateur possède lui-même le Quatre en main. Mais pour ne pas le laisser soupçonner par son adversaire, il affirme benoîtement espérer que l'ouvreur ne l'a pas ! C'est en quelque sorte "prêcher le faux pour savoir le vrai". Cela répand dans la tête de l'adversaire l'idée *certaine* que le suiveur n'a pas ce fameux Quatre. Cette pensée est étayée par le fait que le manipulateur *ne relance pas*, il se contente de payer.

Conclusion : si l'ouvreur a un Dix bien accompagné ou deux overcards comme As-Valet, il se donne toutes les chances de toucher quelque chose de gagnant ensuite… de gagnant, *de son point de vue,* parce qu'en fait, il est déjà battu sauf miracle.

Bien sûr, le manipulateur n'a qu'une envie sur ce genre de flop : voir une grosse carte arriver à la turn ou la river, et en particulier un As.

Voilà pourquoi les maîtres manipulateurs entrent de temps en temps dans le coup avec des cartes très faibles en main.

J'ESPÈRE
QUE TU N'AS PAS
LE QUATRE !

manipulation	**8**	**Je vais envoyer le paquet, les gars ! (1)**

puissance	★★☆	*fréquence*	★★☆
Il tripote ses jetons.		*faisabilité*	★★★

Situation. Le flop vient de s'afficher. Le joueur au bouton porte immédiatement sa main à ses jetons tout en protégeant ses cartes et en fixant son adversaire.

Précisions. Cette situation a déjà été présentée sous une forme voisine dans la séquence de tell "J'avais déjà prévu de relancer !". Là encore, il s'agit de mettre la pression sur un adversaire pour lui couper la route d'un bluff improvisé et l'obliger à émettre des signes sincères.
Pour être crédible et puissante, cette pression doit toujours être menée par un *agressif*. Avoir un style de jeu agressif ouvre la voie à des manipulations efficaces telles que celle-ci.

Situation typique quand la turn apporte une menace au tableau T♥ 3♠ 5♥ T♣.
Cette doublette max a l'air de poser problème au premier à parler. Mais il y a problème et problème :

- soit il craint d'être battu et il va checker
- soit il a le brelan et se demande s'il va ouvrir ou faire un check-raise.

Si le joueur checke, l'adversaire a beau jeu de vouloir arracher en ouvrant, et l'autre ne pourra pas dire qu'il n'était pas prévenu, vu le geste sans équivoque du manipulateur.

Mais s'il ouvre, il y a fort à parier que le manipulateur va simuler la réflexion, puis jeter ses cartes.

"Je vais envoyer le tapis si tu ouvres !" semble dire le joueur de droite alors que son adversaire envisage d'ouvrir (il est déjà en train de pousser une pile de jetons).

Notez que cette manipulation dissuasive s'effectue souvent sur un flop menaçant (ici, avec un As et un Roi) et ne signifie en rien que le manipulateur possède une mauvaise main. En revanche, si celui-ci n'a pas la paire max, il possède au moins deux atouts :
- un jeu potentiel (par exemple, tirage au flop)
- un tapis plus profond que son adversaire

L'homme qui refusait de se laisser manipuler

Acte habituel de la part du manipulateur, à droite : il s'apprête à envoyer des jetons. Mais l'autre ne l'entend pas de cette oreille et, par bravade ou parce qu'il a gros jeu, il ouvre. Le manipulateur jette ensuite ses cartes.

manipulation	9	Je vais envoyer le paquet, les gars ! (2)

puissance	★★☆	fréquence	★☆☆
Il fait semblant de passer.		faisabilité	★★☆

1. Le joueur au bouton est déjà prêt à jeter ses cartes. Le joueur à l'avant-bouton ouvre.
2. Le joueur au bouton repose ses cartes, puis relance.

Précisions. Cette séquence est importante car elle joue exactement dans le sens inverse de la précédente. Précédemment, le joueur simulait la force et envisageait en réalité de passer en cas d'attaque sérieuse du manipulé.

Ici, le manipulateur simule la faiblesse volontairement. S'il relance comme c'est le cas ici, *il révèle au grand jour qu'il était en train de manipuler !* Ce qui est bien différent du cas précédent, où le fait de préparer une relance ne signifie pas qu'on ne soit pas vulnérable.

Donc la suite du coup change dans le cas présent. Car l'adversaire sait maintenant que ce joueur est un manipulateur, ce qui le rend plus inquiétant pour lui.

S'il est timoré ou impressionnable, il va probablement passer, à moins bien sûr qu'il possède un très bon jeu.

Cette séquence peut intervenir à n'importe quel moment du coup.

Variante

Le manipulateur relance avec une vigueur physique (ses jetons glissent en s'entrechoquant), ce qui peut exprimer le bluff. C'est un faux tell : c'est l'intérêt du manipulateur de simuler le bluff ici avec un gros jeu.

manipulation	**10**	**L'œil du chacal !**

puissance	★☆☆	*fréquence*	★☆☆
Il scrute l'ouvreur.		*faisabilité*	★★★

Situation. Le joueur ouvre au flop. Il dirige immédiatement son regard vers l'adversaire et le scrute.

Précisions. La manipulation par le regard est une des bases du parfait manipulateur, même si certains ne l'utilisent pas. On sous-estime la force déstabilisatrice d'un regard fixe et intense.

Cela peut suffire à intimider l'adversaire qui n'est pas max, et à le dissuader de payer ou de tenter un bluff. Dans les deux cas, le manipulateur gagne le coup, et le but recherché est atteint.

L'œil du chacal

Allez-vous soutenir son regard longtemps ?

L'œil du chacal

Variante *: cette fois, il fixe l'homme qui vient d'ouvrir. S'il le relance, il dissuade l'autre de payer.*

manipulation	11	Je te fixe pour te contrer !

puissance	★★☆	*fréquence*	★★☆
Il scrute pour contrer.		*faisabilité*	★★☆

1. Un joueur relance préflop et il est payé par son voisin de gauche. Il reste deux joueurs pour voir le flop.
2. Le flop K♠ T♥ 5♦ (peu de tirages et une grosse carte). L'attaquant préflop fait un continuation bet.
3. Son adversaire le relance au double en le regardant intensément dans les yeux. Selon toute vraisemblance, l'adversaire va jeter ses cartes.

Précisions. Sans le regard final, cet épisode serait un banal "contre continuation bet" ou block bet.

Mais le regard va plus loin. Il signifie *"J'ai compris ton manège, tu es en train de volet le pot avec ton continuation bet, moi je vais te montrer qui est le plus fort."*

Imaginez l'impact psychologique sur le joueur s'il est vraiment en bluff ! Surtout contre un adversaire arrogant avec son regard perçant, il y a lieu de se demander si son corps ne le trahit pas.

D'ailleurs, si le joueur passe ensuite, l'idéal du maître manipulateur est de lui asséner la *phrase magique qui tue* :

"Je te signale que j'ai un tell sur toi."

Pensez à la prononcer de temps en temps, c'est vraiment une phrase magique !

manipulation	12	Je mets en scène ma propre réflexion !

puissance	★★★	*fréquence*	★★☆
Il réfléchit tout en agissant.		*faisabilité*	★★★

1. Situation à la river K♠ 8♠ 3♦ 5♦ A♠. Le premier à parler ouvre. Il est relancé par son adversaire.
2. L'ouvreur se met alors à observer intensément le relanceur.
3. Finalement, l'ouvreur jette ses cartes.

Précisions. Cette séquence illustre la théâtralisation de la réflexion. N'importe quel spectateur connaissant le poker est capable de comprendre que cet As de pique au flop constitue une menace. Il donne une occasion rêvée de bluff.
L'ouvreur est peut-être en bluff ici, et si c'est le cas, il fait probablement ce qu'on appelle un "*bet and fold*", c'est-à-dire une ouverture suivie d'une défection du coup si elle est suivie d'une relance.

Or, il se trouve que l'adversaire relance.
Dès lors, notre homme sait qu'il *doit* passer. Va-t-il le faire illico, puisque sa décision est déjà prise ? Non ! Il va exploiter la situation en faisant durer le plaisir, pour deux raisons :
– si son adversaire est en bluff ou n'est pas max, il peut émettre un tell révélateur qui sera utile pour la suite de la partie
– puisque le manipulateur a déjà décidé de jeter ses cartes, autant laisser croire à son adversaire qu'il le fait à contrecœur ou après mûre réflexion, et non parce qu'il bluffait.

Cette manipulation est plus efficace qu'il n'y paraît parce qu'elle contribue à façonner l'image du joueur et à stresser davantage l'adversaire. Or, comme nous le savons tous, plus un adversaire est stressé et moins il essaie de nous berner ou de simuler.

manipulation	13	Je feins le bluff !

puissance	★★★	fréquence	★☆☆
Il simule la sournoiserie.		faisabilité	★★★

1. Situation à la river Q♥ T♦ 7♠ 2♠ 3♠. Le premier à parler a remarqué le “regard en-dessous” de son adversaire, destiné à essayer de savoir s'il bluffe ou non. Il décide de relancer all-in, à deux fois la hauteur du pot.
2. L'adversaire paie, persuadé que l'autre bluffe.
3. Le joueur abat la couleur backdoor, le jeu max.

Précisions. Cette fois, il est prouvé qu'on peut manipuler un chasseur de tells ! Il suffit d'émettre un tell de bluff quelconque tout en relançant all-in, et l'adversaire a toutes les raisons de payer s'il possède au moins deux paires, ou même la paire max kicker max.

S'il n'avait pas remarqué le “coup d'œil en-dessous” de son adversaire, le joueur aurait probablement ouvert à une petite hauteur, ce qui aurait peut-être fait passer l'autre !

L'exploitation que le manipulateur peut faire du chasseur de tells est évidemment multiple, en premier lieu en s'abreuvant de fausses pistes et de tells simulés.

Cela doit nous alerter car nous aussi sommes chasseurs de tells. Donc nous devons nous méfier comme de la peste des tells émis par des joueurs que nous avons prédéterminés comme étant émetteurs potentiels de faux tells.

31 MANIPULORAMA
14 MANIPULATIONS DE POINTE

> Le poker n'avait d'intérêt que si l'on inversait sa règle initiale : être soi. Masquer la vérité pour mieux la révéler.
>
> Philippe Balland
> *Piqué de poker*

Il y a la manipulation à la petite semaine, la manipulation du dimanche, la manipulation improvisée qui ne répond à aucune stratégie précise. Nous l'avons rencontrée dans le chapitre précédent.

Dans ce chapitre-ci, les grands manipulateurs devant l'Éternel se reconnaîtront. Nous passons dans la cour des grands. Car dans le genre diabolique, certaines de ces manœuvres sont des œuvres d'art ! Jugez par vous-même. D'autant que c'est la première fois qu'un livre sur le poker les présente de façon systématique… et même, pour la plupart, les présente *tout court*.

Une utilisation choisie

Si vous n'avez pas l'âme d'un manipulateur, sachez pour vous consoler que c'est aussi le cas de bien des joueurs qui obtiennent d'excellents résultats.

Sachez aussi qu'aucun joueur ne manipule en permanence. Ce serait beaucoup trop fatigant ! D'autant qu'à force, s'ils en font trop, les grands manipulateurs savent qu'ils se manipulent eux-mêmes.

Le plus souvent, les joueurs utilisent deux ou trois manipulations de pointe qui leur vont bien, parfois plus, qu'ils utilisent à des moments dûment choisis contre des adversaires qui ne le sont pas moins.

Préservez-vous

Je le réécris, ces chapitres sur la manipulation au poker doivent d'abord vous préserver contre les manipulations adverses, vous aider à les reconnaître. Et parfois, à les retourner contre leur auteur.

manipulation	**14**	**Je compte mes jetons en petites piles ! (1)**

puissance	★★☆	*fréquence*	★★☆
Il compte ses jetons d'avance.		*faisabilité*	★★★

1. Au flop : A♣ Q♦ K♠. Le joueur de gauche checke. Le joueur suivant prend une pile de jetons puis commence à les étaler à côté en petites piles égales, comme pour “calibrer” une ouverture. Il n'a encore rien dit.
2. Le joueur qui a checké jette ses cartes avant même que son adversaire ait indiqué le montant de son ouverture éventuelle.

Précisions. La position est essentielle en Texas hold'em et nous en avons une l'illustration ici.
Le deuxième joueur n'a peut-être rien en main, mais sa façon de “mettre sur le grill” son adversaire en comptant ses jetons pour une possible ouverture n'a pas d'autre objectif que de le tester. C'est un moyen de réfléchir à une ouverture tout en occupant ses mains, au lieu de réfléchir d'une manière statique. L'impact est forcément plus fort sur l'adversaire.

On note aussi la nature du flop, particulièrement menaçante. Ce tell est l'illustration que les cartes du tableau suscitent un tell ou un autre selon leur nature.
Ce tell peut aussi être émis sans vue manipulatrice s'il émane de joueurs que l'on a étalonnés comme incapables de simuler.

Cette façon de préparer les relances est courante dans les retransmissions télévisées des grands tournois internationaux.
Certains joueurs d'un niveau médiocre peuvent procéder au même geste par simple effet de mimétisme, sans avoir compris l'avantage tactique qu'ils pouvaient en retirer.

manipulation	15	Je compte mes jetons en petites piles ! (2)

puissance	★★☆	fréquence	★★☆
Il compte ses jetons d'avance.		faisabilité	★★★

Situation au flop, celui-ci étant un flop faible. Le joueur vient ou non de subir une ouverture. Il prend une pile de jetons et la dissocie en petites piles de hauteur égale.

Précisions. Cette action trouve trois justifications :
– Le joueur prépare ses jetons pour suivre une ouverture et veut savoir combien il lui restera de jetons après avoir payé
– Le joueur prépare une offensive et la “mesure” sous forme de piles de hauteur intermédiaire
– Le joueur s'octroie un temps de réflexion.
Comme on le voit, ce tell est à géométrie variable. Mais sachez que si un joueur l'utilise plusieurs fois dans une même session, la plupart du temps ce sera avec un jeu fort. Certains joueurs n'hésitent pas à simuler le jeu fort en faisant précéder leur relance de ce tell.

manipulation	16	Je fais un "second checking" vicieux !	
puissance ★★☆		fréquence ★★☆	
Il regarde encore ses cartes.		faisabilité ★★★	

Situation, flop à pique, dont le Roi. Le premier à parler checke, le suivant fait un second checking.

Précisions. Contrairement à la fiche "Je vérifie si j'ai le tirage à couleur !", le flop comporte un Roi, ce qui ouvre une possibilité de manipulation. Le joueur de droite peut générer une pensée chez son adversaire, à savoir qu'il possède le main A-K ou K-Q, dont au moins une carte noire, ce qui lui donnerait à la fois la paire max et un tirage max.
Beaucoup de joueurs font un second checking *automatique* dès que le flop est monocolore. Cela pour semer le doute dans l'esprit des adversaires qui ne savent pas si c'est pour vérifier qu'ils ont *bel et bien* la couleur ou qu'ils n'ont qu'un tirage, mais toujours un tirage haut (à l'As ou au Roi). C'est forcément inquiétant pour l'opposant.

manipulation	17	Je ne frappe pas la table tout de suite !

puissance	★★★	*fréquence*	☆☆☆
Il garde le poing fermé.		*faisabilité*	★★★

Situation. Le petit bindeur a payé le surblind, et le surblind se prépare à frapper la table avec son poing fermé, comme cela se fait couramment pour signifier “je checke”. Mais au lieu de l'abattre rapidement, il le laisse en l'air.

Précisions. Ça c'est diabolique ! Nous nous trouvons dans un temps faible, et pourtant, d'un seul coup, le surblindeur le transforme en un temps dramatique !

Pourquoi ? Parce que les joueurs qui ont simplement suivi le surblind ne veulent généralement pas être relancés par le surblindeur, du fait de leur main qui ne le supporterait pas – sinon ils auraient relancé eux-mêmes. Ces mains sont, le plus souvent, des paires petites et moyennes, des consécutives assorties, des A-x, des K-x, etc.

Par ailleurs il y a toujours la question de la grosse paire qui parle en début de parole et qui se contente de suivre le surblind. Elle, par contre, ne souhaite qu'une chose, c'est que le surblind *relance* pour pouvoir sur-relancer après ou pour suivre et voir d'autres joueurs passer, ce qui protègerait sa main pour la suite du coup.

L'arme du poing arrêté est donc un outil de manipulation excellent. Tant que le joueur ne l'a pas abattu et qu'il semble réfléchir, il garde toute latitude pour relancer et peut observer à loisir les tells des uns et des autres :

– de ceux qui ne veulent surtout pas qu'il relance
– de ceux qui (plus rarement) n'attendent que ça !

En plus, c'est une manipulation rare car je ne l'ai vue qu'une fois, ce qui en fait toute sa puissance.

manipulation	18	J'attaque en avance !

puissance	★★★	*fréquence*	★☆☆
Il mise avant de voir la carte.		*faisabilité*	★★☆

1. La turn : J♥ 8♦ 4♥ 8♣. La donneuse n'a pas retourné la river que le joueur a déjà pris une pile de jetons qu'il s'apprête à miser.
2. La pile est posée avant que la river ne soit visible (c'est le 5♣).

Précisions. Le manipulateur tient évidemment le rôle du joueur sûr de lui, celui qui n'a même pas besoin d'une cinquième carte pour gagner. Et le fait est, l'arrivée d'une doublette à la turn a de quoi nourrir une action agressive de ce style.
Ceux qui ont recours aux attaques en avance sont plutôt rares, mais cette manipulation fait souvent mouche.... parce que les adversaires sont pris de cours. L'effet de surprise est souvent énorme, et sur ce coup, si le joueur qui reçoit l'ouverture en avance de Fougan possède la main As-Valet, il va forcément hésiter à payer. D'autant qu'en l'occurrence, la river qui apparaît dans la seconde suivant l'atterrissage des jetons se trouve être une carte quelconque, à savoir le 5♣.

Là encore, cette manipulation de pointe vise deux objectifs :
– le gain direct du coup par abandon adverse
– l'assise d'une image imprévisible et agressive.

Variante
Une variante à effet inverse consiste, au contraire, à *checker en avance*. Donc, à peine le tour d'enchères de la turn terminé, le premier joueur à parler annonce "Check" en avance, avant même que la river ne soit donnée. Cela incite l'adversaire à checker lui aussi pour éviter le check-raise. Cette façon de faire est plus courante. Mais c'est de la défense ou de la contre-attaque, non de l'attaque.

manipulation	19	J'oublie de payer la relance !

puissance	★★★	*fréquence*	★☆☆
Il paie le mauvais montant.		*faisabilité*	★★★

Situation : Au flop, à la turn ou à la river, le joueur de gauche a relancé à 1.000 (deux jetons de 500 chacun). Le joueur de droite, qui croit que l'enchère est toujours à 300, pose ses trois jetons de 100 comme si de rien n'était. On le lui fait remarquer, puis il complète de mauvaise grâce l'enchère.

Précisions. C'est une excellente manipulation qui ne marche qu'une ou deux fois car elle passe pour une erreur et aucun joueur n'est censé accumuler les erreurs. Excellente, car comme vous l'avez compris, le joueur qui se "trompe" possède en réalité un jeu énorme. Cette "erreur", qui est plus un "coup de vice", le fait passer pour faible et elle va peut-être même susciter un bluff adverse ensuite !

manipulation	20	Je relance à contretemps !

puissance	★★★	fréquence	★☆☆
Il se trompe dans la mise.		faisabilité	★★★

Situation : Au flop, à la turn ou à la river, l'enchère est de 300, payée par le joueur de gauche. Le joueur de droite pose un jeton de 1.000 puis, dans la foulée, annonce "relance". Comme l'exige le règlement, sa relance est refusée.

Précisions. Pendant logique de la manipulation précédente, cette manœuvre vise à faire croire aux adversaires que l'on possède une main nettement plus forte que celle que l'on possède vraiment. C'est une très bon bluff, mais là encore, il est impossible de le répéter trop souvent dans la même session de jeu sans devenir excessivement indésirable.

manipulation	21	J'empiète sur le territoire des autres !

puissance ★★☆	fréquence ★☆☆
Il étend son territoire.	faisabilité ★☆☆

Situation : Un joueur étend exagérément ses bras de part et d'autre de la place qui lui est allouée.

Précisions. Aucun dominateur n'est avachi. Tous ont une posture élargie, dynamique et conquérante. L'occupation indue de territoire est une des manières qui permettent d'asseoir une domination.
Il est rare qu'un joueur se rebiffe contre un autre qui s'étend trop. Il préférera décaler légèrement son fauteuil et se recroqueviller un tant soit peu, comme le font les deux joueurs gênés de la première photo.
L'objectif n'est pas tant de gagner du territoire (dont le manipulateuir n'a que faire, finalement) que d'asseoir une image de dominateur.

Photo du haut : En plus d'étendre son territoire, le joueur tripote ses jetons, prêt à les envoyer à la moindre incartade – du moins, c'est l'impression qu'il donne.

Photo du bas : Le joueur tripote ses cartes, cette fois, comme pour se préparer à les jeter… ou du moins, comme pour donner cette impression.

Dans un cas comme dans l'autre, il brouille les pistes.

On remarque que ce joueur a toujours le buste légèrement tourné vers la *droite*… Parce que c'est du joueur qui le précède que viennent les informations directes.

manipulation	**22**	**J'entre en contact avec les autres !**

puissance	★★☆	*fréquence*	★☆☆
Il touche ses voisins.		*faisabilité*	★☆☆

Situation : Un joueur touche un autre joueur de manière régulière ou récurrente.

Précisions. Toucher un autre joueur fait partie des choses mal acceptées à une table de poker. Et pour cause : il s'agit de combattre, et se toucher est déjà une forme d'agression.
Par exemple, il est mal accepté qu'un joueur touche les cartes ou les jetons d'un autre joueur, même accidentellement. Alors lui toucher le corps !...
Pourtant, un manipulateur de fond aura intérêt à toucher de façon récurrente ses adversaires adjacents. Il assoira plus facilement sa domination.

manipulation	23	Je montre une carte "accidentellement" !

puissance	★★☆	fréquence	★★☆
Il "flashe" une carte.		faisabilité	★★★

Situation : L'attaquant voit ses adversaires passer les uns après les autres, et il finit par se retrouver seul en lice, gagnant donc le coup par défaut. Au moment de jeter ses cartes, il lève très haut sa main avant de la plaquer devant le donneur, ce qui permet à tous de voir la carte du dessous.

Précisions. Il montre une seule carte, et ainsi il dit deux choses sans les dire :
– *"J'avais une bonne main".* Ce qui est à moitié vrai seulement car on n'a pas vu l'autre carte !
– *"Je ne joue qu'avec de bonnes mains, je ne bluffe jamais."*
Si ce n'est pas de la manipulation…

manipulation	**24**	**Je relance sans relancer !**

puissance	★★★	*fréquence*	☆☆☆
Il jette encore ses jetons.		*faisabilité*	★☆☆

1. Le petit blindeur complète le surblind.
2. Le surblindeur reprend son surblind en main et le jette devant lui, sans rajouter de jetons.
3. Le petit blindeur, pensant qu'il s'agit d'une relance, jette ses cartes et quitte le coup.

Précisions. C'est la manipulation directe la plus puissante que je connaisse ! Comme pour celle du poing arrêté, elle n'a pas été volontaire la première fois qu'elle a été exécutée. Le surblindeur avait voulu exprimer, en reprenant ses jetons et en les jetant devant lui, qu'il les mettait au pot et que la donneuse pouvait tout de suite afficher le flop. Au lieu de quoi le petit blindeur, croyant à une relance, a jeté sa main car il la jugeait trop faible pour payer une relance !
Dès lors, la manipulation coule de source. Et le plus fort, c'est que si vous la faites et si vous essuyez un reproche, vous pouvez arguer de ce que vous n'avez à aucun moment annoncé "Relance". Mais le fait est là : dès que votre adversaire a jeté ses cartes et qu'elles ont touché le "muck", c'est-à-dire les autres cartes passées, il est d'office hors du coup. C'est la règle. Et le manipulateur gagne.
Par ailleurs et a contrario, si le petit blind comprend que vous avez juste poussé votre surblind au pot, vous ne risquez aucun reproche. Mais vous avez donné une image de puissance physique qui, comme le dit la loi sacro-sainte n°3, déteint sur le type de jeu que les adversaires voient entre vos mains...

Pour que cette manipulation réussisse, il faut être au surblind et avoir mis beaucoup de jetons. Par exemple, aux blinds 100-200, avoir misé son surblind sous la forme de huit jetons de 25.

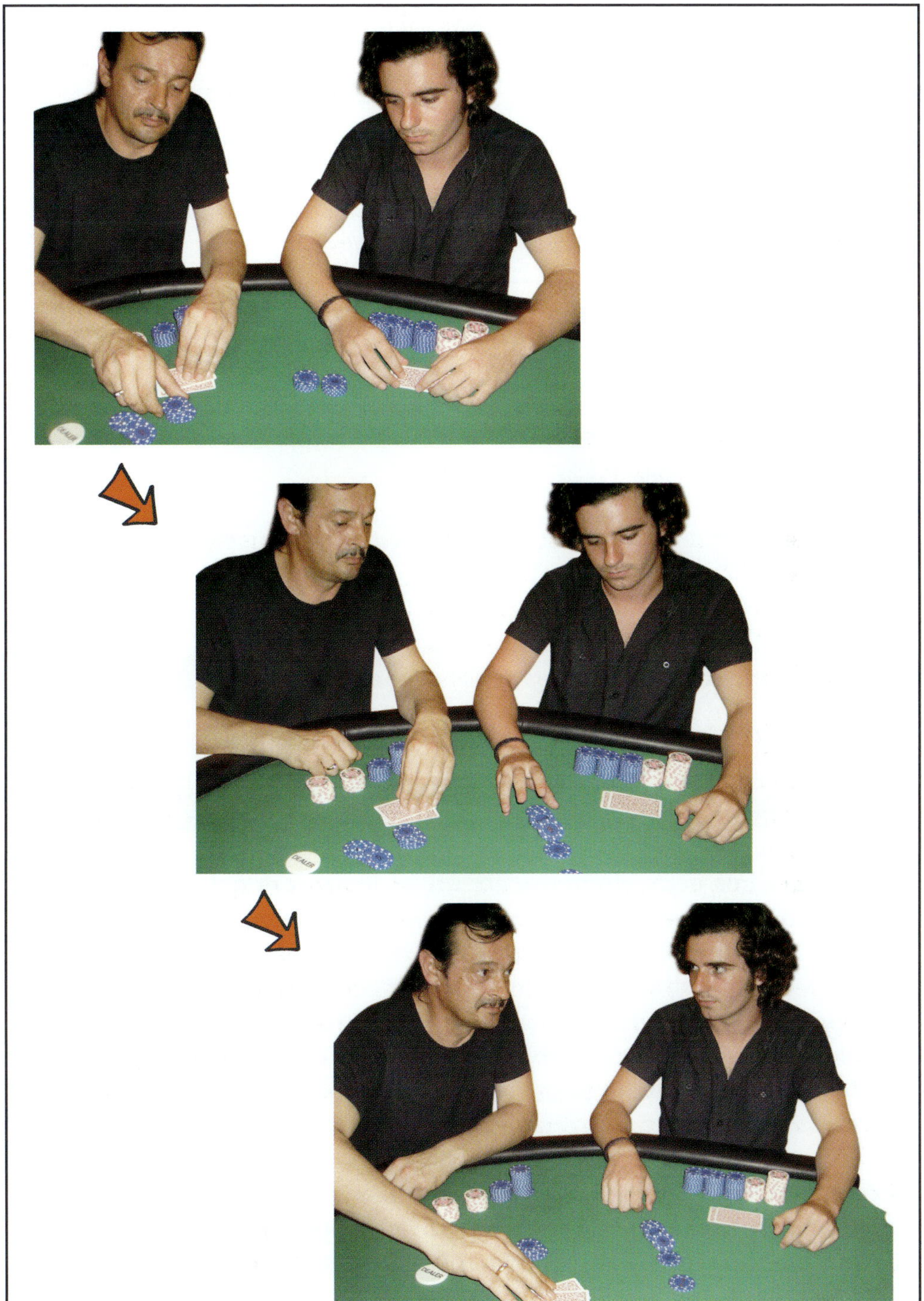

manipulation

25 Je mise le moins de jetons possible !

puissance

fréquence

Il raréfie les jetons misés.

faisabilité

Situation : Les deux blindeurs attendent leurs cartes. L'un a misé 500 en dix jetons de 50, l'autre a misé 1.000 en deux jetons de 500. L'un et l'autre ont un grand choix de jetons au tapis.

Précisions. Voici une astuce qui manipule à terme les adversaires, d'une façon insidieuse et profonde. L'idée sous-jacente est double :
– celui qui joue avec de petits jetons est un petit joueur
– celui qui joue avec de gros jetons est un grand joueur.
Donc misez le moins de jetons possible à chaque fois et vous serez plus "respecté" : vos relances seront moins payées.
Cela a aussi l'avantage de laisser plus de jetons au tapis, donc il paraît plus fort, même s'il est composé de petits jetons.

manipulation	26	Je domine la situation !

puissance	fréquence
Il joue debout.	faisabilité

Situation : Le joueur est debout au lieu d'être assis comme les autres.

Précisions. Là encore intervient le principe de domination, à l'intar de la manipulation territoriale. Ici, le joueur travail la verticalité. Ce qui est au-dessus de vous est plus fort que vous, d'ailleurs les dirigeants ont toujours leurs bureaux en haut des tours.
Le joueur debout maîtrise mieux la situation globale, il fait davantage tinter ses jetons, etc. Mais comme cette posture peut lui faire avoir une vue sur les cartes adverses, elle ne peut être que transitoire. Notamment, quand un joueur est à tapis, il est courant qu'il se lève comme pour se préparer à sortir s'il perd le coup. Il a par ailleurs le plaisir de se rasseoir s'il gagne la confrontation.

manipulation	**27**	**Je donne une fausse joie !**

puissance	★★★	*fréquence*	☆☆☆
Il se ravise, puis confirme.		*faisabilité*	★★★

1. Le joueur de gauche a ouvert à la river. Son adversaire le relance. Le relancé s'apprête à jeter ses cartes.
2. Il les repose et regarde intensément l'adversaire.
3. Finalement, il se ravise, reprend ses cartes et les jette vraiment.

Précisions. Cette fois, l'action finale est la même que pressentie au départ. Mais elle se fait en trois temps : action, reprise, réaction. C'est un excellent moyen pour essayer de glaner un tell, même si la décision de passer était déjà entendue dès la relance adverse.

Variante. Il en va de même avec la relance : un joueur peut se raviser en train de relancer, puis confirmer sa relance ensuite. C'est encore plus vicieux car il s'agit cette fois de – peut-être – revenir sur une attaque frontale. Idéal pour bluffer encore plus durement.

32 LA MANIPULATION VERBALE

> Le poker s'était toujours trouvé associé dans son esprit à une sorte d'agressivité verbale bon enfant, un échange de blagues douteuses et d'insultes amicales.
>
> Paul Auster
> *La musique du hasard*

Quand nous avons observé les différentes séquences de manipulation, nous avons vu quelques cas où le tell adverse était sinon provoqué, du moins *suscité*.

Contre les adversaires difficiles à calibrer, il vous reste un dernier moyen d'essayer de lire l'adversaire : *la pêche aux infos*. Pour ce faire, il existe un moyen hyper-efficace, qui est l'usage de la *parole*. C'est l'objet de ce chapitre.

Bienvenue dans le verbal

Vous remarquerez qu'en passant du non-verbal au verbal, nous changeons d'un seul coup d'univers. Cela implique un véritable changement de langage, mais aussi un changement d'attitude radical.

Dans le non-verbal, nous constatons des actions, et au mieux nous suscitons des réactions, en utilisant un code inconscient, celui du corps, ou conscient dans le cas de la manipulation.

Dans le verbal, nous échangeons des informations qui passent forcément par le filtre de notre consience. Nous quittons donc le terrain bestial, le royaume du limbique, pour investir le terrain *cérébral*.

Le code utilisé est complexe, comme toutes les langues. Il est fait de données plus ou moins connotées, plus ou moins descriptives, plus ou moins abstraites. Le code verbal est plus culturel, moins universel, car il nécessite un apprentissage long et difficile avant d'être maîtrisé. Le code non-verbal, lui, est moins culturel, parfois même il est instinctif.

Dans le cadre du poker, l'utilisation du langage comme moyen de manipuler reste dans un cadre qui concerne l'intention, l'explication, le sous-entendu, l'incitation, jusqu'à l'attaque frontale.

L'impact de la parole

A la table de poker, les deux joueurs les plus éloignés (ceux assis aux deux extrémités) ne sont distants que d'un mètre cinquante. Les autres sont distants de moins que cela. Autant dire que l'impact verbal est énorme. Quand un joueur s'adresse à un autre, ce dernier est tenu de réagir a priori. C'est la force du parleur et la faiblesse de l'apostrophé.

Que recherche exactement celui qui parle ? Il recherche trois choses, selon les cas :

– soit *entendre la voix de l'adversaire*, ce qui peut le renseigner d'après son timbre sur un bluff éventuel (on note en passant que cela suffit à penser que le questionneur n'a pas un si gros jeu)

– soit *récupérer une information*, si la question porte sur un élément du jeu particulier, comme le montant du tapis ou un espoir d'amélioration

– dans tous les cas, il parle parce que cela *augmente artificiellement sa présence à la table* : il paraît plus actif, il parle avant de jeter finalement ses cartes; du fait de ce faux-semblant, ses adversaires jugeront qu'il entre plus souvent dans les coups qu'il ne le fait réellement.

Mais le but ultime ? D'après ce que j'ai pu observer, le parleur poursuit quatre objectifs qui s'excluent les uns les autres :

– Inciter l'adversaire à passer
– Inciter l'adversaire à payer
– Déstabiliser l'adversaire, l'impressionner
– Obtenir de l'information

1. Inciter l'adversaire à passer

Le principe consiste à menacer l'adversaire, au moins indirectement. Les phrases classiques sont :

– *"Je te préviens, j'ai une vraie bombe."*
– *"Si tu ouvres, je vais te relancer."*

Et toutes les phrases qui indiquent un gros jeu.

Pourquoi ces phrases-là marchent-elles ? Parce que comme l'adversaire ne peut pas imaginer que vous allez dire la vérité sur votre jeu, il pense que vous mentez !

Phrases plus travaillées :

– *"Je te préviens, j'ai un tout petit jeu."* (prononcé d'une petite voix)
– *"Si tu passes, je te montrerai mon jeu."*

Ou, plus vicieux *mais à ne jamais faire car c'est de la tromperie :*
– "Je vais te montrer ma main même si tu passes."

Et quand il a passé, vous lui montrez votre main, mais celle avec vos cinq doigts, pas celle avec les deux cartes !

2. Inciter l'adversaire à payer

Inversement, pour inciter l'adversaire à payer, il faut passer pour quelqu'un qui n'a pas un gros jeu ou qui a une vraie faiblesse.

– "Je n'ai pas vu mes cartes."
– "C'est peu d'argent finalement."
– "Après tout c'est que de l'argent !"
– "Tu sais bien que je joue toujours avec des cartes pourries !"
– "Tu sais bien que je passe mon temps à bluffer !"

Ces phrases typiques doivent tomber au bon moment. Par exemple, la dernière citée est prononcée quand le joueur s'est fait prendre en action de bluff dans un coup récent.

L'une des qualités du fin manipulateur est de rebondir sur les divers événements qui jalonnent la partie ou le tournoi pour les exploiter au détour de la phrase qu'il faut au bon moment.

• *Le principe du "j'espère que tu n'as pas"*

Robert Cohen, un joueur français de l'ancienne école, est expert en manipulation verbale en plus d'être un très bon joueur. Il est aussi excellent dans le principe du "j'espère que tu n'as pas".

Voici le tableau : A♠-Q♠-5♥-5♠.

Quand la turn arrive, il dit à l'adversaire d'un air contrit :

– "J'espère que t'as pas la couleur, sinon je suis mal" ; ou *:*
– "Le problème, c'est que tu peux avoir touché ta couleur".

Alors qu'il possède Q-Q et que la doublette de la turn lui donne déjà full ! Cette intox mortelle peut suffire à inciter le détenteur du brelan ou même de la paire max à payer.

• *Le principe du "j'ai pas vu mes cartes"*

Robert a aussi une manipulation favorite, qui consiste à affirmer qu'il n'a pas vu ses cartes alors qu'il suit les enchères. Il est même capable d'assumer le paradoxe de relancer en fin de coup dans ces conditions ! En réalité, il a bien vu ses cartes, mais d'une manière tellement furtive que personne ne s'en est aperçu. D'ailleurs, il arrive que des joueurs top-niveau jouent *vraiment* sans regarder leurs cartes à certains moments. Ce qui ajoute autant de crédibilité à cette manipulation verbale d'une efficacité redoutable.

• *Le principe du "on va bien voir"*

Dans les petits pots, le détenteur d'une grosse main va avoir tendance à parler pour essayer de faire diversion et faire en sorte que quelqu'un vienne pour grossir le pot. Par exemple, il a A-7, le flop est K-7-3, la turn est un 7, et le joueur va ouvrir en disant :

– *"On va bien voir si tu as le Roi !"*

Ce genre de manipulations au fil de l'eau arrivent couramment aussi sur internet, en utilisant le "chat". Si vous ne voulez pas vous occuper de manipulation, coupez le chat. Mais si vous êtes manipulateur dans l'âme, ouvrez-le en grand. Vous pourrez influencer les adversaires que vous sentez receptifs aux arguments de ce type. N'oubliez jamais cependant : qui manipule doit s'attendre à se voir manipulé par les autres.

• *Le principe du "je n'ai pas"*

Pendant un tournoi des WSOP 2005, John Matusow, qui parle beaucoup à table, a affirmé sur le tableau A-T-7-6-2 :

– *"Je n'ai pas la quinte, pas deux paires, pas le brelan d'As, pas le brelan de 7, pas le brelan de 6, pas le brelan de 2."*

Son adversaire était un joueur peu évolué et il a payé avec une paire. Mais contre un joueur évolué, Matusow n'aurait jamais agi de la sorte car il aurait alors révélé qu'il possédait.. le brelan de Dix.

• *Le principe du "paie-moi donc"*

Francis a remarqué que son adversaire faisait un *second checking* quand il avait du jeu mais pas quand il n'en avait pas. Cas assez classique mais qui doit être *étalonné*, c'est-à-dire qu'il faut s'assurer de la consistance dans le temps de ces correspondances.

Francis a A-9, et le tableau est : J-T-3-9-4.

L'adversaire ne fait pas de second cheking, il relance all-in, ce qui représente la moitié du tapis de Francis, et il fait tout un cinéma gestuel en disant :

– *"Paie-moi donc, tu vas gagner !"*

Francis paie, et effectivement, l'autre n'a que K-4.

Souvent, quand le joueur donne un conseil à l'adversaire, c'est bien lui qu'il faut suivre car il s'agit d'un piège pour que l'autre, par excès d'ego, soit tenté de faire l'inverse.

3. Déstabiliser l'adversaire, l'impressionner

Le fin du fin pour déstabiliser : après avoir gagné un coup dans des conditions difficiles ou par simple coup de chance de notre part, dire à l'adversaire : *"J'ai un tell sur toi"*. Il n'osera plus vous attaquer et, surtout, il respectera vos relances !

La fameuse révélation qui tue, *"J'ai un tell sur toi"*, doit rester comme un cinquième As dans votre manche. Vous ne devez l'utiliser qu'au moment opportun, et pas avant.

De la même manière, certaines phrases indiquent que le manipulateur a deviné le jeu de l'adversaire, ce qui peut le déstabiliser :

– *"Ah bon, tu as une paire alors ?"*

– *"Ah bon, tu as la quinte alors ?"* (etc.)

– *"Ta paire est-elle supérieure à la mienne ?"*

– *"Je passe mais c'est dans ton intérêt. J'ai raison, non ?"*

4. Obtenir de l'information

Si vous n'obtenez pas de tell d'un joueur, posez une question. Ne soyez plus chasseur de tells mais allez à la pêche aux infos.

C'est effectivement le moyen idéal pour avoir une information et quand vous avez retourné le coup dans votre tête dans tous les sens sans trouver d'issue ni fixer votre décision. En questionnant, vous allez à la "pêche aux tells".

La phrase la plus courante est :

– *"Combien tu as de jetons ?"*

Sous-entendu : j'envisage de faire tapis, alors je veux savoir si tu as plus que moi. Si le joueur n'est pas sûr de lui, il risque d'émettre un tell de panique. Inversement, s'il est "blindé", il restera détendu.

D'ailleurs, dans ce cas précis, il arrive que l'adversaire réponde :

– *"J'en ai une tonne !"*

Cette réponse, ou approchant, signifie presque toujours que le répondeur a un bon jeu.

La voix elle-même a son importance : tremblante, soudain plus haute en gamme, cela révèle une crainte.

Le "J'espère que tu n'as pas" peut aussi s'utiliser pour savoir si l'adversaire est moins fort que soi. Exemple :

Le joueur a paire de Rois en main et le flop est A-J-6.

L'adversaire ouvre, puis le joueur dit :

– *"J'espère que tu n'as pas les As ni le brelan sinon je suis mal."*

Si l'adversaire donne des signes de mal à l'aise, il a probablement Q-Q, J-J ou moins, et il doit alors relancer. Sinon, il doit passer. Ce cas est courant et se pose à chaque fois qu'on possède une grosse paire et que le flop contient une carte supérieure à la paire.

• *L'intox à l'arrache de Fougan*

Le Nordiste est un des rois de la manipulation, justement parce que c'est un fin psychologue.

Dans un tournoi, il possède K-K, mais craint que l'adversaire ne possède A-A en main, comme plusieurs indices le lui font penser. Le tapis adverse est en jeu donc il ne peut pas agir à la légère. Comme il ne trouve pas de quoi renseigner sa décision, Fougan tente une opération commando verbale :

– *"J'envisage de te payer… Tu as les As, c'est ça ?"*

Et l'adversaire retourne immédiatement sa main : A-A ! Quant à Fougan, il jette ses Rois. Eh oui : il n'a pas dit qu'il payait, il a juste dit qu'il "*envisageait*" de payer. Cette manipulation est à la limite de l'acceptable, donc n'en abusez pas !

Dans le même ordre d'idées, ces phrases font mouche elles aussi :

– *"Je pense que je vais passer, mais je suis sûr que tu as un petit jeu."*

– *"Je vais probablement te payer, même s'il y a de bonnes chances que soit une erreur."*

• *Faire rire le relanceur*

Pour faire rire le relanceur, il faut prononcer une grosse ânerie du genre :

– *"Toi, tu as une tête de sacré bluffeur !"*

S'il rit, il ne bluffe pas. S'il reste crispé, il bluffe.

• *Le principe du "je vais faire une chose que je ne fais jamais"*

J'ai remarqué que cette phrase frappait fort. Par exemple :

– *"Je vais faire une chose que je ne fais jamais. Je vais probablement relancer ta relance."*

– *"Je vais faire une chose que je ne fais jamais. Je vais montrer ma main si tu passes."*

Le début de la phrase met bien en avant le côté exceptionnel de l'action. Cela génère assez souvent un tell.

Ces phrases-ci sont aussi d'un bon secours :

– *"Est-ce que tu me montreras ta main si je passe ?"*

S'il acquiesce, c'est très probablement qu'il a main en béton. Mais s'il refuse, vous pouvez payer car il est probablement en bluff (à valider par des tells de renfort).

– *"J'y vais, juste au cas où je toucherais."*

Évidemment, le manipulateur n'est pas à tirage mais plutôt sur deux petites paires…

– *"Je vais quand même te payer."*

Cette phrase prononcée au flop après une ouverture adverse s'adapte très bien au flop qui offre un ou deux tirages, alors qu'on possède soi-même un brelan ou deux paires ! Résultat : si la carte suivante n'arrange aucun des tirages, l'adversaire risque fort de faire une grosse ouverture de bluff… et à vous de le cueillir.

Quatre phrases qui trahissent leur auteur

– *"De combien je peux relancer d'après toi ?"*

Indique souvent un gros jeu.

– *"J'en tiens un !"*

C'est le cas d'un relanceur qui se voit payé préflop. S'il est payé par deux joueurs, il dira "J'en tiens deux" , etc.

Indique plutôt un jeu à potentiel, comme Q-J ou A-6 assortis.

– *"Ça m'arrangerait que tu me laisses la turn gratuite"*

Sur un flop un tirage, on s'en serait douté. Là encore, le manipulateur est plutôt sur paire max, deux paires ou brelan…

– *"Je paie, mais je te préviens, croupier, ne retourne pas un trèfle à la suivante !"*

L'une des phrases les plus équivoques que je connaisse. Car si un trèfle arrive, le manipulateur sera forcément payé par le détenteur de la paire max ou des deux paires. Et tant mieux s'il avait tirage à trèfle.

33

Les limites de la manipulation

> Rien n'est plus révélateur de la nature d'un homme que sa façon de jouer au poker. Pour un bon observateur, nulle autre épreuve ne permet de mieux déceler les traits cachés d'un caractère, d'en connaître l'essence.
>
> Bernard Gorsky
> *Le poker du capitaine Leslie*

Manipuler, c'est extraordinaire parce que cela donne une véritable marge supplémentaire sur les adversaires.

Mais il y a deux limites :
– à trop vouloir manipuler, on peut se manipuler soi-même
– la convenance est la limite d'usage, et même, tout simplement, ce qui est tolérable à une table de poker.

Ne vous manipulez pas vous-même

Si votre adversaire principal est totalement imperméable à votre manipulation et si vous vous échinez contre lui, il va arriver ce qui doit arriver : vous allez "pêter les plombs", vous concentrer non sur le jeu mais sur la manipulation.

Il risque fort de se passer deux choses :
– l'adversaire va vous manipuler en retour
– vous allez vous entêter au point de tilter.

Bref : plus vous manipulez, plus vous risquez de tilter !

Manipuler ne doit pas être une croisade !

Manipuler doit être une action stratégique comme une autre, et aussi un plaisir. Exactement comme c'est un plaisir de faire un check-raise qui réussit au bon moment.

L'exemple Matusow-Raymer, Championnat du monde WSOP 2004. C'est un exemple idéal car il se déroule sur deux coups successifs. Vous le trouverez en tournant la page.

Ne franchissez pas la frontière de l'acceptable

Qui dit manipulation ne dit pas nécessairement violence verbale ni grands gestes. Les meilleurs manipulations, au contraire, sont les plus insidieuses et les moins démonstratives.

En particulier, vos actions de manipulation de l'adversaire ne doivent jamais déboucher :

– sur de la condescendance
– sur des moqueries
– sur des gros mots (aux Etats-Unis, les mots en F*** sont interdits dans les grands tournois, comme dans la rue)
– sur des mensonges
– sur des insultes
– sur des coups
– sur une vengeance
– sur de fausses annonces volontaires.

La fausse annonce volontaire

L'adversaire vous paie en fin de coup, et vous annoncez une forte combinaison. Si l'adversaire jette sa main tout de suite au "muck", vous retournez la vôtre ensuite et "Oops !", vous vous apercevez que votre main est nettement plus faible que celle que vous avez annoncée.

Mais la main adverse est déjà morte et c'est pourtant vous qui prenez le pot.

Si vous êtes coutumier du fait, ce cas peut être tranché en faveur de l'adversaire et vous pouvez subir une sanction grave. Mais en temps normal, il est vrai qu'un joueur a tout à fait le droit de se tromper sur l'annonce finale de son jeu dans la mesure où la règle internationale est "*Cards speak*", autrement dit "les cartes parlent" : quelle que soit l'annonce de la combinaison, ce sont les cartes qui déterminent la force de celle-ci.

La moralité de l'histoire est qu'il faut toujours voir les cartes adverses pour constater *de visu* qu'on est bien battu, avant de jeter soi-même ses cartes. Personnellement, c'est toujours ce que je fais.

MATUSOW FOND UN CÂBLE

World Series Of Poker (Main event)
6 mai 2004 - Casino Rio, Las Vegas.

1ER AFFRONTEMENT

Les blinds sont de 1.500-3.000, les antes de 300. Neuf joueurs.

Mike Matusow (394.000) est au bouton-2 : 9♠-7♠.

Greg Raymer (277.000) est au petit blind : A♦-J♦.

Tapis moyen du tournoi à ce moment : environ 200.000.

Pot avant les cartes : 7.200.

Ce coup succède à un accrochage sérieux entre Matusow et Raymer, Matusow ayant apostrophé son vis-à-vis comme il le fait souvent, et ayant eu des mots regrettables à son endroit.

Jeu préflop

Tout le monde passe jusqu'à Matusow, qui relance à 12.000. Avant-bouton et bouton passent. Raymer relance à 36.000. Le gros blind passe. Matusow paie.

Flop : T♥ 9♦ 3♦

Ce flop donne non seulement un tirage à couleur max, mais aussi deux over-cards à Raymer. Il pourrait checker pour relancer all-in ensuite, d'autant que Matusow va sûrement ouvrir. Mais Raymer ne fait pas souvent de check-raise. Il préfère l'attaque frontale. Il ouvre donc all-in.

Matusow possède paire de Neuf. Matusow implore le dieu du poker (photo). Matusow finit par payer. A cet instant, bien qu'étant à tirage et Matusow à paire, Raymer est favori avec 54%.

Turn : T♥ 9♦ 3♦ 2♦

C'est la carte qui tue Matusow car elle donne la couleur max à son adversaire, qui a donc déjà gagné le coup.

Matusow s'est levé et essaie d'encaisser le coup en se disant à voix haute : « *I play to win, baby, I play to win...* »

Il perd ici les trois quarts de son tapis et pourtant il se remotive. Toujours relever la tête !

Quand Matusow a tenté de faire « tilter » Raymer, c'est peut-être à cause de la présence des caméras, mais c'est surtout, je pense, parce que cela l'énervait de voir Raymer aussi impassible. Raymer s'est peut-être dit, en voyant Matusow si « en forme » ce jour-là, qu'il pourrait essayer de jouer un gros coup en se mettant all-in, comme pour inciter l'autre à payer. Raymer est capable d'avoir échafaudé un tel scénario, c'est un fin joueur psycho-sensitif.

MATUSOW FOND UN CÂBLE (SUITE)

2[E] AFFRONTEMENT QUELQUES COUPS PLUS TARD

Les blinds sont de 1.500-3.000, les antes de 300. Neuf joueurs.

Mike Matusow (115.000) est au bouton-2 : 10♦-10♣.

Greg Raymer (550.000) est au petit blind : A♣-9♣.

Pot avant les cartes : 7.200.

Jeu préflop

Matusow relance à 12.000. Raymer paie les 10.500 supplémentaires. Le surblind passe.

Pot avant le flop : 29.700.

Flop : Q♠ 6♣ 3♠

Le flop domine Matusow d'une seule carte, la Dame. L'homme est fermé, comme renfrogné. Raymer checke, Matusow checke. Avec une main nettement meilleure que le coup précédent et avec l'avantage de la position, Matusow ne tente rien.

Turn : Q♠ 6♣ 3♠ K♠

Raymer checke en tapotant la table. Idem pour Matusow.

Ce troisième pique paralyse les deux joueurs. Matusow sait qu'il a tort, mais encore une fois il checke.

Il pourrait essayer de voler le pot en ouvrant pour faire croire à une couleur à pique ou une paire de Rois, que sais-je encore ? Il n'en fait rien parce qu'il a un tapis très inférieur à celui de Raymer et qu'il ne pourrait en aucun cas payer une contre-attaque de Raymer.

River : Q♠ 6♣ 3♠ K♠ A♠

Là encore, Raymer checke. Matusow hésite, se tord la bouche en divers sens… puis checke lui aussi. Cette fois, on le comprend car ce serait du suicide d'essayer d'ouvrir ici, vu l'état de ses finances et vu le tableau. A l'abattage, c'est évidemment Raymer qui l'emporte grâce à sa paire d'As tombée de l'espace.

Pendant que son adversaire ramasse ses jetons, Matusow médite, silencieusement cette fois, sur la façon timorée dont il a joué ce coup, dans lequel, pourtant, il avait la position. Il a manifestement été sonné par le sale coup que lui a mis Raymer dans l'affrontement précédent et se dit peut-être qu'à trop vouloir manipuler, on se manipule soi-même et on perd ses moyens…

A titre d'information, Raymer (photo) gagne le Championnat du monde en 2004.

? ? ?

QUIZZ

TELL PAIRE... TELL VICE

> Un seul regard suffit à deviner ce qu'elle dans le ventre, et sa beauté sauvage n'a d'égale que la fureur de son tempérament.
>
> *Kawazaki*
> descriptif de la Z1000

40 vues réelles de joueurs pendant les grands tournois... Mais qu'est-ce qu'on peut en conclure ?... Observez bien avant de décider...
Réponses après le “Bonus” consacré aux tells sur internet.

Vicky Coren

Carlos Mortensen

Anthony Lellouche

S. Dubois/Ecole Française de Poker

S. Dubois/Ecole Française de Poker

Daniel Negreanu

S. Dubois/Ecole Française de Poker

S. Dubois/Ecole Française de Poker

8

S. Dubois/Ecole Française de Poker

9

S. Dubois/Ecole Française de Poker

Howard Lederer

Marcel Luske

S. Dubois/Ecole Française de Poker

René Angelil

S. Dubois/Ecole Française de Poker

S. Dubois/Ecole Française de Poker

S. Dubois/Ecole Française de Poker

Michel Abécassis

Thomas "Fougan" Fougeron

S. Dubois/Ecole Française de Poker

Jennifer Harman

S. Dubois/Ecole Française de Poker

16

S. Dubois/Ecole Française de Poker

17

S. Dubois/Ecole Française de Poker

François Montmirel

Doyle Brunson

18

S. Dubois/Ecole Française de Poker

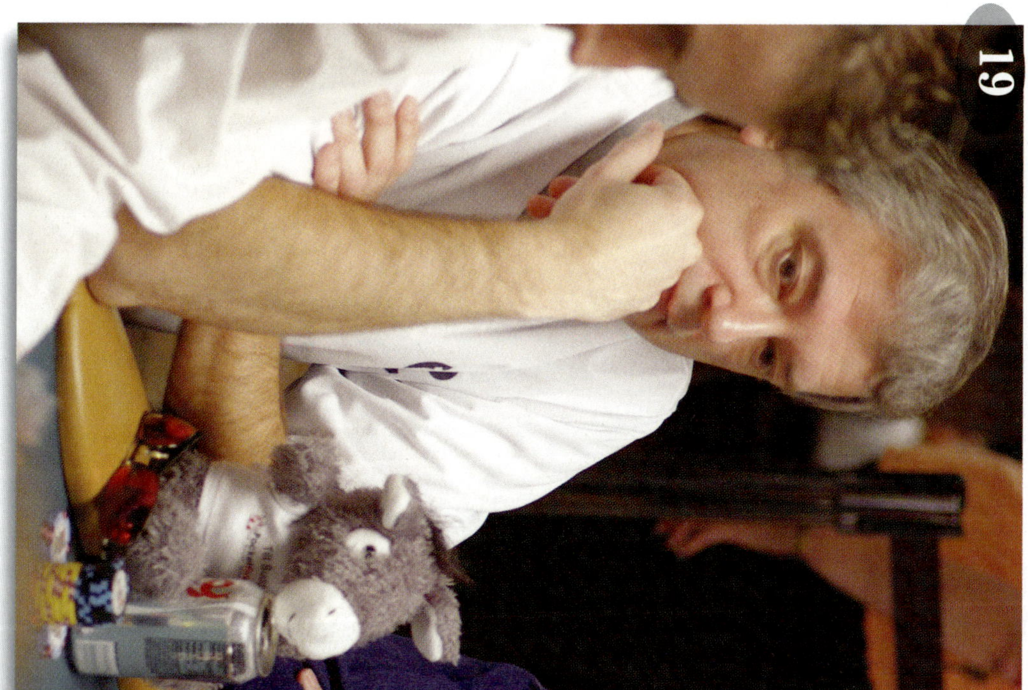

19

S. Dubois/Ecole Française de Poker

Patrik Antonius

20

S. Dubois/Ecole Française de Poker

Joe Hachem

21

S. Dubois/Ecole Française de Poker

David Benyamine

S. Dubois/Ecole Française de Poker

Patrick Bruel

S. Dubois/Ecole Française de Poker

Hoyt Corkins

S. Dubois/Ecole Française de Poker

Pascal Perrault

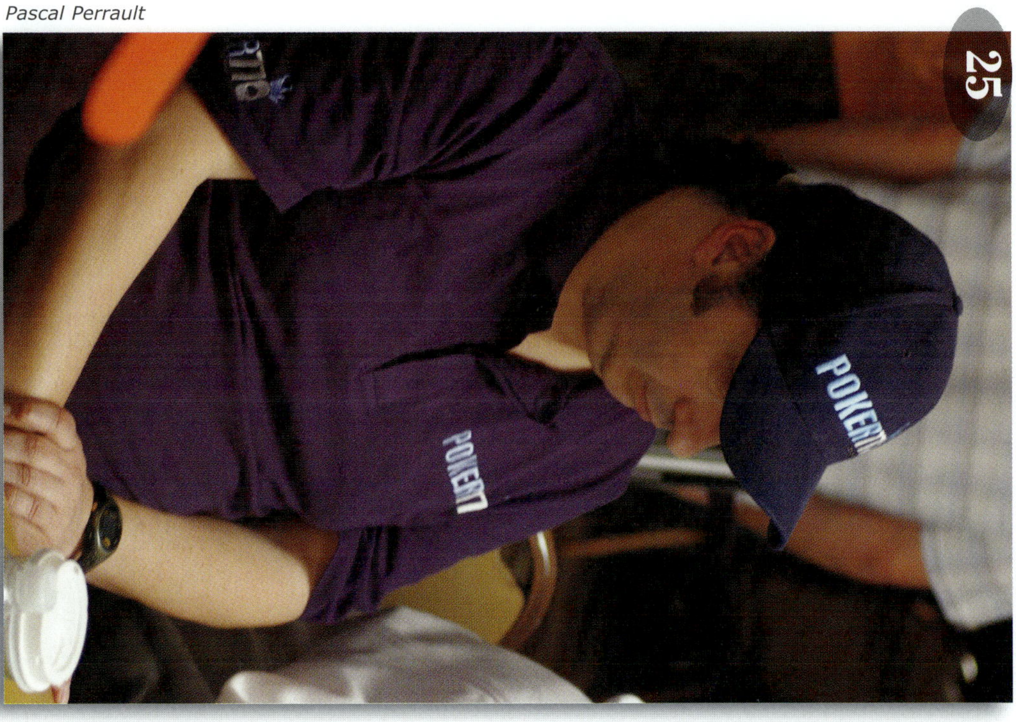

S. Dubois/Ecole Française de Poker

S. Dubois/Ecole Française de Poker

Gus Hansen

S. Dubois/Ecole Française de Poker

Dave "DevilFish" Ulliott

S. Dubois/Ecole Française de Poker

Evelyn Ng

S. Dubois/Ecole Française de Poker

Phil Hellmuth

S. Dubois/Ecole Française de Poker

Erick Lindgren

S. Dubois/Ecole Française de Poker

Juha Hellpi

S. Dubois/Ecole Française de Poker

Jennifer Harman

S. Dubois/Ecole Française de Poker

Paul Testud

S. Dubois/Ecole Française de Poker

S. Dubois/Ecole Française de Poker

Joe Hachem

36

S. Dubois/Ecole Française de Poker

37

S. Dubois/Ecole Française de Poker

S. Dubois/Ecole Française de Poker

Isabelle Mercier

S. Dubois/Ecole Française de Poker

S. Dubois/Ecole Française de Poker

BONUS

BONUS
LES TELLS SUR INTERNET

> La clé de ce jeu c'est l'attitude des autres.
> Pas les cartes.
>
> *Les Joueurs*
> Film de John Dahl
> (1998)

Les faits... sans les gestes

A première vue, on pourrait penser qu'il n'y a pas de tells possibles sur internet. Le jeu ne se fait pas en face de l'adversaire mais sur une cyberplateforme où seuls nos avatars (quand il y en a) se font face.

Par exemple, en live, je peux "inciter" un joueur qui réfléchit à ma droite à passer si je tripote mes jetons, comme si j'allais moi-même payer ou relancer sa possible ouverture. Sur internet, je ne peux pas le manipuler de cette manière même si j'ai déjà décidé que j'allais attaquer.

Ces éléments font qu'on ne joue absolument pas de la même manière sur internet qu'en live, justement parce qu'il n'y a plus ce pan gestuel qui complète la tactique pure.

Pour revenir à la différenciation que je fais dans ce livre, internet permettrait de constater les "faits" mais pas les "gestes" des joueurs. C'est vrai, mais j'ajouterai que certains autres éléments viennent s'ajouter aux "gestes" des joueurs, comme nous allons le voir.

Quelques faux-semblants

Dans son livre, Matthew Hilger affirme en caractères gras que *"tous les tells sur internet sont relatifs à la vitesse à laquelle mise un adversaire"* (page 265 d'*Internet Texas hold'em*). Cela me paraît limitatif. Si j'ai réussi à écrire douze pages sur ce sujet, c'est qu'il dépasse, et de loin, le simple domaine du timing.

Je dirais même qu'en creusant le dossier, on trouve des signes plus sûrs qu'en jeu "live" et qui concernent des sujets inattendus. Il faut dire que depuis mes premières sessions online de mai 2003, j'ai dû accumuler quelque chose comme un million de coups. C'est très peu pour quelqu'un qui jouerait à temps plein, mais énorme pour quelqu'un comme moi qui me consacre à d'autres choses. Et en tout cas suffisant pour affronter des situations diverses. L'intérêt, surtout, est que j'étudie ces coups joués.

Les pseudos écrits en majuscules

Les joueurs qui ont des pseudos écrits en MAJUSCULES sont plus agressifs que les autres. Je l'ai presque toujours remarqué. Je n'ai pas dit qu'ils étaient *meilleurs*, mais ils jouent *plus fort*. Et souvent, ils sont plus difficiles à lire dans leur style de jeu.

N'en déduisez pas que les pseudos écrits en minuscules sont tous des joueurs conservateurs. Simplement, d'après ce que j'ai pu observer, ils cachent moins souvent des joueurs agressifs que les autres.

Les pseudos en rapport avec le poker

Les pseudos en rapport direct avec le jeu cachent des joueurs débutants ou récréatifs. Par exemple :

– AAAKK
– AcesFull
– FullChips
– NiceCards

Là encore, cela demande une validation à chaque fois que vous en rencontrez mais c'est une première indication qui a son intérêt.

Les pseudos péjoratifs

Ce sont probablement les meilleurs tells de pseudos qui soient. Comme leur but est de faire rire, ils cachent soit de très bons joueurs, soit de très mauvais. Un peu d'observation vous le dira. Par exemple :

– MrBeanPoker
– Catastrophy
– BrokeAgain
– NeverWin

Les pseudos laudatifs

Là encore, très bon tell. Car on voit mal un excellent joueur se donner un pseudo qui fait peur. Il va préférer choisir un pseudo *anodin*. Donc repérez bien les pseudos de ce type :

– NeverLose
– 5Bracelets

– GoldPlayer
– PokerTerminator

Les pseudos féminins

Détrompez-vous, les prénoms féminins cachent assez rarement des femmes. J'ai fait des sondages par chat et ils m'ont montré que seulement un tiers environ des pseudos féminins cachaient de vraies femmes. L'énorme avantage des femmes sur internet est que, étant en minorité numérique, elles peuvent se cacher plus facilement derrière des pseudos masculins. Donc ne vous fiez pas trop à ce type de pseudos :

– AllInPatricia
– AceMonica

Sur cette table gratuite de Winamax, les avatars sont fixes aux tables. Quand ils ont le choix, les joueurs s'asseoient de préférence à la place de ceux qui décrivent le moins leur manière de jouer.

– LadyPok
– WinningGirl

C'est encore plus vrai pour les pseudos féminins à tendance grivoise, qui sont tout l'inverse de l'écrasante majorité des joueuses en ligne, et qui cachent donc presque toujours un homme :
– BigTitsLucy
– PussyNanny
– MyNiceButt4U
– AllDatAzzGirl

Pseudos et avatars

Ce que je viens d'écrire sur les pseudos vaut aussi pour les avatars. Sur les sites où les joueurs peuvent choisir leurs avatars (soit dans une banque d'avatars proposée par le site, soit une image chargée sur le PC du client), le type d'avatar a de l'importance.
– L'avatar féminin cachera généralement un homme.
– L'avatar requin cachera souvent un joueur médiocre.
– L'avatar anodin cachera de préférence un excellent joueur, etc.

Le montant du buy-in (en cash-games no-limit)

La bonne technique en cash-games online, comme je l'ai démontré dans *Poker Cadillac*, est d'entrer toujours avec le plus gros buy-in autorisé, ou au moins le plus gros buy-in de la table. Tous les joueurs évolués le savent. S'ils ne le font pas, ils perdent l'une des plus grandes ressources de victoire du no-limit qui est leur *capacité d'intimidation*.

Ceux qui l'ignorent ne sont pas des joueurs évolués. C'est une bonne indication pour vous. Inutile de faire des bluffs subtils contre eux ou d'essayer de les impressionner, cela ne marchera pas. Il vaut mieux jouer solide contre ces joueurs-là. Paradoxalement, réservez vos bluffs élaborés contre les joueurs qui recavent toujours au maximum.

Le timing

La plus grande source de tells online est sans conteste le *temps de réaction*.

Sur la plupart des sites, il est plafonné et s'écoule à l'écran dans une barre de régression dont la totalité est de l'ordre de vingt secondes, plus une réserve de temps forfaitaire. Sur un des sites leaders, par exemple, le temps de décision sur les sit&go à une table à $100 se dissocie en trois parties :

– cinq secondes de base

– puis une réserve de dix secondes avec barre de régression à l'écran

– puis une réserve de vingt secondes utilisable une seule fois.

Attention : Quand un joueur met du temps à réagir, vous pensez pendant ce temps-là qu'il est faible en cartes et qu'il hésite. Pourtant, ce laps de temps peut aussi être utilisé par l'adversaire pour calculer la hauteur de sa relance.

Voici quelques tells typiques relevant du timing :

– Le jeu rapide préflop venant d'un bon joueur

Il a une très bonne main, de type A-A, K-K, Q-Q ou A-K.

– La longue attente qui se termine par une grosse ouverture

Là encore, c'est presque toujours le signe d'un jeu fort, quel que soit le stade du coup.

– La longue attente qui se termine par une relance

C'est presque toujours le signe d'un jeu très fort, voire max (genre brelan, couleur ou quinte). C'est *le seul tell qui se dénonce lui-même* car il est illogique : le joueur attend très longtemps, comme s'il hésitait-hésitait, en tout cas comme s'il avait un jeu moyen... mais au final il relance comme s'il était max ! Cela

LES 4 BASES

Le tell principal sur internet est le temps avec lequel les adversaires agissent ou réagissent.

Comme l'attention des joueurs est focalisée sur le jeu en permanence, chaque seconde semble durer plus longtemps que dans la vraie vie. C'est le biais du net.

Sur internet, en matière de timing, il faut connaître quatre grandes notions de base :

Pas sur les micro-limites :
Aux tables à micro-limites, soit les surblinds à $0.50 et moins, le critère du timing n'a aucune importance car il y a trop de joueurs médiocres.

La loi 1 du long timing :
Plus un joueur met de temps pour réagir et plus on le soupçonne d'avoir une grosse main, donc plus il est craint, et mieux il réussit ses bluffs.

La loi 2 du long timing :
Le joueur fait autre chose en même temps ou joue sur plusieurs tables à la fois.

La loi du court timing :
Un joueur qui répond toujours rapidement est un joueur soupçonné de ne pas être assez réfléchi (ce qui est vrai dans les situations de jeu les plus délicates).

étant, contre un joueur évolué dont on sait qu'il n'est pas max, ce peut être un excellent bluff.

– *La relance qui vient immédiatement après l'ouverture*

Il arrivera qu'il s'agisse d'un bluff, mais la plupart du temps ce sera le signe d'un gros jeu. Pourquoi ? Parce que la relance est déjà inscrite dans l'idée du joueur *avant* qu'il y ait l'ouverture.

Autres tells de timing

Il en existe beaucoup d'autres, mais en voici quelques-uns qui se rencontrent souvent :

– si quelqu'un qui jouait lentement jusqu'ici se met soudain à jeter ses cartes rapidement, c'est souvent parce qu'il se prépare à quitter la table, donc que sa propension à payer les relances est plus faible

– en tête à tête, si je suis relancé préflop en ayant A-K, je me permets parfois d'attendre avant de payer, au lieu de passer, de relancer ou de payer tout de suite ; cela peut me donner un avantage énorme pour la suite du coup car *dans la tête de l'adversaire, je n'ai pas d'As en main*

– quand un joueur vient de subir un dur bad beat, s'il est plus long à la détente au coup suivant, c'est qu'il est plus ou moins "tilté", donc vulnérable

– à partir du flop, quand un relanceur préflop met plus de temps que d'habitude à jouer, il a probablement touché son jeu et tente de passer pour faible en cartes

– un check instantané signifie la plupart du temps que le joueur est faible en cartes

– si le premier joueur à parler au flop checke après un long temps de réflexion, méfiance : ça sent le check-raise à plein nez

– méfiance vis-à-vis du joueur qui réfléchit longuement au flop ou à la turn avant de payer finalement ; comme en live, cette action cache souvent une très forte main.

Attention : Un joueur peut vous sembler mettre un temps infini pour prendre sa décision alors qu'en fait, il a réagi immédiatement. Comment est-ce possible ? Simplement à cause d'un raté de votre connexion internet. Soyez attentif. Quand cela arrive, votre écran semble en général "figé".

Le montant des enchères

Comme il n'y a pas de gestuelle en plus sur internet, la hauteur des enchères est plus conforme à la hauteur des mains. Ainsi on voit moins de bluffs à la hauteur de l'enchère qu'en live.

Le cas de la relance "pas ronde" (comme 117 au lieu de 110). Deux cas possibles :

– soit le joueur utilise son curseur, ce qui peut amener un total bizarre comme 117 – par ailleurs cela révèle un joueur qui ne sait pas bien se servir du logiciel

– soit il cherche à "enfumer" ses adversaires, et dans ce cas, sa main est soit moyenne, soit faible.

L'utilisation des boutons de pré-action

Les sites internet vous donnent la possibilité de cocher des cases à l'avance qui vous permettent de prendre votre décision *avant* que soit venu votre tour de jouer.

La force de ce système est qu'il fait gagner du temps aux gens pressés. Même si le premier bénéficiaire en est le site qui, de cette manière, augmente la fréquence des coups, donc la fréquence des commissions qu'il prélève sur les pots.

Quand un joueur utilise les boutons de pré-action, les adversaires s'en rendent compte. Les sites ne prévoient pas de temporisation : un joueur qui a pré-foldé, par exemple, voit ses cartes disparaître de la table dès que c'est son tour de parler. Si deux joueurs consécutifs ont préfoldé leur main, les deux mains disparaissent de la table dans la même seconde !

Pour ma part, j'essaie de ne *jamais* utiliser ces boutons de pré-action, même quand j'ai déjà pris ma décision (ma décision la plus courante étant de passer préflop car ma main est trop faible). Pourquoi ?

Le cartouche des pré-actions.
En surbrillance, celles qui sont disponibles à ce stade du coup.
"Check/fold" : le joueur checke si personne n'a ouvert avant lui, mais si quelqu'un a ouvert, il passe.

Parce que je veux donner l'idée aux adversaires que quelle que soit ma main, je suis susceptible de la jouer. Ou, dit autrement, que je suis susceptible de jouer avec *toutes* mes mains.

De cette manière, mes adversaires évolués en déduisent que, ne jouant pas sur la valeur de mes cartes, je joue sur d'autres critères : position, hauteur du tapis, personnalité des joueurs. Cela baisse ma lisibilité, donc augmente mon image d'adversaire dangereux. Ce capital d'image est toujours utile dans les moments délicats, notamment quand je dois faire réussir un bluff.

L'utilisation volontaire des boutons de pré-action

Dans le cas où beaucoup de joueurs à la table ont bien compris qu'il valait mieux ne pas utiliser les boutons de pré-ation, alors faites exactement le contraire : utilisez-les ! Mais de quelle façon ?

Je pense que le plus efficace est le *check automatique avec une grosse main,* en n'étant pas premier à parler (sinon le check automatique ne se remarque pas). Vous avez relancé préflop, un ou deux joueurs vous ont payé ensuite, dont un blindeur. Au flop, ne faites pas votre continuation bet mais contentez-vous de checker en avance.

A la turn, un adversaire devrait attaquer pour s'approprier le pot par un bluff (s'il ne le fait pas là, il devrait le faire à la river). Là, vous avez deux solutions : soit vous le relancez dans l'idée de lui prendre le pot tout de suite pour qu'il ne voie pas la river, soit vous maintenez le style *mou* en suivant – c'est plus dangereux mais vous pouvez de cette manière lui prendre tout son tapis.

Cette technique ne se prépare pas à l'avance, c'est du total opportunisme. Par ailleurs il faut bien connaître les adversaires et, en plus, être prêt à jeter sa main dès qu'on se sent soi-même battu en cartes. Mais comme incitation au bluff, on ne fait pas mieux.

L'astuce de l'attente volontaire... en deux exemples

Cette astuce est simple et fonctionne quand vous êtes à une table où la plupart des joueurs utilisent les boutons de pré-action. Ne les utilisez pas vous-même et attendez cinq secondes avant d'agir pour permettre aux adversaires de cocher leurs cases de pré-action.

De cette manière, vous les lirez plus facilement. Et surtout, il peut vous arriver de gagner le coup sans affrontement, comme c'est le cas dans ces deux exemples :

– Quand vous hésitez à miser sur un flop difficile et quand vous savez que le joueur à gauche est un maniaque du "*fold in turn*" et a un gros tapis, attendez quelques secondes avant de jouer. De cette manière, il n'aura pas eu l'idée de vous payer ou de vous relancer puisqu'il aura passé en avance.

– Supposons qu'il reste trois joueurs à la river. Vous avez relancé préflop avec K-Q mais comme il y avait un As au flop, vous avez ouvert pour arracher. Pourtant les adversaires ont payé. Turn 4, vous avez préféré checké, les autres aussi. River 3, qui ne complète aucune quinte ni aucune couleur. Cette fois, vous voulez arracher le pot car vous sentez les adversaires faibles. Mais vous avez le plus petit tapis. Le dernier joueur à parler a le plus gros tapis.

Ici, *attendez quelques secondes* car il se peut que le dernier joueur décide de passer à l'avance s'il n'a rien touché. Ainsi, si le joueur qui se trouve en sandwich a décidé de passer en avance (car coup trop dangereux pour lui avec une main moyenne), vous aurez gagné le coup sans affrontement.

C'est un biais tactique car si le dernier joueur avait attendu, voyant qu'il était en tête à tête, il aurait pu vous payer pour peu qu'il possédait une petite paire en vous sentant sur une manœuvre d'arrachage.

J'ai gagné je ne sais combien de coups en utilisant cette astuce !

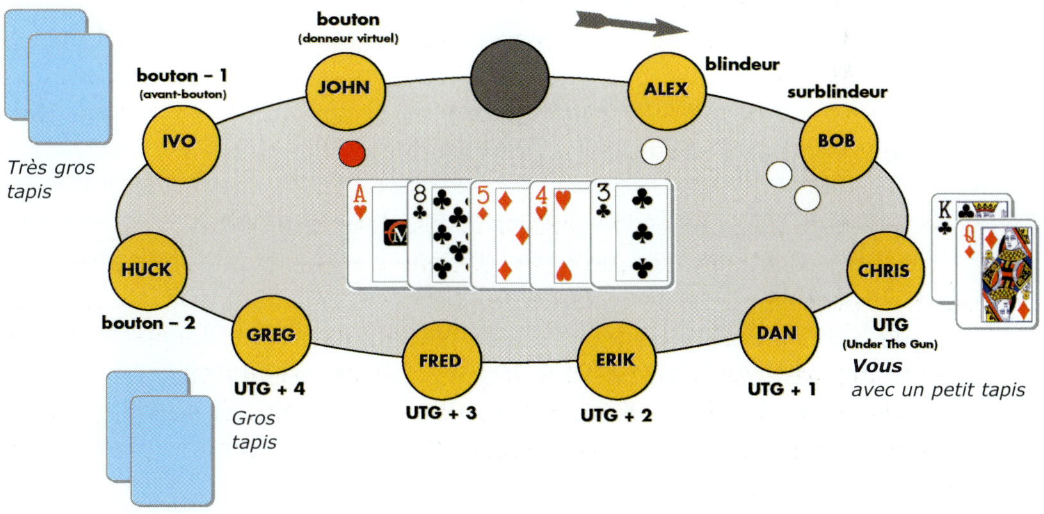

Quelques tells de pré-action qui trompent rarement

– Si un joueur use et abuse des boutons de pré-action, c'est probablement parce qu'il joue sur plusieurs tables à la fois, donc qu'il n'est pas concentré sur le jeu. Quand il rentre dans un coup, il est "béton".

– En-dehors du multitableur, un joueur qui use et abuse des boutons de pré-action n'est généralement pas un joueur évolué, donc évitez de monter des bluffs trop subtils contre lui.

– En tête à tête, n'utilisez jamais les boutons de pré-action.

– Quand vous êtes premier à parler au flop, pensez que les adversaires ont peut-être pris la décision "*check/fold*" s'ils sont coutumiers du fait. Donc une ouverture, même faible, peut s'avérer très payante.

– Notez les joueurs qui pré-actent systématiquement.

– Notez les joueurs qui ne pré-actent jamais.

– Si vous flopez une très grosse main (gros brelan, quinte ou même couleur), vous pouvez checker en avance, ce qui pourra pousser votre adversaire à ouvrir en bluff à la turn. Cette astuce marche souvent !

L'utilisation du chat

Le *chat* est cette zone de dialogue écrit qui vous permet d'échanger avec les adversaires. En gros, on peut utiliser le *chat* de trois manières :

1. Pour avoir des conversations de type question/réponse avec les adversaires

C'est le but premier du chat.

2. Pour mieux connaître ses adversaires

Les adversaires échangent de multiples informations sur leur façon de jouer, sur les lieux où ils jouent, etc. Vous pouvez vous-même lancer les discussions sur ces sujets et vous verrez que vous obtiendrez des tas d'infos utiles, à savoir : qui sont les femmes de la table, qui joue gros, qui a du temps devant lui, etc.

Un joueur qui fait du triomphalisme dans le chat est souvent facile à déstabiliser. En effet, quel joueur solide s'amuserait à pavoiser à chaque fois qu'il gagne un gros pot ? Seuls le font les joueurs à qui cela n'arrive pas souvent : les médiocres et ceux qui jouent de façon récréative.

3. Pour manipuler ses adversaires

L'intérêt du chat est que vous pouvez rebondir dans les discussions pour manipuler les adversaires sans qu'ils s'en rendent compte. Vous pouvez même les faire tilter en écrivant en majuscules et en semblant très en colère (n'abusez pas des gros mots, vous seriez rappelé à l'ordre par les surveillants du chat).

Vous pouvez aussi manipuler en écrivant le texte que vous auriez prononcé si vous étiez à une table live. Cas typique : ayant déjà flopé brelan de 6 sur le flop A-10-6, vous chattez : *"Hope u dont have Aces"*. Ce qui signifie en filigrane que vous possédez la paire de 10. Que l'adversaire soit dupe ou non, il va avoir envie de jouer gros ensuite, soit pour faire valoir ses As (s'il les a), soit pour faire croire qu'il les a !

4. En ignorant totalement le chat

Cela présente trois avantages :

– ne pas subir les manipulations adverses

– ne pas être distrait par les discussions

– étant "autiste", vous augmentez votre illisibilité et vous semblez inquiétant.

Pour ma part, je privilégie toujours cette dernière utilisation. Donc si un jour vous me rencontrez sur internet, ne vous étonnez pas si je ne vous réponds pas : j'ai éteint toutes les options du chat donc je ne vois même pas vos textes... alors quant à y répondre...

Autres tells en ligne

Le joueur qui montre ses mains souvent : exploitez ces informations comme en live. Pour votre part, comme en live, choisissez de les montrer seulement quand cela vous donne un *avantage psychologique* sur l'adversaire, donc rarement (voir *Poker Cadillac* pour plus de détails).

Quand les tells d'un joueur vous font soupçonner qu'il joue sur plusieurs tables, recherchez son nom dans les options pour savoir sur quelles tables il se trouve.

Quand un joueur entre dans la table, s'il choisit d'entrer quand c'est à son tour de blinder, c'est probablement un chevronné. Cette façon de faire est en effet typique des joueurs sérieux, des pros et consorts. Un joueur récréatif est bien trop impatient pour attendre son tour de blind.

Si vous venez d'arriver à la table et si vous relancez, il peut advenir qu'un adversaire mette du temps avant d'agir alors qu'il est rapide habituellement. N'ayez crainte, il vient juste d'ouvrir sa base. C'est probablement un abonné à une base de données en ligne. Il recherche votre "rating" et cela lui prend quelques secondes. Cela prouve qu'il est organisé... donc qu'il peut être dangereux.

Comme en live, essayez de trouver des tells qui renforcent un premier tell. Vous avez besoin de confirmation avant d'agir. Quand vous avez cette confirmation, vous avez un meilleur profil de l'adversaire et vous savez mieux le jouer.

Les photos-quizz se trouvent juste avant le chapitre consacré aux tells sur internet. Les réponses ne tiennent compte que de ce que montre la photo. La lecture du joueur doit se compléter de ce que nous savons de lui en dehors de la situation, de l'historique que nous en possédons, récent et ancien.

Photo n°1

• *Ce que nous voyons :* une joueuse debout, le buste penché au-dessus de la table, les mains en appui, regardant devant elle. Ses cartes sont protégées par un jeton. Son regard est serein.

• *Ce que nous déduisons :* il s'agit de la "posture crapaud" (n°64). Cette joueuse a un bon jeu. Si elle se penche, c'est pour sembler faible en regardant le flop comme si elle le voyait mal, ou pour mieux évaluer le tapis adverse, ce qui est toujours un signe de force.

Photo n°2

• *Ce que nous voyons :* le joueur esquisse un sourire en regardant ses jetons assemblés en forme de tour à trépied.

• *Ce que nous déduisons :* il cherche à impressionner la table. Sa construction est manifestement une petite merveille. Elle fait forcément l'admiration des adversaires. Il en profite par la même occasion pour se concentrer davantage.

Photo n°3

• *Ce que nous voyons :* le joueur est en pleine action de jeu. Il vient de miser un nombre important de jetons. Il s'intéresse à quelqu'un et s'adresse à lui en souriant. Deux possibilités : soit l'adversaire vient de faire all-in et s'est levé, et le joueur vient de payer. Soit le joueur s'adresse à un spectateur qui s'est approché de la table et qui semble le connaître.

• *Ce que nous déduisons :* le joueur, bien que fortement engagé dans le coup, n'est en rien perturbé par son contact avec l'adversaire ou le spectateur. Il reste souriant et détendu. Il a du jeu.

Photo n°4

• *Ce que nous voyons :* un joueur doté d'un énorme tapis, d'une capuche et de lunettes noires, prend connaissance de son jeu (*first checking*). A en juger par le peu de joueurs présents, seule une poignée de joueurs sont encore en jeu, peut-être deux seulement.

• *Ce que nous en déduisons :* le joueur fait tout pour se camoufler dans cet instant de pression extrême. La façon même dont il regarde ses cartes, très couverte, est révélatrice de cette tension. Il n'est pas à l'aise. Il peut être déstabilisé et émettre facilement des tells, comme c'est toujours le cas quand on est sous la pression.

Photo n°5

• *Ce que nous voyons :* la figure en gros plan d'un joueur au regard concentré, le menton dans le “cornet” habituel d'une main avec coude en appui (posture n°15).

• *Ce que nous déduisons :* type classique du joueur en pleine réflexion, qui peut aussi être de l'indécision. Ici, le joueur peut aussi bien se demander s'il va miser ou non, combien il va miser, ce que peut posséder son adversaire… ou si sa grand-mère fait du vélo.

Photo n°6

• *Ce que nous voyons :* un tapis en une seule pile élevée.

• *Ce que nous déduisons :* plus un tapis est élevé et plus il cherche à impressionner l'adversaire. C'est pourquoi, surtout en début de tournoi où les gros tapis sont encore rares, le seul moyen d'aller haut est de faire un tapis “monopile”. Ce joueur est probablement agressif.

Photo n°7

• *Ce que nous voyons :* un joueur avec son poing devant la bouche, en forme de “tuyau”. Variante de la posture n°27.

• *Ce que nous déduisons :* le joueur réfléchit mais il est probable qu'il décide de quitter le coup. Cette posture indique plus le doute que l'envie de combattre.

Photo n°8

• *Ce que nous voyons :* un joueur avec capuche, casquette et lunettes noires.

• *Ce que nous déduisons :* il cherche à se camoufler de ses adversaires. Plus un joueur est camouflé et moins il est sûr de lui, a priori. Ce qui ne veut pas dire qu'il joue mal. Mais ce peut être le signe qu'il est facile à déstabiliser.

Photo n°9

• *Ce que nous voyons :* le visage d'un joueur pro, yeux baissés, bouche baissée mais tête droite.

• *Ce que nous déduisons :* c'est la "poker face" par excellence. Le cou n'est pas mobile mais les yeux le sont. Ce joueur est un roc.

Photo n°10

• *Ce que nous voyons :* un joueur en costume et cravate s'adresse de toute évidence à quelqu'un qu'il connaît. Il étend le bras, ouvre la veste.

• *Ce que nous déduisons :* c'est un joueur extraverti. Son front "ouvert", sa cravate en partie dénouée corroborent cet aspect. Son extraversion peut être le signe qu'il cherche à se rassurer inconsciemment mais cela fonctionne dans son cas, et en plus cela lui donne une image respectée. A noter que ce joueur-là en arrive à chanter à table, ce qui, à ma connaissance, est unique sur le circuit..

Photo n°11

• *Ce que nous voyons :* le visage d'un joueur, de profil droit, sa main gauche devant la bouche, son index gauche posé sur ses lèvres (posture n°3).

• *Ce que nous déduisons :* ce joueur observe intensément ce qui se passe, mais probablement avec une certaine suffisance, peut-être parce qu'il sent qu'il a un ascendant sur la table ou qu'il s'imagine en avoir un.

Photo n°12

• *Ce que nous voyons :* un tapis en piles de hauteurs égales, les motifs alignés verticalement, surmontées de deux objets décoratifs.

• *Ce que nous déduisons :* quand un tapis est aussi bien rangé que celui-ci, la première chose qui vient à l'esprit est que son propriétaire est un joueur maniaque, donc probablement conservateur. L'observation nous confirmera à quel point cela est vrai.

Photo n°13

• *Ce que nous voyons :* un joueur au visage baissé, avec des lunettes noires, la tête légèrement penchée sur la droite, apparemment hyper-concentré.

• *Ce que nous déduisons :* la tête penchée vers la droite indique davantage une projection, donc a priori il pense à ce qu'il va faire. S'il vient de perdre un gros coup, il le rumine. S'il est dans un coup, il prévoit une suite. Mais s'il est hors du coup sans cas particulier, il établit ou révise une stratégie.

Photo n°14

• *Ce que nous voyons :* le joueur a le torse droit, un léger sourire, le regard intense. Ses bras sont étalés en largeur, il occupe de l'espace, il semble à l'aise. Il n'a pas mis ses lunettes noires donc il est en confiance. Apparemment le flop est apparu et c'est ce qu'il regarde. Il tient des jetons donc il va probablement miser, ou en tout cas il en donne l'impression.

• *Ce que nous déduisons :* il n'émet aucun tell spécial. Sa main est lâche sur ses jetons, donc le geste n'est pas conclusif. Il n'est pas soumis au stress, donc soit il a déjà décidé de passer, soit de ne rien laisser passer. Tout peut arriver. On note à quel point un demi-sourire sur un visage efface toute idée de torture intérieure, de manipulation… alors que ce n'est peut-être pas le cas du tout !

Photo n°15

• *Ce que nous voyons :* un visage de joueuse baissé, les yeux regardant "par en-dessous", la bouche repliée dans une moue de dépit.

• *Ce que nous déduisons :* ce qu'elle voit ne lui plaît pas beaucoup, elle semblé déçue. Mais si cette joueuse fait toujours cette moue à chaque fois qu'elle voit un flop, cela ne veut plus rien dire : c'est un rite vide de tout sens, ce qui rend cette joueuse illisible donc dangereuse.

Photo n°16

• *Ce que nous voyons :* un joueur ramasse les jetons qu'il vient de gagner pour les ranger.

• *Ce que nous déduisons :* il est difficile de trouver un tell dans la manière dont un joueur ramasse ses jetons, si ce n'est un tremblement de mains qui peut trahir un soulagement après avoir bluffé. Un joueur qui range ses jetons maladroitement est probablement un joueur venu d'internet, peu habitué à manipuler un tapis réel.

Photo n°17

• *Ce que nous voyons :* un joueur de profil a le regard intense, sa main droite est posée en "cage" sur ses cartes, sa main gauche sur le bord de la table. Il étale ses bras. Nous sommes sans doute en fin de tournoi, ce qui explique le peu de joueurs présents. Le joueur a levé ses lunettes qui se trouvent maintenant dans ses cheveux.

• *Ce que nous déduisons :* l'instant est important et ce joueur respire le sérieux, le grave. Il a la posture en "pinces de crabes" très ouverte, ce qui indique qu'il est aux aguets. C'est un joueur organisé car il a mis à part une pile de "petits" jetons pour ne pas avoir à s'en embarrasser. Il est probable qu'il n'ait pas encore vu ses cartes.

Photo n°18

• *Ce que nous voyons :* un joueur en posture "pinces de crabe", main gauche sur des jetons. Son visage n'exprime rien.

• *Ce que nous déduisons :* il attend des cartes mais il observe en même temps. La main sur les jetons est un signe qu'il couvre sa petite fortune, donc qu'il ne va sûrement pas la gâcher. Ce vieux renard a depuis longtemps la "poker face" : bien malin celui qui peut dire ce qu'il pense ou ce qu'il ressent à ce moment-là.

Photo n°19

• *Ce que nous voyons :* un joueur repose son menton sur son poing fermé, le coude en appui. Une mascotte en peluche est posée devant lui.

• *Ce que nous déduisons :* c'est un joueur affectif qui n'est pas très à son aise, en tout cas à ce moment-là (posture n°49). Reste à savoir ce qui l'agace ou ce qui lui fait peur.

Photo n°20

• *Ce que nous voyons :* un joueur au crâne rasé, au torse droit, observe intensément un adversaire par le travers, la main droite touchant la table.

• *Ce que nous déduisons :* ce qui frappe chez cet adversaire, c'est son ouverture extrême sur l'extérieur. Aucun camouflage, la chemise est largement ouverte, aucun accessoire. Il semble ne rien craindre de son environnement. Qu'un joueur soit comme cela en début de tournoi, cela se comprend. Mais s'il est encore comme cela au milieu du tournoi, pas de doute : c'est un roc.

Photo n°21

• *Ce que nous voyons :* le front du joueur repose sur sa paume gauche, coude en appui, tête penchée de trois quarts. Sa main droite aligne des jetons qui sont en formation élevée. Le joueur porte des lunettes noires.

• *Ce que nous déduisons :* La forme de son tapis, en piles dépareillées, dénote l'agressif. Attention : sa posture ferait penser à un certain ras-le-bol mais le plus souvent il n'en est rien. C'est une posture courante au poker qui soulage les vertèbres. Le fait d'aligner ses jetons signifie souvent qu'on compte le tapis pour se situer par rapport aux tapis adverses. C'est aussi un moyen de passer le temps.

Photo n°22

• *Ce que nous voyons :* le joueur fait son first checking et esquisse un sourire.

• *Ce que nous déduisons :* ce sourire ne signifie rien à un stade élevé de la compétition. Il peut dire que la main est belle, mais aussi qu'étant si peu performante elle prête à sourire.

Photo n°23

• *Ce que nous voyons :* le joueur penche légèrement la tête sur la gauche et sa main gauche a une position "en cornet" lâche. Sa main droite est sur les jetons.

• *Ce que nous déduisons :* cette posture typique rappelle la posture n°2 mais aussi la n°14, soit un mélange d'observation condescendante et d'indécision. Ce peut aussi être une posture post-Navarro (la main droite venant de se désolidariser de la gauche, voire posture n°71).

Photo n°24

• *Ce que nous voyons :* un joueur est concentré sur ses jetons, les yeux baissés. Il porte des boules Quies.

• *Ce que nous déduisons :* ce joueur est sensible au bruit. Porter des boules Quies, voilà qui n'est pas courant ! Mais c'est le signe d'un joueur organisé et d'expérience.

Photo n°25

Ce que nous voyons : un joueur vu de trois quarts a le corps en arrière, au repos, les deux mains l'une sur l'autre posées sur l'entre-cuisse. Il fixe intensément l'action.

• *Ce que nous déduisons :* ce joueur n'est plus dans le coup, il se met en retrait physiquement, dans une posture de repos, ce qui lui permet d'observer. Il ne perd pas une miette du spectacle.

Photo n°26

• *Ce que nous voyons :* une joueuse vue de face a l'avant-bras gauche posé en parallèle sur le rebord de la table, la main droite en avant, enveloppant une pile de jetons, le buste vers l'avant, le regard intense.

• *Ce que nous déduisons :* même un non-spécialiste reconnaîtrait ici la détermination féminine. Tout son corps est porté vers l'attaque, et celle-ci devrait se déclencher bientôt. C'est peut-être aussi le signe d'un bluff à venir. D'ailleurs la joueuse penche sa tête à droite, signe qu'elle prépare quelque chose… peut-être un bluff, justement.

Photo n°27

• *Ce que nous voyons :* un joueur à califourchon sur sa chaise, la joue sur le dos de sa main gauche, sa main droite tripotant des jetons. La tête est baissée.

• *Ce que nous déduisons :* cas typique du tell physiologique, donc sans portée. Le joueur est à califourchon dans le but de se faire masser le dos, comme le prouve la présence de son coussin. Le soutien de la joue est une posture non conclusive. On note aussi la présence de billets de banque, qui prouvent qu'il joue dans un cash game et non dans un tournoi. Il n'y a donc rien à dire sur ce joueur, en tout cas pour l'instant.

Photo n°28

• *Ce que nous voyons :* un joueur a le buste légèrement en avant, en posture "pinces de crabe", protégeant ses cartes de ses mains. Il porte de gros bijoux aux doigts.

• *Ce que nous déduisons :* le regard suggère la concentration, validée par sa posture. Les bijoux sont une fabrication spéciale, qui est aussi l'image de marque de ce joueur célèbre. Ces accessoires favorisent une image forte à la table.

Photo n°29

• *Ce que nous voyons :* une joueuse sexy a le buste en avant, les deux mains proches posées sur la table, le gauche sur ses cartes et l'autre tenant des jetons. Le visage est baissé.

• *Ce que nous déduisons :* tout dans cette joueuse suggère l'envie d'attaquer. Elle protège ses cartes, tient des jetons, se penche en avant... Elle a probablement de bonnes cartes. Mais alors, pourquoi ne s'intéresse-t-elle pas plus à ce que font les adversaires ? Elle est peut-être trop absorbée par ce qu'elle prévoit maintenant de faire.

Photo n°30

• *Ce que nous voyons :* un joueur a les mains posées sur les genoux, légèrement éloigné de la table, ses jetons bien rangés, son col monté, une casquette, des lunettes noires.

• *Ce que nous déduisons :* l'homme est en tenue de camouflage. Il est à l'aise, il écoute sa musique, il se concentre. Il n'exprime rien. Ce joueur est réputé pour ses "chats" qui lui donnent des informations sur l'adversaire... et aussi son sale caractère. Il n'en est pas moins l'un des meilleurs. Il porte un col relevé pour, dit-il, éviter que l'adversaire ne voie battre sa carotide pendant les pointes de stress.

Photo n°31

• *Ce que nous voyons :* un joueur assis légèrement de travers, en position ouverte, une main en-dehors de la table, l'autre sur la table.

• *Ce que nous déduisons :* un joueur extraverti dans une position proche de la posture n°52, version forte. Il est à l'aise ou veut le faire croire. Pour le moment il est entre deux coups, mais il est sûr de lui, du moins apparemment.

Photo n°32

• *Ce que nous voyons :* un joueur penche la tête sur la droite tout en observant le jeu. Sa main gauche enveloppe des jetons.

• *Ce que nous déduisons :* il imagine ce qui va se passer. S'il est toujours dans le coup, il prépare quelque chose. S'il n'y est pas, il s'intéresse beaucoup à ce coup.

Photo n°33

• *Ce que nous voyons :* une joueuse, de face, a les mains ballant hors de la table, le regard absent, la moue blasée.

• *Ce que nous déduisons :* tous les malheurs du monde lui sont tombés dessus ! C'est du moins ce qu'on peut croire. Au lieu d'être une attaquante active, c'est une joueuse en retrait, sournoise, qui attend son heure. Au lieu d'imposer son image, elle l'efface au maximum. Pour contre-attaquer au moment opportun.

Photo n°34

• *Ce que nous voyons :* un joueur au petit blind tient deux jetons dans les doigts de ses deux mains et regarde devant lui, les sourcils en accent circonflexe.

• *Ce que nous déduisons :* les sourcils en accent circonflexe révèlent généralement une situation de doute. De deux choses l'une : ou ce joueur a déjà regardé ses cartes et il hésite sur la façon dont il va les jouer, donc il n'a pas une main nulle. Ou ce n'est pas le cas et son doute est plus général. A moins, bien sûr, que cette expression lui soit coutumière, ce qui lui enlève alors toute signification. Les jetons tripotés n'ont pas beaucoup de sens ici, surtout si c'est un rite chez ce joueur.

Photo n°35

• *Ce que nous voyons :* un joueur avec un bonnet chilien fortement penché en avant, coudes posés sur le bord de la table.

• *Ce que nous déduisons :* le bonnet chilien est une bonne idée pour celui que veut couvrir sa nuque en même temps que sa tête. Sa posture ressemble à celle du "crapaud" (n°64) sans les appuis, et à la n°62, en plus volontaire. Ce joueur est tendu vers l'action. S'il n'a pas encore regardé ses cartes, il s'y prépare activement.

Photo n°36

• *Ce que nous voyons :* un joueur regarde devant lui, ses deux mains recouvrent ses cartes.

• *Ce que nous déduisons :* nous sommes encore au premier tour d'enchère et ce joueur est imprégné par l'action. S'il n'a pas déjà vu ses cartes, il s'apprête à toute éventualité. Sa position en "pinces de crabe" révèle son calme. Par ailleurs son corps n'est pas porté vers l'avant. Il est droit tout en étant avachi, ce qui peut être habituel chez ce joueur et indique un mental a priori peu émotif. On note enfin la présence de la banane. Fruit à la fois facile de transport et de consommation, c'est aussi un très bon apport en sucres lents dans le cadre d'un long tournoi.

Photo n°37

• *Ce que nous voyons :* un joueur se tient le front avec la main gauche, doigts tendus et coude en appui, tête légèrement baissée. Sa main droite aligne ses jetons.

• *Ce que nous déduisons :* c'est pleinement la posture n°2. Contrairement à ce qu'on pourrait penser, elle n'indique pas le doute mais seulement la concentration, l'observation. Il n'y a pas ici de signes qui indiquent un état mental négatif. L'alignement de jetons est typique du geste sans conséquence qu'on fait pour passer le temps. On remarque cependant que ce joueur, qui est gros blind, a déjà jeté ses cartes. Il l'a donc fait parce qu'il a été relancé. Sa réflexion porte peut-être sur "ai-je bien fait de jeter ma main ?" ou "qu'avait-il pour me relancer ?".

Photo n°38

• *Ce que nous voyons :* un joueur se tient debout, bras en appui, et observe l'action. Il n'a apparemment pas de carte.

• *Ce que nous déduisons :* la station debout n'est pas tenue longtemps par le joueur car elle fatigue. Si elle est soudaine, cette posture aide le joueur à se sentir dominant… tout en dominant les autres dans leur mental. Ici c'est un moment faible car le joueur n'a pas de cartes. Il imprime donc son image sans relation directe avec une action de jeu. Mais si le joueur vient de jeter ses cartes suite à une bataille d'enchères, se lever lui permet d'évacuer un stress ou un doute. On note au passage la position en "tour" de son tapis, qui va dans le même sens.

Photo n°39

• *Ce que nous voyons :* une joueuse, de face, penche légèrement la tête à gauche et fixe intensément l'action à droite.

• *Ce que nous déduisons :* cette joueuse a un regard pénétrant d'une intense froideur… et elle le sait. C'est en plus un regard mobile, donc pour regarder à gauche elle ne tourne pas sa tête mais seulement ses yeux. Le fait qu'elle penche la tête à gauche ne signifie rien car cela l'aide mécaniquement à regarder à droite.

Photo n°40

• *Ce que nous voyons :* un joueur attend ses cartes, regarde ailleurs et a un tapis en forme de tour qui lui arrive au niveau des yeux. Sa posture est en “pinces de crabe”.

• *Ce que nous déduisons :* le tapis est là pour imposer l’image. Rien ne l’oblige à faire monter son tapis si haut. S’il le fait, c’est pour faire jouer à plein le principe de verticalité, toujours signe de puissance et de domination. Remarquons que ce joueur est sujet à des rougeurs aux joues, qui sont des indicateurs de stress dans les moments forts de l’action.

BIBLIOGRAPHIE

Sont précédés d'un astérisque les livres qui intéressent plus spécialement le sujet de cet ouvrage.

Anzieu Didier & Martin Jacques-Yves
LA DYNAMIQUE DES GROUPES RESTREINTS (Puf 1968)

Beauvois Jean-Léon & Joule Robert-Vincent
PETIT TRAITE DE MANIPULATION A L'USAGE DES HONNETES GENS (Pug 2002)

Bergler Edmund
THE PSYCHOLOGY OF GAMBLING (International Universities Press 1958)

Berne Eric
*DES JEUX ET DES HOMMES (Stock 1964)

Bloch Andy & Dempsey Bobbi
*POCKET IDIOT'S GUIDE TO POKER TELLS (Alpha 2005)

Brunson Doyle
MY 50 MOST MEMORABLE HANDS (Cardoza 2006)

Brunson Doyle
SUPER SYSTEM (1978)

Burgess Randy & Baldassarre Carl
*ULTIMATE GUIDE TO POKER TELLS (Triumph 2006)

Burton Kate & Ready Romilla
*LA PNL POUR LES NULS (First 2006)

Calero Henri & Nierenberg Gérard
*LISEZ DANS VOS ADVERSAIRES A LIVRE OUVERT (France Loisirs 1986)

Caradec François
*DICTIONNAIRE DES GESTES (Fayard 2005)

Dr. Corman Louis
*ABC DES EXPRESSIONS DU VISAGE (Grancher 1991)

Caro Mike
*BODY LANGUAGE OF POKER / MIKER CARO BOOK OF TELLS (Gambling Times 1984)

De Lassus René
*LA COMMUNICATION EFFICACE PAR LA PNL (Marabout 1992)

Fox John
*PLAY POKER, QUIT WORK AND SLEEP TILL NOON ! (1977)

Haller Bernard & Rambaud Patrick
*LE VISAGE PARLE (Balland 1988)

Harrington Dan & Robertie Bill
HARRINGTON ON HOLD'EM (TwoPlusTwo 2004)

Hilger Matthew
INTERNET TEXAS HOLD'EM (Dimat 2003)

Lindgren Erick
MAKING THE FINAL TABLE (Collins 2005)

McKenna James A.
*BEYOND TELLS (Lyle Stuart 2005)

Mery Marwan
MON COACH DE POCHE (Mango Sport 2007)

Messinger Joseph
*CES GESTES VOUS TRAHISSENT (First 1994)

Messinger Joseph
*LE LANGAGE PSY DU CORPS (First 2004)

Morris Desmond
*LE LANGAGE DES GESTES (Marabout 1994)

Morris Desmond
LE SINGE NU (Grasset 1968)

Navarro Joe & Karlins Marvin
*READ'EM AND REAP (Collins 2006)

Pease Allan & Barbara
*POURQUOI LES HOMMES SE GRATTENT L'OREILLE ET LES FEMMES TOURNENT LEUR ALLIANCE ? (First 2005)

Schoonmaker Allan
PSYCHOLOGY OF POKER (TwoPlusTwo 2000)

Sklansky David
THEORY OF POKER (TwoPlusTwo 1986)

Sklansky David & Malmuth Mason
HOLD'EM POKER FOR ADVANCED PLAYERS (TwoPlusTwo 1988)

Stagnaro Angelo
*GUIDE DU COLD READING MODERNE (Manipulix 2006)

Thépot Jacques
GESTION & THEORIE DES JEUX (FNEGE 1998)

Vorhaus John
KILLER POKER ONLINE (Lyle Stuart 2003)

Whalen David R.
PSYCHOLOGY OF POKER PSYMPLIFIED (Whalen, s. d.)

LES MODÈLES

Merci à celles et ceux qui ont posé pour mes photos et qui ont, sans broncher une fois (j'insiste), accédé à mes demandes parfois farfelues. Ce sont d'authentiques passionnés de poker. Je leur rends ici hommage.

ÉQUIPE BRÉSILIENNE

Elioneide "Eli" da Silva Gomes

Maria "Carol" de Saudi Gonçales Costo

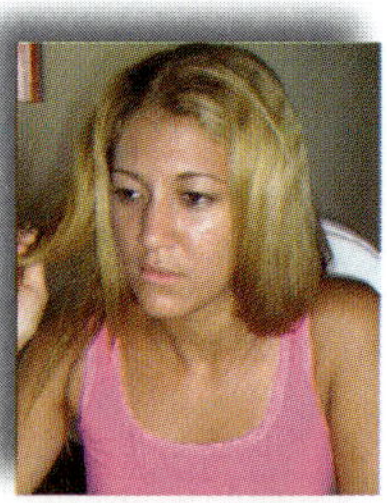

Ronielle "Roni" Braz Safila

Clément Accursi

Michel Accursi

Marc André

Thomas "Fougan" Fougeron

Christian Girardot

Alain Hatron

Frédéric Joly

Olivier Lumetta

François Montmirel

Jean-Pierre Renoux

Marc Roffet

Thierry Trépas

Emmanuel Vanglabeke

ÉQUIPE PARISIENNE

Ayesha Carmodi

Pauline Dumont

Manuel Bevand "ManuB"

Bertrand le Boubonnec

Laurent Corremans

Jean-Luc Dubina

Pierre-Bertrand Ducaroir

Camile Ghastine

Philibert Patricot

Charlie Perrault

Georges Viaud "MacLeod"

Séance photos à Caponga (Brésil) : FM dirige Thomas, Patrick et Ronielle...

Les photos d'appoint du livre sont signées Arnaud Jullien et Sébastien Dubois.

TELLS PAR CATÉGORIES

Abréviations :
OBS = posture d'observation
IND = posture d'indécision
CRA = posture de crainte
ASS = posture d'assurance
DIV = posture diverse
FOR = séquence de tell de force
FAI = séquence de tell faiblesse ou bluff
BAS = séquence manipulation de base
POI = séquence manipulation de pointe

POSTURAMA

TELLORAMA

MANIPULORAMA

TELLS PAR ORDRE ALPHABÉTIQUE

Abréviations :
OBS = posture d'observation
IND = posture d'indécision
CRA = posture de crainte
ASS = posture d'assurance
DIV = posture diverse
FOR = séquence de tell de force
FAI = séquence de tell faiblesse ou bluff
BAS = séquence manipulation de base
POI = séquence manipulation de pointe

Abattage. Étalage des cartes, quand les adversaires en lice ont demandé à voir.
Agressif. Qualifie le joueur qui relance et sur-relance souvent et se contente rarement de suivre.
All-in. Cf. "Tapis".
Ante. Modique droit d'entrée au pot, misé avant de recevoir les cartes.
Assorties. Des cartes sont assorties quand elles sont de même famille (la "famille" étant pique, cœur, carreau ou trèfle).
Bad beat. Rencontre de deux grosses combinaisons. Par exemple, sur un tableau de hold'em contenant une paire, le carré rencontre un full.
Blind. Ouverture obligatoire versée avant les cartes qui permet au blindeur de parler en dernier lors du premier tour d'enchères. Il peut être suivi d'un surblind fait par le joueur immédiatement après le blindeur; le montant du surblind, qui peut être obligatoire ou optionnel, est égal au double du blind. Le surblind est aussi appelé "gros blind".
Bluff. Terme générique qui recouvre diverses techniques destinées à induire les adversaires en erreur par des enchères paradoxales par rapport à la nature de la main.
Bouton. Dans les parties avec donneur extérieur, jeton dévalorisé qui passe de joueur en joueur, et qui montre au donneur lequel d'entre eux est le donneur fictif. La donne commence donc au joueur situé à gauche du bouton.
Brelan. Trois cartes de même valeur (à ne pas confondre avec la "tierce", qui est une figure de belote).
Bulle. Première place non payée dans un tournoi. Par exemple, si le tournoi paie les 18 premières places, la bulle est la 19e place.
Buy-in. Cf. "Cave".
Carré. Quatre cartes de même valeur. Parfois appelé "Poker".
Carte améliorante. Carte restant à tomber qui améliore la main. Si un As est requis pour gagner, vous avez quatre cartes améliorantes car il y a quatre As dans le jeu.
Carte fermée. En Poker ouvert, carte non visible.
Carte gratuite. Carte qu'on obtient sans avoir eu à miser dans le tour d'enchères qui la précède.
Carte isolée. Main sans combinaison, dont la force est égale à la carte la plus élevée.
Carte ouverte. En Poker ouvert, carte dont la face est visible.
Cash-game. Cf. "Partie d'argent".
Cave. Quantité de jetons servant à former le tapis. La hauteur d'une table se mesure à sa hauteur de cave : plus les caves sont chères, plus on joue gros. Désigne aussi le droit d'entrée à un tournoi.
Chacal. Joueur à la fois actif et large. Il entre dans beaucoup de coups et relance beaucoup. Un des "profils bestiaux" de Phil Hellmuth.
Checker. Ne rien miser tout en restant encore en lice. Possible seulement s'il n'y a pas encore eu d'ouverture. Se prononce "tcheck".
Check-raise, check & raise. Sur un pot encore non ouvert, checker avec une bonne main pour laisser un adversaire ouvrir, de façon à relancer ensuite.
Chip race. En tournoi, opération par laquelle on remplace les jetons de petite valeur devenus inutiles par des jetons de valeur supérieure.
Chip-leader. Littéralement, « premier en jetons ». Désigne le joueur qui possède le plus gros tapis.
Commission. Cf. « Prélèvement »
Consécutives assorties. Deux ou trois cartes assorties qui se suivent, comme par exemple 5-6 à cœur.
Continuation bet. Quand un joueur a ouvert ou relancé préflop, il fait un "continuation bet" quand il ouvre au flop, gardant ainsi la main.
Cote. Rapport entre rater une main et la réussir. "Si j'ai un tirage à quinte au flop, ma quinte finale est à 2 contre 1".

Couleur. Combinaison constituée de 5 cartes de même famille. Par exemple : A-10-9-5-4 à carreau. Cette combinaison est battue par le full mais bat la quinte.
Coup. Unité d'action comprise entre la mise de l'ante par tous (ou du blind par un ou deux joueurs) et l'attribution du pot au(x) gagnant(s).
Couvrir. Un joueur en couvre un autre quand son tapis lui est supérieur.
Début de parole. Position telle que le joueur parle avant tous ou la plupart des joueurs. Usage : dans une table de 10 joueurs, il s'agit en général des quatre premiers sièges (les deux blindeurs et les deux joueurs suivants).
Décave. Jouer la décave, c'est jouer à concurrence d'une somme non renouvelable. Principe courant en tournoi.
Dépareillé. Deux cartes sont dépareillées quand elles sont de familles différentes.
Donne. Distribution des cartes. Celui qui l'effectue est le donneur (dealer). La donne a lieu dans le sens horaire.
Dotation. Dans un tournoi, l'ensemble de l'argent à gagner, le plus souvent constitué des buy-in des participants.
Double-paire. Combinaison constituée de deux paires. En américain, l'expression "Aces up", "Kings up", etc., signifie "Deux paires aux As", "Deux paires aux Rois", etc.
Doubler. En no-limit, action de doubler son tapis en gagnant le coup sur lequel on a fait all-in.
Doublette. Carte qui arrive au tableau et double l'une des autres cartes, ce qui donne une paire au tableau et rend donc le full et le carré possibles.
Écart. En Poker fermé, rejet des cartes pour en recevoir de nouvelles en nombre égal. A lieu entre les deux tours d'enchères.
Eléphant. Joueur à la fois passif et large. Il entre dans trop de coups et suit trop d'ouvertures. Un des "profils bestiaux" de Phil Hellmuth.
Enchère. Mise faite par le joueur. Il existe trois enchères possibles : ouvrir, suivre et relancer. Egalement enjeu.
Famille. L'un des quatre symboles : pique, cœur, trèfle, carreau.
Figure. Valet, Dame ou Roi. Encore appelée "carte habillée".
Fin de parole. Position telle que le joueur parle après tous ses adversaires ou presque. Dans une table de 10 joueurs, il s'agit des sièges 8, 9 et 10.
Flambeur. Joueur qui aime tellement le jeu qu'il n'hésite pas à miser sur des chances où il n'est pas favori, "par amour du jeu".
Flop. En Hold'em et en Omaha, les trois premières cartes du tableau, retournées ensemble.
Freeroll. Chance de gagner quelque chose sans risque de perdre. Un tournoi "freeroll" est un tournoi à inscription gratuite.
Freezeout. Cf. "décave".
Full. Main constituée d'un brelan et d'une paire. Parfois appelé "main pleine".
Heads up. Cf. "Tête-à-tête".
Kicker. Carte accompagnante. Par exemple, dans la main 8-8-A-3-2, le kicker de la paire de Huit est l'As (on dit alors "kicker max" ou "top kicker").
Large. Se dit d'un joueur ou d'une partie où les tempéraments et le niveau de jeu des antagonistes sont de valeurs très inégales (par opposition à "serré").
Limites fixes. Qualifie la structure d'enchères selon laquelle les mises sont limitées à l'avance selon les tours d'enchères, au contraire du no limit et du pot-limit.
Lion. Joueur à la fois actif et serré. Il entre dans peu de coups et relance beaucoup d'ouvertures. Adapté des "profils bestiaux" de Phil Hellmuth.
Main. Désigne les cartes du joueur, autant celles qu'il possède "en main" (par exemple, en Omaha, il en a quatre en main) que celles qui forment sa combinaison finale.
Max. Etre max, c'est posséder la combinaison la plus élevée rendue possible par le tableau. Par exemple, sur un tableau de Hold'em contenant une paire, la combinaison max est le carré. De même, posséder la "quinte max" signifie que l'on a la quinte la plus forte rendue possible par le tableau, même si cette quinte n'est pas la main max.
Milieu de parole. Position où le joueur parle après des joueurs et avant d'autres. Dans une table de 10 joueurs, il s'agit en général des sièges 5, 6 et 7.
Mise. Jetons qui forment l'enjeu en cours.
No-limit. Régulation des enjeux ne fixant aucune limite à la relance, si ce n'est la hauteur du tapis de celui qui enchérit.
Oak play. Procéder à une petite ouverture quand on possède une grosse main,

comme pour essayer de prendre encore quelques jetons à l'adversaire. Cette manœuvre peut être aussi faite en bluff.
Out. Cf. "Carte améliorante".
Ouverture. Premier enjeu du tour d'enchères. Quand personne n'a ouvert et que c'est à votre tour de parler, vous pouvez checker ou ouvrir.
Ouvreur. Le joueur qui ouvre un tour d'enchères.
Paire. Deux cartes de même valeur.
Paire fermée. En Hold'em, en Omaha ou en Stud, paire contenue dans les cartes fermées de la première donne.
Partie d'argent. En club ou au casino, partie de Poker hors tournoi, mais où on joue directement de l'argent.
Partie privée. Partie que vous disputez avec des amis, des collègues, la famille... On dit aussi "partie domestique".
Passer. Abandonner le coup et donc les enjeux déjà versés au pot. On dit aussi "sans moi", "je me couche", etc.
Position. L'endroit où est assis le joueur en fonction du bouton. Plus le joueur parle tard dans le tour de parole, meilleure est sa position et vice-versa. Un joueur a la position quand il parle après son adversaire.
Pot. Total des enjeux à l'instant t, quelle que soit la variété de Poker pratiqué.
Pourboire. Petite somme d'argent remise au donneur par le gagnant du coup. Les pourboires constituent souvent la partie principale du revenu des donneurs.
Préflop. Dans les pokers à tableau, comme le Hold'em ou l'Omaha, période précédant le flop.
Prélèvement. Taxe retranchée de chaque pot par l'organisateur de la partie en rétribution de ses frais (elle est surtout appliquée dans les cercles et les casinos, qu'ils soient en ligne ou non).
Protéger. 1. Relancer pour chasser d'autres joueurs afin de mieux assurer la victoire de votre main. 2. Garder un jeton ou un objet sur ses cartes, ce qui les empêche d'être éliminées.
Quinte. Cinq cartes consécutives, de couleur quelconque. Encore appelée "suite" ou "séquence".
Quinte flush. Quinte où les cartes sont toutes de la même famille.
Quinte royale. Quinte flush à l'As.
Rainbow. Une main ou un tableau est dit "rainbow" quand il/elle comporte des familles différentes.
Rake. Cf. "Prélèvement".
Razz. Autre appellation du Stud à 7 cartes low.
Rebuy, recave. Nouvel achat de cave. Cette opération n'est autorisée qu'entre deux coups.
Relancer. Renchérir la hauteur de l'enjeu en cours.
River. En Hold'em ou en Omaha, la cinquième et dernière carte du tableau.
Satellite. Tournoi qualificatif dont le vainqueur gagne le droit d'accès à un tournoi plus cher. On dissocie les "satellites à une table" qui n'ouvrent droit qu'à une seule entrée, des "super-satellites", sans limitation de places.
Semi-bluff. Action d'enchérir fortement avec une main médiocre mais avec un potentiel de gain final. Exemple : J-10 assortis.
Serré. 1. Se dit d'une partie dont le tempérament et le niveau de jeu des antagonistes sont de valeur proche, et de haute volée. Chaque coup est gagné "à l'arraché" (contraire : "large"). 2. Se dit aussi d'un joueur très sélectif sur ses mains et qui les jette au premier signe lui faisant penser qu'il n'est plus favori.
Sit and go. Tournoi qui, au lieu de commencer à une heure fixée à l'avance, commence quand le nombre de joueurs requis est réuni.
Splitté. On parle d'une paire splittée ou d'un brelan splitté quand le tableau et la main fermée se partagent la combinaison. Exemple en Hold'em, au flop : la main est Q-10 et le flop est Q-5-2 (ici, paire de Dames splittée).
Squeeze-play. Relance faite par un joueur de fin de parole visant à rafler toutes les enchères, quand personne n'a relancé avant lui.
String-bet. Relance que le joueur fait en deux fois. Sauf s'il a préalablement indiqué de vive voix le montant de sa relance, une relance posée en deux fois est toujours refusée. Elle est remplacée par une enchère pour suivre. Cette règle évite les enchères "intox".
Structure. 1. Grille de limites d'enchères appliquées à un tournoi ou à une partie. 2. Montant des blinds sur un coup donné.
Suite. Cf. "Quinte".
Suivre. Miser à la hauteur de l'ouverture ou de la relance pour se maintenir dans le coup. On dit aussi "coller".

Surblind. Deuxième blind, obligatoire ou optionnel selon les parties, égal au double du blind.
Sur-relancer. Relancer une relance.
Tableau. Au Texas hold'em et en Omaha, désigne l'ensemble des cartes communes.
Tapis. 1. Annonce du joueur qui pousse tous ses jetons au pot dans l'action d'ouvrir, de suivre ou de relancer. On dit aussi "all-in". 2. Totalité des jetons possédés par un joueur, sur table.
Tell. Indice visuel ou sonore qui révèle quelque chose sur la hauteur du jeu ou sur l'état d'esprit du joueur qui l'émet.
Tête à tête. Partie disputée entre deux joueurs.
Texas hold'em. Le Poker le plus pratiqué au monde. Se joue avec sept cartes, dont cinq au tableau. Le joueur peut utiliser les 5 cartes du tableau, ou 4, ou encore 3.
Tirage. Main qui forme, à une carte près, une quinte (four card sequence), une couleur (four flush) ou une quinte flush (four card straight flush). On dissocie quatre types de tirages :
1. Tirage bilatéral ou ouvert (open-end straight, bobtail straight). Tirage à quinte où la manquante est à l'une ou l'autre des extrémités. Exemple: 9-10-J-Q (il manque le 8 ou le Roi).
2. Tirage backdoor. Tirage de trois cartes : par exemple, 9-10-J est un tirage à quinte backdoor, de même que trois piques constituent un tirage à couleur backdoor.
3. Tirage ventral (ou "par le ventre"; belly buster, inside straight, gutshot). Tirage à quinte où la carte manquante se situe entre deux autres cartes. Exemple : 10-J-K-A (il manque la Dame).
4. Tirage unilatéral (ou "par un bout"; one-end straight). Tirage à quinte où il manque un 5 en haut ou un 10 en bas : A-2-3-4 et J-Q-K-A.
Tour d'enchères. Unité d'action comprise entre l'enchère d'ouverture et la dernière enchère pour suivre, laquelle place les joueurs à la même hauteur d'enjeux et clôt le tour d'enchères. Cela déclenche le tour de donne suivant ou l'abattage s'il s'agit du dernier tour d'enchères.
Tour de donne. Unité d'action comprise entre la donne de la première carte au premier joueur et de la dernière au dernier joueur, avant un tour d'enchères. Le Hold'em comporte quatre tours d'enchères et le Stud à 7 cartes, cinq.
Tournoi. Compétition de Poker où l'on ne joue pas directement pour de l'argent mais pour des places dans un palmarès final. L'autre façon de pratiquer le Poker est en parties d'argent.
Trio infernal. Dans la grille Montmirel, ce sont les trois mains A-A, K-K et A-K.
Turn. En Hold'em ou en Omaha, la quatrième carte du tableau.
Under the gun (UTG). Joueur situé juste après le surblindeur, donc celui qui doit parler en premier lors du premier tour d'enchères d'un coup de Hold'em ou d'Omaha (sans équivalent français).
WSOP. World Series of Poker. Le plus grand tournoi au monde. Il se déroule chaque année à Las Vegas.

HIÉRARCHIE DES COMBINAISONS

+ haute

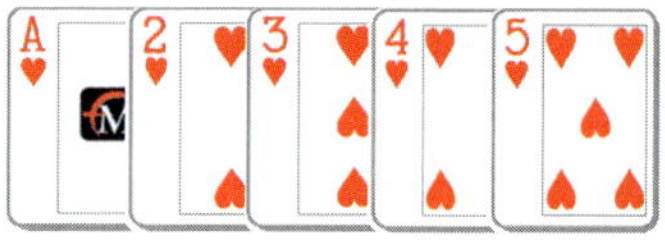

QUINTE FLUSH
(Straight Flush)
5 cartes consécutives appartenant à la même famille.

quinte royale

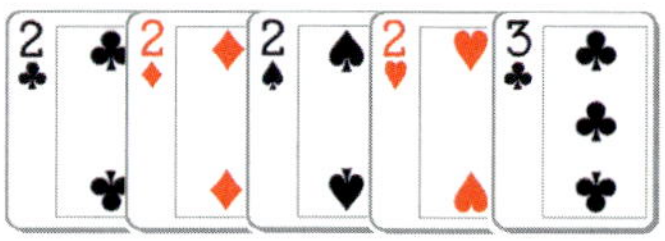

CARRÉ
(Four of a kind, Quads)
4 cartes de même valeur, plus une carte quelconque

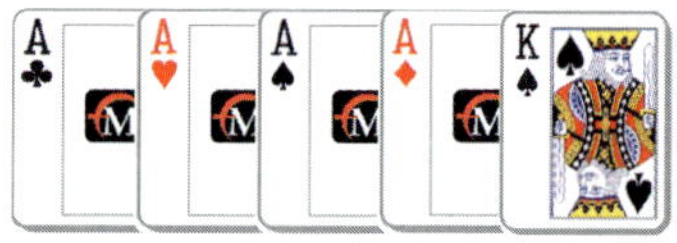

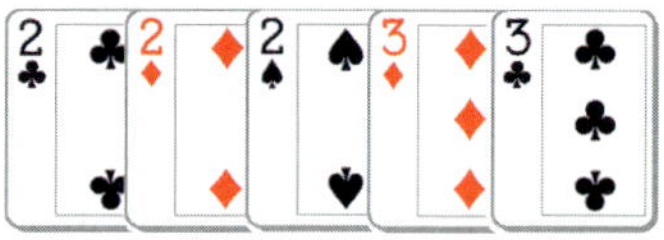

FULL
(Fullhouse)
Un brelan et une paire. Si deux fulls se rencontrent, le meilleur brelan gagne.

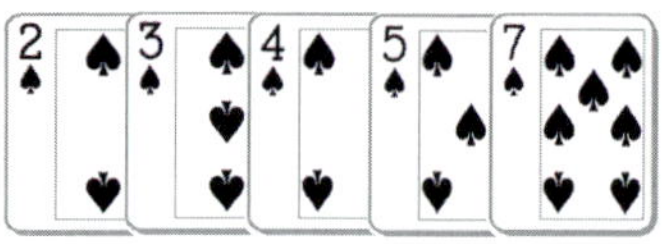

COULEUR
(Flush)
5 cartes de la même famille. Si deux couleurs se rencontrent, la plus haute carte gagne.

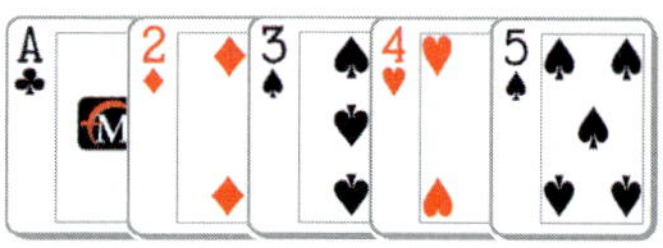

QUINTE, SUITE
(Straight)
5 cartes consécutives. La combinaison A-2-3-4-5 est la plus faible des quintes ("roue").

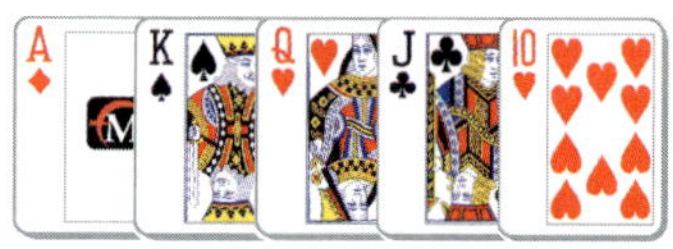

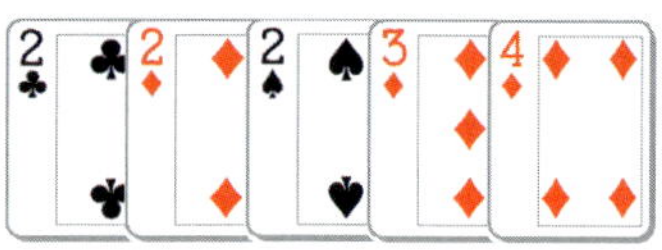

BRELAN
(Three of a kind, set, trips)
3 cartes de même valeur plus 2 cartes quelconques.

DOUBLE-PAIRE
(Two pairs)
2 paires avec une carte quelconque. En cas de rencontre, la paire la plus haute l'emporte.

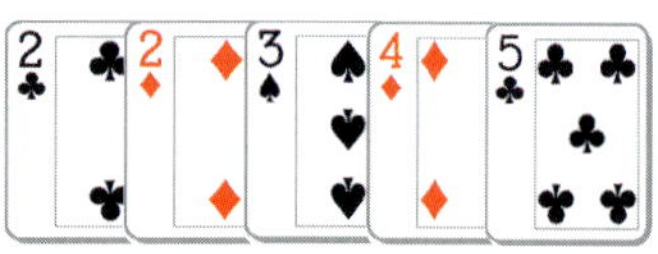

PAIRE
(Pair)
2 cartes de même valeur avec 3 cartes quelconques.

CARTE ISOLÉE
(High card)
La main prend la valeur de la carte la plus haute.

+ basse

+bas

+haut

En cas d'égalité totale entre deux combinaisons adverses, le pot est partagé.
Au Poker, il n'y a pas de hiérarchie des familles. ♠ ♥ ♦ ♣ sont égales.

TABLE DES MATIÈRES DÉTAILLÉE

Poker de Tournoi

un livre de François Montmirel
avec Tom McEvoy, champion du monde 1983

Entrez dans le monde fantastique des champions de poker !
J'ai voulu créer un livre sur le poker de tournoi qui tienne compte des formidables évolutions qui se sont produites entre 1999 et 2005 :
– le raz-de-marée du poker sur internet;
– la vague des reportages de tournois internationaux à la télévision
... à la base de ce qu'on peut appeler le "poker de masse", chose qu'on ignorait jusqu'ici.

Le livre comporte une première partie consacrée aux techniques indispensables, auxquels le champion du monde Tom McEvoy a amplement contribué.

Il se complète d'une deuxième partie consacrée aux *lois officielles* du tournoi, aux tournois spéciaux, aux tournois sur internet, aux interviews...

Des sites web spécialisés organisent des tournois planétaires qui réunissent des milliers de joueurs.
Un de ces sites a été vendu en 2004 pour la somme pharamineuse de... 287 millions de dollars ! C'est parce que le poker de tournoi est devenu un véritable *marché* qu'il fallait un livre complet. **François Montmirel,** spécialiste depuis 1984, l'a fait pour vous.

La troisième partie se compose de 50 pages de récits de tournois "en direct", racontés par ceux qui les ont vécus.

Devant l'ampleur du sujet, je n'ai pas voulu me restreindre. L'ouvrage fait 460 pages et comporte plus de 200 illustrations.

- **1ère partie : Techniques de Tournoi**
1. Le Texas hold'em à limites fixes
2. Le Texas hold'em pot-limit
3. Le Texas hold'em no limit
4. L'Omaha à limites fixes - 5. L'Omaha pot-limit
6. L'Omaha hi-lo - 7. Le Stud à 7 cartes
8. Le Stud à 7 cartes hi-lo
9. Les structures de blinds et les dotations
10. Les tournois satellites
11. Les stratégies pour tournois avec recaves
12. Foire aux questions et leurs 26 réponses
- **2e partie : Autour du Tournoi**
13. Le Code officiel du Poker de tournoi
14. Memorandum stratégique
15. Les tournois domestiques
16. Tournois spéciaux
17. Les tournois sur internet
18. Le circuit professionnel
19. Interview de 2 champions : Tom McEvoy et Daniel Negreanu
20. Introduction aux tells
21. Galerie de champions
22. Où jouer au poker (Europe - Etats-Unis)
23. Principaux festivals internationaux
- **3e partie : Tournois en Direct**
24. Frissons autrichiens
25. Mon premier tournoi mais pas le dernier !
26. Un rush du tonnerre !
27. Un coup à la Gus Hansen
28. Anatomie d'un tournoi de poker
29. Un champion presque parfait
30. Repères statistiques
31. Lexique franco-américain

464 pages.
Format 17 x 24 cm. Reliure cousue et collée. Couverture pelliculée.
Plus de 200 photos explicatives.
Imprimé en France.
Prix public éditeur : 40 €

Vous voulez en savoir encore plus sur le sujet des tournois de Poker ?
Alors procurez-vous au plus vite *Poker de Tournoi*. Allez sur ce blog pour tous les détails :

http://www.over-pair.com

Collection **Poker Expert n°4**

POKER : PASSER PRO

Un livre novateur de Manuel "ManuB" Bevand

Vivre du poker est-il un fantasme ?
Plus depuis la récente ouverture des casinos au poker, le développement des compétitions internationales et le poker sur internet. Les joueurs qui maîtrisent le mieux la stratégie dégagent une marge suffisante pour avoir un revenu régulier.

240 pages pour devenir un vrai pro du poker

A qui s'adresse *Poker : passer pro* ?
Autant aux apprentis qu'aux semi-pros, et même aux professionnels eux-mêmes. Tous y trouveront des outils, des témoignages et des conseils pour réussir dans cette profession *rebelle*. Mais attention : comme dans tous les métiers qui exigent à la fois technique et génie, il y a beaucoup d'appelés mais peu d'élus.

Les questions qui tuent !
– Êtes-vous prêt à faire passer le profit avant le plaisir ?
– Êtes-vous prêt à assumer l'hostilité ou le mépris de votre entourage ?
– Vous sentez-vous capable de perdre votre capital et de repartir de plus belle ? Plusieurs fois ?
Si oui, ce livre est fait pour vous !

240 pages. Format 17 x 24 cm. Reliure cousue et collée. Couverture pelliculée. Imprimé en France.
Prix public éditeur : 30 €

Vous voulez en savoir encore plus sur le Poker des champions ? Comment aborder dans les meilleures conditions les tournois de toutes sortes ? Alors allez sur ce blog pour tous les détails :

http://www.over-pair.com

Notes

Notes

Notes

Notes

Notes

Notes

Achevé d'imprimer par Corlet, Imprimeur, S.A. - 14110 Condé-sur-Noireau
N° d'Imprimeur : 108151 - Dépôt légal : novembre 2007 - *Imprimé en France*